*Andreas Laun*

# Liebe und Partnerschaft aus katholischer Sicht

Andreas Laun

# Liebe und Partnerschaft

aus katholischer Sicht

Franz-Sales-Verlag

Bibliografische Information Die Deutsche Bibliothek

Die Deutsche Bibliothek verzeichnet diese Publikation in der Deutschen Nationalbibliografie; detaillierte bibliografische Daten sind im Internet über http://dnb.ddb.de abrufbar.

ISBN 3-7721-0260-3
8., bearbeitete Auflage 2003

Gesamtherstellung Brönner/Daentler, Eichstätt

# Inhalt

Anhang

# Vorwort

Die Liebe ist es, nach der sich die Menschen sehnen, ihr größtes Verlangen gilt keineswegs der Lust, dem Spaß und dem Sex! All dem freilich auch, aber der Liebe nach- und untergeordnet. Denn Gott hat den Menschen nach Seinem Bild geschaffen, als Mann und Frau schuf Er sie. Darum ist auch des Menschen tiefstes Wesen die Liebesfähigkeit, und die Liebe seine Erfüllung. Ohne Liebe kann niemand leben. Die Kirche verkündet den Gott der Liebe: den dreipersönlichen Gott, Ursprung aller Liebe. Gemeinschaft mit Ihm hat nur derjenige, der das Hauptgebot erfüllt: Du sollst Gott, deinen Herrn, lieben aus allen deinen Kräften und deinen Nächsten wie dich selbst.

Nun aber versucht man ausgerechnet der Kirche jede Kompetenz für die Liebe zwischen Mann und Frau abzusprechen. Eine „klassische“ Methode der Kritik besteht darin, der Kirche alle möglichen Dummheiten und Verklemmungen zu unterstellen. Etwa so: Auf die Frage eines Studenten, warum der Papst die Verhütung ablehnt, antwortet ein protestantischer Seminar-Leiter: Er selbst ist nicht verheiratet und hat das Problem daher nicht, und außerdem will die Kirche, daß ihre Mitglieder möglichst viele Katholiken zeugen.[1] Solche „Argumente“ zu widerlegen, ist angesichts ihrer Lächerlichkeit müßig, aber was es wirklich braucht, ist eine positive, gewinnende, vernünftige und zugleich ganz christliche Darstellung der katholischen Lehre – wider den Zeitgeist.

Dabei kommt der Kirche die oft bittere Erfahrung der Menschen mit dem frustrierenden Nur-Sex zu Hilfe, bei dem die Vereinigung nur noch den „Stellenwert eines Händedrucks in der Horizontalen“ (E. Ringel) hat. Manche heutige Bewegungen zeigen bereits eine Umkehr an: „Wahre Liebe wartet“, sagen schon viele in den USA und fordern die Jugendlichen auf, „nicht über die Lippen hinauszugehen“ („*Stop at the lips!*“). Diese Mahnung ist freilich etwas zu einfach und denkt von Liebe und körperlicher Annäherung zu mechanistisch. Das gilt auch von den Aufrufen zur Keuschheit, die zu einem guten Teil nur gesundheitlich argumentieren, nämlich mit der AIDS-Gefahr, dem Wiederaufflammen von alten und neuen Geschlechtskrankheiten und dem Risiko zu frühen Schwangerschaften. Seit 1996 hat die US-Regierung ein Gesetz zur Förderung von „Nur-Abstinenz"-Unterricht verkündet. Daraufhin wurden rund 700 Programme entwickelt, um Enthaltsamkeit vor der Ehe zu lehren, und die Regierung stellt jährlich 50 Millionen Dollar (!) für die Bundesstaaten zur Verfügung, so sie diese Initiativen zu fördern gewillt sind.[2]

Aber all diese Entwicklungen zeigen ein Umdenken an. Offenbar erwacht der Zweifel: Hat die sexuelle Revolution die Menschen wirklich glücklicher gemacht? Immer klarer zeichnet sich die Antwort ab: Nein, ganz im Gegenteil! Freilich, bei der genannten Neuorientierung beruft man sich noch zu einem guten Teil auf Nützlichkeits-Erwägungen und nicht auf wirklich ethische Einsichten. Natürlich kann Angst einen denkenden Menschen motivieren, sich auf keine sexuellen Abenteuer und Risken einzulassen, aber sie kann keine wirklich moralische Haltung bewirken: Wer einzig und allein deswegen enthaltsam ist, weil er sich vor AIDS fürchtet, ist ebenso wenig wirklich keusch wie das Mädchen von früher, das den Sex nur wegen der Gefahr einer ungewollten Schwangerschaft vermied!

Wohl aber kann die Erfahrung, dass ein sexuelles Leben abseits von den Geboten Gottes hohe Risiken mit sich bringt und in mehrfacher Hinsicht lebensfeindlich ist, zum Anstoß werden, um über die Geschlechtlichkeit und ihr inneres Gesetz wirklich nachzudenken.

Und darum geht es: Das Buch möchte der Leserin und dem Leser zeigen, wie alles, was man gemeinhin „Sexualmoral" nennt, in Wirklichkeit nichts anderes ist als die Beschreibung dessen, was Liebe ist und was sie fordert. Man kann auch hier das Wort Jesu anwenden und sagen: Am Gebot der Liebe hängt die ganze Sexualmoral, sie darf nichts anderes sein als eine Erklärung der Liebe. Ist sie das nicht, degeneriert sie zu einer sinnlosen Last – von Menschen irrtümlich oder böswillig ersonnen –, die abzuschütteln richtig ist.

Das, was das Gebot Gottes wirklich will, ist immer Wohltat, Wegweisung, Hilfe zum Leben. Den Zugang zu den Geboten Gottes beschreibt in einzigartiger Schönheit der Psalm 119 folgendermaßen:

*Wohl denen, deren Weg ohne Tadel ist,*
*die leben nach der Weisung des Herrn.*
*Wohl denen, die seine Vorschriften befolgen*
*und ihn suchen von ganzem Herzen,*
*die kein Unrecht tun und auf seinen Wegen geh'n.*
*Du hast deine Befehle gegeben, damit man sie genau beachtet.*
*Wären doch meine Schritte fest darauf gerichtet,*
*deinen Gesetzen zu folgen!*
*Dann werde ich niemals scheitern, wenn ich auf all deine Gebote schaue.*
*Mit lauterem Herzen will ich dir danken,*
*wenn ich deine gerechten Urteile lerne.*
*Deinen Gesetzen will ich immer folgen.*
*Lass mich doch niemals im Stich!*
*Wie geht ein junger Mann seinen Pfad ohne Tadel?*
*Wenn er sich hält an dein Wort.*
*Ich suche dich von ganzem Herzen.*
*Lass mich nicht abirren von deinen Geboten!*
*Ich berge deinen Spruch im Herzen,*
*damit ich gegen dich nicht sündige.*
*Gepriesen seist du, Herr. Lehre mich deine Gesetze!*
*Mit meinen Lippen verkünde ich alle Urteile deines Mundes.*
*Nach deinen Vorschriften zu leben freut mich mehr als großer Besitz.*
*Ich will nachsinnen über deine Befehle und auf deine Pfade schauen.*
*Ich habe meine Freude an deinen Gesetzen,*
*dein Wort will ich nicht vergessen.*
*Tu deinem Knecht Gutes, erhalt mich am Leben!*
*Dann will ich dein Wort befolgen.*
*Öffne mir die Augen für das Wunderbare an deiner Weisung!*
*Ich bin nur Gast auf Erden. Verbirg mir nicht deine Gebote!*
*In Sehnsucht nach deinem Urteil verzehrt sich allezeit meine Seele.*
*Du drohst den Stolzen. Verflucht sei, wer abirrt von deinen Geboten.*
*Nimm von mir Schmach und Verachtung!*
*Denn was du vorschreibst, befolge ich.*
*Wenn auch Fürsten gegen mich beraten:*
*dein Knecht sinnt nach über deine Gesetze.*
*Deine Vorschriften machen mich froh; sie sind meine Berater.*
*Meine Seele klebt am Boden. Durch dein Wort belebe mich!*

*Ich habe dir mein Geschick erzählt, und du erhörtest mich.*
*Lehre mich deine Gesetze!*
*Lass mich den Weg begreifen, den deine Befehle mir zeigen,*
*dann will ich nachsinnen über deine Wunder.*
*Meine Seele zerfließt vor Kummer. Richte mich auf durch dein Wort!*
*Halte mich fern vom Weg der Lüge; begnade mich mit deiner Weisung!*
*Ich wählte den Weg der Wahrheit;*
*nach deinen Urteilen hab' ich Verlangen.*
*Ich halte an deinen Vorschriften fest. Herr, lass mich niemals scheitern!*
*Ich eile voran auf dem Weg deiner Gebote,*
*denn mein Herz machst du weit.*
*Herr, weise mir den Weg deiner Gesetze!*
*Ich will ihn einhalten bis ans Ende.*

Natürlich, sündige Menschen empfinden die guten Gebote Gottes manchmal auch als Last, und es kann Situationen geben, in denen die Treue zum Gebot des Herrn sehr schwerfällt. Und doch gilt letztlich: Wenn ein „Gebot Gottes" wirklich Hindernis des Lebens wäre, ist es kein Gebot Gottes, und wenn es, von keiner Auslegung entstellt, ein wirkliches Gebot Gottes ist, dient es dem Heil des Menschen.

Die Welt des freien Westens ist übersexualisiert, allgegenwärtig ist ein Zwang zu Sex „in Gedanken, Worten und Werken", und das Internet präsentiert sich unter anderem als eine neue Art sexueller Gedanken-Sünden. Früher oder später werden einzelne und wahrscheinlich auch ganze Gruppen von Menschen sich mit Ekel abwenden, sie werden in leib-verachtende Ideologien flüchten und „aussteigen". Es wäre nicht das erste Mal in der Geschichte, auch Menschen wie M. Buddha sind diesen Weg gegangen.

Die Alternative dazu können nicht Prüderie und Leibverachtung sein, sondern nur die Botschaft von Liebe zwischen Mann und Frau als gottgewollter Weg zur Heiligkeit – eben durch die eheliche Liebe. Ich behaupte kühn: Wenn Jesus heute in seine Kirche zurückkäme, würde er diese „Moraltheologie der Liebe" nicht abschaffen, wie Ringel meint, sondern bestätigen. Abgesehen davon: Er braucht nicht zurückkommen, Er hat sie nie verwaist gelassen und führt sie durch den Heiligen Geist ständig tiefer in die Wahrheit ein, auch in

die Wahrheit über Liebe und Sexualität. Denn: Jesus lässt die Kirche „an seiner eigenen Unfehlbarkeit teilhaben", wie es im neuen Kathechismus der Katholischen Kirche (KKK 889) formuliert ist.
Diese Liebe zu leben ist nur mit der Hilfe Gottes möglich. Denn auch die sexuelle Liebe ist kein Stück übrig gebliebenes Paradies, sondern durch die Sünde „verwundet". Darum bedarf sie der Heilung und der Erlösung. Der Geist Jesu ist es, der zu ihr führt und der Liebe Hoffnung und Zukunft gibt. Nach dem alten, weisen Diktum der mittelalterlichen Theologie gilt: Die Gnade Gottes zerstört die Liebe nicht, sondern heilt sie und bringt sie zu ihrer Vollendung.
Das vorliegende Buch ist im Laufe der Jahre von einem Heft zu einer umfassenden Darlegung der katholischen Lehre über Liebe, Ehe und Sexualität gereift. Ich habe versucht, möglichst alle irgendwie dazugehörigen Themen anzusprechen und dem Leser die Möglichkeit zu geben, mit Hilfe der angegebenen Literatur weiterzuarbeiten. Eine Reihe von weiterführenden Arbeiten stehen auf meiner Homepage (http://www.kirchen.net/bischof/laun) zur Verfügung, einige andere sind in Planung.
Zu gleicher Zeit haben auch andere, hervorragende Autoren auf ihre Weise zu dem Thema geschrieben, deren Arbeiten ich leider nicht mehr einarbeiten konnte. Ich denke dabei ganz besonders an die große, mittlerweile katholisch gewordene Psychologin Christa Meves (unter anderem mit ihrem Buch „Ehe-Alphabet"), an das Ehepaar P. und S. Düren (Elternschaft verantwortet leben), W. Neuer (Mann und Frau in christlicher Sicht), Ch. und A. Gasparri (Eins plus eins ist eins), J. Burgraf (Ja zu dir – ja zu mir), A. Léonard (Jesus und dein Leib) und andere.
Wenn auch nicht wie in der Dichtung: Auch für Philosophie und Theologie ist die Liebe ein unerschöpfliches Thema und geheimnisvoll – wenn wundert's, kommt sie doch von Gott.

Anmerkung für Moraltheologen, Priester, Religionslehrer – und jeden aufmerksamen Leser:
Erst für diese Auflage ist mir der Gedanke gekommen, man könnte das ganze Thema – auch das ganze Buch - nach den dargelegten „Sieben Bedingungen für die Liebe" neu ordnen, wie ich sie im Kapitel „VIII. Einswerden im Fleisch" dargelegt habe. Jeder „Bedin-

gung“ entspricht ein Verhalten, das die wirkliche Vereinigung verhindert oder zumindest schwächt. Das Verbotene ist nur die Kennzeichnung der jeweiligen Sackgasse. Ich bin überzeugt, das leuchtet auch den Jugendlichen ein, lässt sich leicht merken und ist somit auch ein guter pädagogischer Ansatz.

# I.

# Der Mensch – für die Liebe geschaffen

Die Menschen sind verschieden: Der eine lebt für die Musik, der andere kennt nur die Welt der Technik und ein dritter geht darin auf die Geheimnisse der Natur zu erforschen. Aber kann es einen Menschen geben, der sich nicht nach der Liebe sehnt? Alle Mythen, Märchen, Geschichten, Filme, kurz die Erfahrung der Menschen aller Zeiten und aller Völker beweist es: Es gibt nichts auf der Welt, was wir Menschen so brauchen wie die Liebe, nichts, was wir mit allen Fasern unseres Herzens so sehr ersehnen, nichts, was uns so glücklich macht.
Es gibt letztlich niemand, auf den das berühmte Wort des ungarischen Dichters Ady Endre nicht zuträfe: „Ich sehne mich danach, geliebt zu werden und zu jemandem zu gehören.“[3] Sich dieser Sehnsucht verweigern, ist geradezu der Kern der Sünde.

## 1. Der Schöpfungsbericht

Auch die Bibel spricht von der Liebe, und zwar schon im Schöpfungsbericht: Gott schuf den Menschen und setzte ihn in den Garten, der für ihn vorbereitet war. Doch er ist nicht glücklich! Eine innere Unruhe ist in ihm, auch wenn er nicht genau weiß, wonach er sich sehnt. Aber Gott sieht die Not seines Geschöpfes: „Es ist nicht gut, dass der Mensch allein bleibt. Ich will ihm eine Hilfe machen, die ihm entspricht.“ (Gen 2,18)
Aber zunächst ist es, als wüsste Gott selbst noch nicht, wie er dem Menschen helfen könnte. Er schafft die Tiere und der Mensch scheint tatsächlich abgelenkt zu sein. Er wendet sich ihnen zu und gibt ihnen Namen, aber – sie können seine Sehnsucht nicht stillen. Nach wie vor ist er auf der Suche nach einem Lebewesen, das ihm entspricht, es bleiben ihm Schwermut und Trauer. Sein Herz lässt sich nicht täuschen: Denn so schön und interessant die Tiere auch waren, „eine Hilfe, die dem Menschen entsprach, fand er nicht“. (Gen 2,20)

Da greift Gott wiederum ein: Er ließ, heißt es in der Heiligen Schrift, „tiefen Schlaf auf den Menschen fallen, sodass er einschlief, nahm eine seiner Rippen und verschloss ihre Stelle mit Fleisch. Gott, der Herr, baute aus der Rippe, die er vom Menschen genommen hatte, eine Frau und führte sie dem Menschen zu." (Gen 2,21f)

In dieser verwunderlichen Geschichte liegt ein tiefer, zeitlos gültiger Sinn, der da lautet: Trotz aller Unterschiedlichkeit sind Mann und Frau, sozusagen, aus dem gleichen Holz geschnitzt. Der hebräische Text verdeutlicht diese Gleichartigkeit in Verschiedenheit auch noch durch ein Wortspiel, das im Deutschen und auch in anderen Sprachen nicht möglich ist. Denn „Mann" heißt im Hebräischen „*isch*" und „Frau" „*ischah*". Man müsste also übersetzen: „Mann" und „Männin" – vergleichbar etwa dem „Löwen" und der „Löwin". Der Text sagt: Die Frau ist dem Mann ganz gleich – bis auf den Umstand, dass sie eben eine Frau ist. Sie ist ihm gleich und doch auch anders.

Auf Grund dieser wahren Gleichartigkeit von Mann und Frau versteht man auch den Ausbruch der überschäumenden Freude an jenem Schöpfungsmorgen: „Endlich", ruft der Mensch aus, „endlich Gebein von meinem Gebein, Fleisch von meinem Fleisch!" (vgl. Gen 2,13). Damit ist endlich auch die quälende Einsamkeit vorbei, der Mensch hat gefunden, was er ersehnte, er ist überglücklich und er tut das, was in seiner Lage das einzig Richtige ist: „Darum verlässt der Mann Vater und Mutter und bindet sich an seine Frau und sie werden ein Fleisch. Beide, Adam und Eva, waren nackt, aber sie schämten sich nicht voreinander" (Gen 2,24).

So also spricht die Bibel ganz am Anfang schon von der Liebe zwischen Mann und Frau. Sie ist Gottes Erfindung, nicht die eines bösen Geistes und auch nicht das Produkt einer blinden Zufälligkeit. Nein, als Gott den Menschen schuf, schuf er ihn nach seinem Bild. Gott selbst lebt in der Fülle der drei Personen. Daher kann auch der Mensch, der doch nach seinem Ebenbild geschaffen ist, nicht einsam leben. Seine Bestimmung ist vielmehr Gemeinschaft, Leben mit anderen, Erfüllung durch die Liebe.

Wenn es heißt, der Mensch ist Ebenbild Gottes, dann ist er dies gerade auch in seinem Mann- und Frau-sein, eben weil die Gemeinschaft der Ehe nur als Gemeinschaft der fruchtbaren Liebe wirklich verstanden werden kann – und das wiederum erinnert an Gott. Mehr noch: Gott ist zwar weder Mann noch Frau, aber Mann und Frau verdeutlichen auf ihre männlich-väterliche und ihre weiblich-mütterliche Weise das Geheimnis der göttlichen Liebe [4].

## 2. Der Mensch – für die Liebe bestimmt

Was ist der Mensch? Die Philosophen Europas haben geantwortet: „*Homo animal rationale*" – der Mensch ist ein vernünftiges Lebewesen und diese Antwort ist auch die der christlich-abendländischen Tradition [5]. Freilich, „vernünftig" heißt in diesem Fall mehr als das, was man heute zum Beispiel eine „vernünftige" Art des Wirtschaftens oder gar eine „Vernunftehe" nennt. In diesem Sinn „vernünftig" ist nur der, der wirklich richtig handelt, also nur jener Wirtschaftstreibende, der niemals gegen die soziale Gerechtigkeit handelt; nur der, der aus Liebe heiratet, weil eine „Vernunftehe" ganz und gar unvernünftig wäre. „Vernünftig" in diesem Sinn war auch Maximilian Kolbe, als er für einen Mitgefangenen freiwillig in den Hungerbunker ging. Denkt man weiter über diese „Vernünftigkeit" des Menschen – man könnte auch sagen: über seine Geistigkeit oder seine Personalität – nach und fragt, wozu sie dem Menschen gegeben ist, gelangt man zur tiefsten und wichtigsten Aussage über das, was Menschsein ist: Der Mensch ist das Lebewesen, das der Liebe fähig ist – *homo capax amoris*! Darum ist er auch das „einzige Geschöpf" auf Erden, „das von Gott um seiner selbst willen gewollt worden ist"[6]: um der Liebe willen.

Aus dieser Bestimmung des Menschen für die Liebe, die seine wahre Natur ist, ergibt sich folgerichtig: Selbstverwirklichung und Erfüllung erreicht der Mensch nicht durch Ruhm, nicht durch sportliche Erfolge, nicht durch technische oder wissenschaftliche Höchstleistungen. Sein eigentliches Leben steht und fällt mit der Liebe und in ihr besteht seine wahre, bleibende Größe: „Und wenn ich prophetisch reden könnte und alle Geheimnisse wüsste und alle Erkenntnis hätte; wenn ich alle Glaubenskraft besäße und Berge damit versetzen könnte, hätte aber die Liebe nicht, wäre ich nichts." (1 Kor 13,2)

Wie kein anderer Papst hat Johannes Paul II. diese Vision vom Menschen in seiner Bestimmung für die Liebe in den Mittelpunkt seines Denkens gestellt. Wenn es darauf ankäme, einen Text dieses Papstes als sein zentrales Vermächtnis auf eine Steintafel zu schreiben, sollte man wohl den Abschnitt aus „*Familiaris consortio*“ wählen, in dem er die Berufung des Menschen zur Liebe in drei einfachen Gedankenschritten so erklärt:

Gott ist Liebe.

Der Mensch ist Ebenbild Gottes

Daher: „Die Liebe ist die grundlegende und naturgemäße Berufung des Menschen“ [7].

Das ist der Schlüssel, um den Menschen zu verstehen: „Der Mensch kann nicht ohne Liebe leben. Er bleibt für sich selbst ein unbegreifliches Wesen; sein Leben ist ohne Sinn, wenn ihm nicht die Liebe offenbart wird, wenn er nicht der Liebe begegnet, wenn er sie nicht erfährt und sich zu Eigen macht, wenn er nicht lebendigen Anteil an ihr erhält“ [8]. In besonderer Weise lebt der Mensch die Liebe in der Ehe und – für viele überraschend! – in der Jungfräulichkeit „um des Himmelreiches willen“.[9]

Wenn das wahr ist, folgt: Die Sexualität lässt sich nur begreifen, wenn man sie wahrnimmt als jene geheimnisvolle Kraft, die „die Person zur Hingabe ihrer selbst in der Liebe führt“.[10] Darum ist ihr Erwachen auch keineswegs, wie prüde Formulierungen von früher meinten, ein „Verlust der kindlichen Unschuld“, sondern – bei allem Verständnis für elterliche Probleme mit pubertierenden Kindern – ein Geschenk, ein Glück, ein Reichtum.

Daraus folgt weiter: Das, was wir „Sexualmoral“ nennen, ist nichts anderes als „Ethik der Liebe“.

Liebe ist das Wichtigste im Leben. Der Mensch ist in erster Linie nicht das denkende, konstruierende, erfindende, arbeitende Wesen, sondern jenes Lebewesen, das fähig ist zu lieben!

„Wer sein Leben hingibt, wird es gewinnen“, sagt Jesus (Mk 8,35). Daraus leitet die Kirche ihr Verständnis der Liebe ab: Ihrem Wesen nach ist Liebe „aufrichtige Hingabe“, und durch sie verwirklicht der Mensch seine Bestimmung.[11]

# II.

## Formen der Liebe und „die Liebe“

Es gibt viele Formen der Liebe. Alle sind wichtig, jede hat ihren Platz im menschlichen Leben, und es wäre Unsinn eine gegen die andere ausspielen zu wollen:

- die Liebe der Eltern zu ihren Kindern und die Liebe der Kinder zu ihren Eltern;
- die Liebe von Freunden, die nicht selten stärker ist als die Liebe zwischen Geschwistern und Verwandten;
- die Liebe zu unserem Nächsten, die uns Jesus mit der Geschichte vom „barmherzigen Samariter“ erklärt hat;
- die über unser ganzes Leben entscheidende Liebe ist die geheimnisvolle, tröstende, beruhigende, beseligende Liebe zu Gott: „Du sollst den Herrn, deinen Gott, lieben mit ganzem Herzen und ganzer Seele, mit all deiner Kraft und all deinen Gedanken.“ (Mt 22,37) Wenn jemandem diese Liebe ganz und gar fehlte, wäre er im geistigen Bereich wie die Leiche eines ehedem schönen Menschen, vor der den Lebenden nur noch graut! Die Liebe zu Gott ist nicht nur die Vollendung des Mensch-Seins überhaupt, sondern sie ist auch die Quelle, der Ursprung, der tragende Grund jeder anderen Liebe.

Noch viele andere Formen der Liebe wären zu nennen: die Liebe zu den Tieren, zur Musik, zur Wissenschaft, zur Kultur, zu dem Land, in dem wir leben, oder ganz allgemein die Liebe zum Leben, die Liebe zur Natur, zur Schöpfung, die, wie wir uns in jeder heiligen Messe dankbar erinnern, voll ist von Gottes Herrlichkeit.
Und doch: Wenn wir von „der Liebe“ reden, meinen wir fast immer nur die Liebe zwischen Mann und Frau. Wir denken dabei vielleicht an Romeo und Julia oder andere Namen, die uns im Theater, im Film, in der Literatur begegnet sind. Sie wären uns weder verständlich noch wichtig, gäbe es in uns selbst nicht die eigene Sehnsucht

und die eigene Erfahrung mit der Liebe. Die eigentlichen Liebesgeschichten spielen sich nicht im Fernsehen ab, sondern im wirklichen Leben, auf ihre Weise genauso schön, genauso traurig, genauso dramatisch wie jene, die Shakespeare und andere erfunden haben. Ja, es gäbe keinen Romeo, keine Julia, keinen Tristan und keine Isolde in unseren Büchern und Filmen, wenn es die Liebe nicht längst im Leben der Menschen gegeben hätte. „Romeo" und „Julia" leben mitten unter uns, sie haben viele Gesichter und verbergen sich unter anderen Namen, ihre Geschichte bewegt die Träume der Menschen. Wie könnte es anders sein! Denn die Liebe ist, sagt J. Pieper, der „grüne Fleck" im grauen Einerlei des Alltags.

Jede Liebe ist so neu und so einzigartig wie die beiden Menschen, die einander lieben. Dennoch ist es immer die ewig gleiche Liebe mit ihren Gesetzen der Sehnsucht, des Verlangens nach dem anderen, der Hingabe und des Sich-Verschenkens. In einer Welt, die von der Sünde gezeichnet ist, muss man leider hinzufügen: Zur Erfahrung mit der Liebe gehört auch der Kampf mit der egoistischen Begierde und die Scham, die anzeigt, dass das Paradies auch in der Beziehung der Geschlechter verloren gegangen ist.

Manchmal beginnt die Liebe ganz unscheinbar, kaum merklich wächst und entfaltet sie sich, und irgendwann werden sich die beiden glücklich bewusst, was ihnen geschenkt worden ist. Ihre Hochzeit ergibt sich dann wie eine große Selbstverständlichkeit und eröffnet ein gemeinsames Leben, das nur als Geschichte einer großen Liebe verstanden werden kann. Ihre Liebe erscheint ihnen als etwas, was immer schon war, und ein Leben ohne den anderen können sie sich nicht mehr vorstellen.

Bei anderen Menschen bricht die Liebe wie ein reißender Strom in das Leben ein und verändert alles. Was bisher war und unerschütterlich galt, ist von einem Tag auf den anderen in Frage gestellt und der Betroffene meint, sein Leben beginne erst jetzt. Freilich, die Umgebung wird sich Sorgen machen und wird zur Vernunft mahnen, aber die Vernunft der Liebe gehorcht einem anderen Gesetz:

> „Stark wie der Tod ist die Liebe,
> die Leidenschaft ist hart wie die Unterwelt.

Ihre Gluten sind Feuergluten,
gewaltige Flammen.
Auch mächtige Wasser
können die Liebe nicht löschen,
auch Ströme schwemmen sie nicht weg.
Böte einer für die Liebe
den ganzen Reichtum seines Hauses,
nur verachten würde man ihn!" (Hld 8,6f)

Freilich, man kann sich täuschen, viele Menschen haben sich schon vorschnell der vermeintlich großen Liebe anvertraut und sind dabei gescheitert. Aber bevor man solche Fälle zitiert, sollte man die Liebe nicht schlecht machen und zugeben: Ja, es gibt auch diese Liebesgeschichten, in denen Menschen wirklich alles liegen und stehen lassen um ihr Leben mit dem Menschen zu verbinden, den sie lieben, und später zeigt sich: Sie hatten Recht!
Die wahren Liebesgeschichten ereignen sich in den Dörfern, in den Villen der Reichen und in den Wohnsilos der Großstädte, in Wien so gut wie in Budapest oder Prag, unabhängig vom politischen System und der Farbe der Haut. Ja, die Liebe setzt sich über Grenzen hinweg und lässt sich weder von Flüssen und Bergen noch von Traditionen und Vorurteilen aufhalten. Nicht einmal die Verschiedenheit der Religion ist eine Schranke, die die Liebe nicht schon oft überwunden hätte.
Wie wichtig sind diese nirgends aufgeschriebenen und nicht verfilmten, aber gelebten Liebesgeschichten im Leben der Menschen! Immer, wenn sich zwei Menschen wirklich gefunden haben, erscheint es ihnen wie ein Wunder und doch auch als das, was sie immer schon erwarteten. Überall auf der Welt flüstern sie einander zu, was Aitmatov seine „Dshamilja" zu ihrem Geliebten sagen lässt: „Ich liebe dich schon so lange. Noch bevor ich dich kannte, habe ich dich geliebt und auf dich gewartet und du bist gekommen, als hättest du gewusst, dass ich auf dich warte."

# III.

# Kann die Liebe gelingen?

## 1. Skepsis und Resignation

Auf Grund bitterer Erfahrung meinen manche: Liebe ist nur eine Fata Morgana, der wir Menschen zwar immer wieder nachlaufen, die aber letztlich doch bleibt, was sie – zumindest in den meisten Fällen – ist: eine Illusion, ein Traum, ein unerfüllbarer Wunsch. Oder weniger hart formuliert: Im wirklichen Leben gelingt Liebe immer nur bruchstückhaft, dem Einen mehr, dem Anderen weniger, dem Dritten gar nicht. Wir reden zwar, so sagen sie, von „Romeo und Julia“, aber was wird aus solcher Liebe im zehnten Ehejahr?
Es hat schon seinen guten Grund, wenn die Liebespaare der Literatur oft genug im Tod enden oder der Dichter so klug ist seine Geschichte nur bis zur Hochzeit zu erzählen!
Hätte sich die Liebe von Romeo und Julia auch im Stress der modernen Arbeitswelt bewährt und gehalten, in der Monotonie des Alltags, in der Anfechtung durch andere Männer oder Frauen? Wie viele tragische und bittere Geschichten erzählt uns doch das Leben unserer Umgebung und vielleicht sind wir selbst Betroffene! Auch sollte man die überwältigende Kraft der Liebe nur dann rühmen, wenn es wirklich die Liebe ist! Daneben gibt es aber auch Hässliches und Dunkles, das sich den Namen „Liebe“ zu Unrecht anmaßt. In dieser „Liebe“ herrscht Berechnung, bloße Befriedigung, das Spiel mit dem Gefühl eines anderen und die krankhafte Sucht sich selbst zu bestätigen. Sie sei „von Kopf bis Fuß auf Liebe eingestellt“, singt Marlene Dietrich im „Blauen Engel“, aber es ist eine „Liebe“, die zugrunde richtet und der, der zum Objekt solcher Begierde wird, hat allen Grund sich „in Acht zu nehmen“, wie es Carmen in einer ihrer bekanntesten Arien „rät“!
Man kann es nicht bestreiten: Was als die große, unwiderstehliche Liebe begonnen hat, kann verloren gehen oder die „Liebe“ entlarvt sich als Illusion wie in der Erzählung A. Puschkins von der Postmei-

stertochter, die im Grunde nicht geliebt, sondern nur verführt und dann fallen gelassen wird!

## 2. Antwort der Kirche: Liebe ist mehr

All dieser Skepsis und Trauer, deren tiefster Grund ja doch wieder die Sehnsucht nach Liebe ist, hält die Kirche entgegen: Liebe ist möglich, Liebe kann gelingen und sie gelingt wirklich – wenn die Menschen sich an die „Gebrauchsanleitung“ dessen halten, von dem die Liebe stammt. Derjenige, der sich ein Gerät kauft, studiert die Anweisungen des Produzenten, damit er nichts falsch macht, damit es „geht“ und nicht „kaputt“ wird.
Noch wichtiger ist diese Weisheit im Bereich des Lebendigen, das zwar in manchen Fällen die Heilung, aber nicht beliebig austauschbare Ersatzteile kennt. Jeder, der sich ein Tier hält, weiß, dass er sorgfältig dessen Lebensgesetze beachten muss, wenn er will, dass es gedeiht und sich wohlfühlt. So ähnlich ist es auch mit der Liebe: Auch sie ist etwas Lebendiges, sie wächst und entfaltet sich, sie hat eine innere Dynamik auf ein Ziel hin und alles hängt davon ab, ob die Liebenden gehorsam und feinfühlig auf das Gesetz der Liebe eingehen, sich ihm anvertrauen und führen lassen. Denn die Liebe gelingt nur dann, wenn man sich ihrer Gesetzmäßigkeit unterwirft. Die „Gebote Gottes“ sind aber eben dieses „Gesetz der Liebe“, eine Grammatik der Liebe, eine Gebrauchsanweisung für die Liebe, eine Anleitung dafür, wie die Liebe wachsen, existieren und durch alle Mühseligkeiten hindurch überleben kann! Und wenn die Kirche „das sechste Gebot“ verkündet, will sie dies und nur dies tun: vermitteln, was Liebe ist, wie Liebe „gelingt“ und wovor man sie schützen muss!
Allerdings, die Erklärung, was Liebe ist und worin ihr Gesetz besteht, wäre zu wenig. Denn dem Menschen gebricht es nicht nur an Erkenntnis, sondern auch an der Kraft, dem Anspruch der Liebe gerecht zu werden. Dem Einwand, die Gebote Gottes seien nur ein Ideal und sie überforderten den Menschen, wie er nun einmal ist, hält Johannes Paul II. in seiner großen Enzyklika „*Veritatis splendor*“ die Frage entgegen: „Von welchem Menschen ist die Rede?

Von dem Menschen, der von der Begierde beherrscht wird, oder dem Menschen, der von Christus erlöst wurde?“ Wir müssen, führt der Papst weiter aus, Verständnis und Erbarmen mit der Schwäche des Menschen haben, aber wir dürfen um keinen Preis der Welt den Maßstab für Gut und Böse unseren Fähigkeiten anpassen und unsere Schwäche zum Kriterium dafür machen, was Gott gebieten darf und was nicht.

### 3. Die eheliche Liebe ist nicht das Wichtigste

Für Christen ist es ganz und gar klar: Die Liebe zwischen Mann und Frau ist wichtig, aber nicht das Wichtigste. Sie ist beglückend, aber nicht das Glück. Sie ist sinnvoll, aber nicht der Sinn des Lebens! Sie ist für viele der konkrete Weg, aber nicht das Ziel, denn das Ziel aller Ziele ist Gott allein.
Diese Botschaft ist von größter Bedeutung für das Gelingen des Lebens und der Liebe:
Erstens für diejenigen, die mehr oder weniger gescheitert sind, deren eheliches Glück über ein Mittelmaß nicht hinausgelangt oder denen es durch äußere Umstände – zum Beispiel eine schwere Behinderung – für immer versagt bleibt. Wichtig ist die Botschaft aber auch für diejenigen, die ihren geliebten Partner verloren haben:
Sie alle sollten sich vor Augen halten, dass die eigentliche Liebe ihres Lebens Christus ist. Nur so stürzen sie nicht in das schwarze Loch der Hoffnungslosigkeit und der Depression! Übrigens kennt die Kirche eine Reihe von leuchtenden Gestalten, die zeigen, wie Christen mit einer unglücklichen Ehe oder dem Verlust des geliebten Partners umgehen und wie die Liebe zu Gott und die Treue zum Gewissen wichtiger ist und bleibt als alles andere. Zu nennen sind Witwen vom Format einer Elisabeth von Thüringen oder Johanna von Chantal, aber auch die tapferen Gattinnen des Grafen Stauffenberg oder Franz Jägerstätter, die um ihres Widerstandes willen dem Nazi-Terror zum Opfer fielen. Wieder anders ist die Geschichte der heiligen Monika oder die der ebenfalls nicht glücklich verheirateten Catarina von Genua, die ihren Mann aber schließlich doch

gewinnen konnte. Auch Männer sind zu nennen: Thomas Morus, der seine Familie liebte und doch von ihr Abschied nahm um seinem Gewissen treu zu bleiben, und Nikolaus von der Flüe, dessen eigenartige Berufung es war, seine Familie zu verlassen und als Einsiedler nur für Gott zu leben. Berührend ist auch die Geschichte, die dem Ort Fatima den Namen gab:

> Ein portugiesischer Feldherr hatte für seinen König einen wichtigen Sieg errungen. Als Lohn erbat er sich die schöne maurische Prinzessin namens Fatima zur Frau, die sich in der Gefangenschaft der Portugiesen befand. Unter der Bedingung, dass sie freiwillig Christin und freiwillig seine Frau werden wolle, gewährte der König die Bitte. Die Liebe triumphierte über die Feindschaft der beiden Völker. Den beiden waren glückliche Jahre geschenkt. Dann aber, noch in der Blüte ihrer Jugend, starb Fatima. Da beschloss ihr Mann die verbleibenden Jahre seines Lebens Gott in besonderer Weise zu schenken und so trat er in ein Kloster ein. Die Sehnsucht nach dem Himmel war für ihn wohl immer auch die Sehnsucht nach seiner Fatima.

Die Lehre vom Primat der Christus-Liebe über alle eheliche Liebe hinaus ist zweitens auch für die glücklich verheirateten Paare von größter Wichtigkeit. Denn ohne sie sind sie in Gefahr, ihre Beziehung zu überfrachten und so durch ein verhängnisvolles „Zuviel" zu gefährden. Denn wenn jemand meint, der Partner müsse ein Leben lang „das ganze Glück" bedeuten wie in den verschiedensten Songs oder Operetten behauptet wird, er müsse „der Größte" und sie immer „die Schönste" sein, der irrt sich. Die Enttäuschung, das heißt die Erfahrung, dass der andere all das nicht ist und nicht sein kann, kommt unausweichlich. Dann aber kann die Liebe oder was man dafür hielt an dieser Überforderung zugrunde gehen.
Dagegen hält die Kirche: Man soll den anderen lieben, aber nicht vergöttern! Das Wort „vergöttern" ist verräterisch: Einen Menschen an den Platz rücken, der Gott allein gebührt, ist der Anfang vom Ende. Denn dieser „Aufgabe", für den anderen Gott zu spielen, ist niemand gewachsen und letztlich wird die Beziehung an diesem ab-

surden Versuch scheitern. Wenn aber Gott im Leben eines Paares den Platz einnimmt, der ihm zukommt, dann ist die Gefahr gebannt. Letzter Sinn und letztes Glück beider ist Gott, für jeden Einzelnen und gleichzeitig beiden gemeinsam. Das ist kein Grund zur Eifersucht, sondern befreit die Liebe von einer Last. Auch der geliebteste Mensch kann bleiben, was er ist: ein Mann oder eine Frau, ein Mensch mit Vorzügen und mit Fehlern. „Gebt dem geliebten Menschen, was der Liebe gebührt, und Gott, was Gottes ist", könnte man das bekannte Wort Jesu abwandeln. Wenn man Gott gibt, was Gottes ist, kann man dem Menschen jene Liebe geben, die ihm zukommt. In diesem Sinn kann man tatsächlich „ganz Gott" und zugleich „ganz dem Mann" oder „ganz der Frau" gehören. Die eine „Totalität der Liebe" widerspricht nicht der anderen, sondern ermöglicht ihre Glut und Lauterkeit.
Ist nämlich Gott in der Beziehung gegenwärtig, wird die Liebe zum Partner nicht nur nicht schwächer oder gar langweilig, sondern sie wächst und wird noch mehr als bisher zur Quelle der Freude und des Glückes. Die wahre Religion „dämpft" die irdische Liebe nicht, sondern reinigt sie von bewussten und unbewussten Egoismen. Weit davon entfernt sie zu stören, bringt sie sie zur Vollendung. Darum gilt die Regel: Je größer die Liebe zu Gott ist, desto größer wird auch die Liebe zum Mann, zur Frau, zu den Kindern, ja auch zur ganzen Schöpfung sein.
Das alles sind eigentlich katholische Selbstverständlichkeiten, aber oft so unbekannt, dass man sie aussprechen muss!

# IV.

# Von der Gefährdung der Liebe und ihrem Immunsystem

Es wäre freilich heillos naiv zu glauben, die eheliche und sexuelle Liebe sei so etwas wie eine „Insel der Seligen", auf der der Sündenfall nicht stattgefunden hätte. Es ist eine traurige Erfahrung, wie sehr die Liebe zwischen Ehepartnern erkalten kann. Die Folge sind Streitigkeiten, Machtkämpfe oder „Mauern", die man gegenüber dem anderen errichtet. Oft und oft wurden solche „Szenen einer Ehe" (I. Bergmann) schon dargestellt. Wegen dieser traurigen Möglichkeit des Scheiterns vertreten viele Menschen einen grundsätzlichen Pessimismus – man denke etwa an die Ausführungen in der „Kreuzersonate" von Tolstoi.
Es versteht sich von selbst, dass sich der Tod der Liebe auch auf die sexuellen Beziehungen auswirkt, die dann krankhafte, ja verbrecherische Formen annehmen können. Aber es ist wie in allen anderen Lebensbereichen: Auch hier gibt es nicht nur die Todsünden, sondern auch die kleinen, alltäglichen, jede Ehe belastenden „lässlichen Sünden" gegen die eheliche Liebe, und auch diese wirken sich auf die Ehe in all ihren Dimensionen aus.

## 1. Begehren ohne Liebe

Treffend hat D. v. Hildebrand die zwiespältige Erfahrung der Menschen mit ihrer – von der Sünde „verwundeten" – Sexualität beschrieben:[12]
Auf der einen Seite finden Liebende durch ihre männliche und weibliche Geschlechtlichkeit zur engsten, Leib und Seele umfassenden Gemeinschaft. Sie ist ein zärtliches, tiefes Geheimnis, das die Menschen nur mit „einer besonderen Erlaubnis Gottes" lüften dürfen. Denn diese „Domäne ist durch ihre Tiefe und Geheimnis ganz besonders Gott vorbehalten".[13] Ein-Fleisch-Werden ist für ehelich Liebende gelöste, vorbehaltlose Hingabe, sie erleben es als ehrfurcht-

gebietendes Wunder, als ein gegenseitiges Geschenk und ein, könnte man mit Johannes Paul II. ergänzen, „religiöses Ereignis“.[14] Die Feier der Vermählung wird mit Recht eine Hoch-Zeit genannt, umgeben von Glanz und Freude. Diese Liebe ist ehrfürchtig, rein, sie hat keinen Grund sich vor dem Antlitz Gottes zu verbergen (wie Adam und Eva nach dem Sündenfall).

Gelöst von der Liebe hingegen und bestimmt von bloßem Begehren, verändert sich die „Qualität“ des Sexuellen. Das Wunder der Liebe weicht einem nur noch frivolem, aufreizenden, verführerischen Zauber, es wird zum giftig-süßen Sirenengesang, der den Menschen zu seinem Verderben umnebelt, berauscht und befleckt. Das, was Geheimnis der Liebe sein sollte, nimmt unheimliche, im äußersten Fall dämonische Züge an. Wer sich ihm ausliefert, wird taub für die Stimme der Liebe, sein Herz wird kalt, er trägt etwas in sich, was mit der Liebe nicht mehr vereinbar ist. Statt zu vereinen trennt die Begierde, an die Stelle des Sich-Schenkens tritt ein Sich-Wegwerfen, Verrat an sich und dem anderen. Während das eheliche Ein-Fleisch-Werden mit Gott zu tun hat, ist die bloß begehrende Vereinigung Sünde, vergleichbar einer ohne Andacht, aus Berechnung empfangenen Kommunion.

Interessant, wie sich diese doppelte, widersprüchliche Erfahrung der Menschen auch in der Sprache spiegelt: Auf der einen Seite stehen, abgesehen von Dialekten und Vulgärsprache, Begriffe wie „bezaubernd“, „entzückend“, „Sehnsucht“, „Verehrung“ und „Liebe“, auf der anderen hingegen „aufreizend“, „geil“, „Verführung“ oder „Vernaschen“ (und natürlich auch andere Wörter, die nicht so eindeutig zuzuordnen sind). Auch die Rede von der Hoch-Zeit ist sprechend! Kann man beweisen, dass es so ist? Nein, sagt Hildebrand, wir stehen vor einem Geheimnis, dessen Wurzeln jenseits unseres geistigen Blickfeldes liegen – aber wir sehen, „dass es so ist“![15]

„Koitus ohne Koexistenz ist eine dämonische Angelegenheit“, sagt auch der evangelische Theologe K. Barth, und er hat Recht. Manche Erscheinungsformen der Sexualität haben mit Liebe nichts zu tun. Auch wenn man die eigentlichen Perversionen übergeht, führen uns sowohl die biblischen Erzählungen als auch große Künstler dieses „Begehren ohne Liebe“ erschütternd vor Augen:

- Amnon, einer der Söhne Davids, lockt seine Halbschwester in sein Zimmer, vergewaltigt sie und wirft sie dann aus dem Haus (vgl. 2 Sam 14).
- Zwei ältere Männer lauern Susanna auf, die ahnungslos ein Bad nimmt, und wollen sie sich gefügig machen. In dem Augenblick aber, da sie am Charakter dieser Frau scheitern, missbrauchen sie schamlos ihre Autorität und ohne den Mut und Scharfsinn des jungen Daniel wäre sie gesteinigt worden (vgl. Dan 13).
- „Don Giovanni", der große Verführer in der Oper von Wolfgang Amadeus Mozart, versucht, jede Frau, die ihm irgendwie gefällt, zu erobern und in das Register seiner „Siege" einzutragen, aber ohne die geringste Spur von Interesse an der Frau selbst und ohne einen Gedanken darauf zu verschwenden, welche menschlichen Tragödien er verursacht.
- In dem bekannten Roman von Dostojewski rühmt sich der Vater der *„Brüder Karamasov"*, auch im elendsten Weib noch eine Quelle für seine Lust zu entdecken.
- In *„Richard III."* stellt Shakespeare einen Mann auf die Bühne, der die „Liebe" zum Instrument seiner Machtpolitik macht und darum die Stirn hat, die Witwe des von ihm Ermordeten anlässlich der Beerdigung zu umwerben, und dabei auch noch gewinnt!

Es gibt auch Frauen, die die Liebe missbrauchen:

- „Carmen" liebt die Männer nicht, sondern gefällt sich in ihrer Macht über sie.
- Delila verrät Simson ohne die geringsten Skrupel gerade in dem Augenblick, in dem er schlafend in ihren Armen liegt.
- Die Tochter der Herodias bringt mit ihrem Tanz Johannes den Täufer um seinen Kopf – diesen Johannes, von dem Jesus sagt, es gebe keinen Größeren als ihn (vgl. Mk 6,17).

Aber nicht nur auf der Bühne oder in den biblischen Geschichten, jeden Tag ereignen sich auf der Welt unzählige Verbrechen, die um der Lüsternheit und geilen Begierde willen begangen werden, und zwar ohne dass dabei die Schönheit der Musik Mozarts vergessen macht, was diese Taten für die betroffenen Menschen bedeuten! Dieses gemeine, widerwärtige Gesicht der Sexualität ist verbunden

mit Begriffen wie sexueller Missbrauch von Kindern, Vergewaltigung, Mädchenhandel und Sextourismus. Nicht nur Außenseiter der Gesellschaft haben daran Anteil. Das Geschäft mit der sogenannten „harten Pornographie“ beweist, dass dieser Markt eine zahlreiche und hohe Preise zahlende Kundschaft hat.
Dass man auch heute sehr wohl um die dunkle Seite des sexuellen Begehrens weiß, zeigen die Diskussionen und Gesetze bezüglich „sexueller Belästigung“, sei es durch Worte, Zeichen oder „Betatschen“, die ihrer Natur nach eben etwas anderes sind als das „Werben“ um eine Frau oder gar eine Liebeserklärung.
Zu erinnern ist übrigens auch an all jene Frauen und Männer, die bedenkenlos eine andere Ehe zerstören, oder auch an jene, die irgendwo „einheiraten“, wobei ihre Liebe nicht dem Menschen, sondern nur seinem Geld, seinem Ruhm, seiner Macht gilt. Dabei ist es *eine* Sache, alle Gesichtspunkte vor der Hochzeit und darum auch die finanzielle Grundlage zu erwägen, eine *andere*, nur – die Betonung liegt auf diesem „nur“ – auf das Geld zu schauen bzw. diesem alles andere unterzuordnen.

## 2. Liebe, Keuschheit und Scham

Weil es keine anderen Menschen als sündige Menschen gibt, ist jede Liebe von der Sünde bedroht. Wer das leugnet, kennt weder das Leben noch sich selbst!
Der Ablauf der sexuellen Begegnung ist zwar immer „derselbe“ und doch ganz anders, wenn er von der Liebe beseelt ist, als wenn die Umarmung nur ein „sexueller Judaskuß“ ist, hinter dem sich Selbstsucht, rücksichtloses Begehren, gewohnheitsmäßiges Benützen des anderen zur Befriedigung des eigenen Bedürfnisses, Neugierde und Selbstbestätigung verbergen. Dann kann es Momente geben, in denen auch den verheirateten Menschen ihre „Umarmungen wie etwas Entsetzliches vorkommen, etwas Schandbares, Unrechtmäßiges, weil ihnen etwas fehlt, ja also doch die Wahrheit“, wie I. Bachmann eine ihrer Figuren einmal sagen lässt [16]. Die gemeinte Wahrheit jeder sexuellen Begegnung ist die Liebe. Ohne sie wäre die Ehe wirklich der schlechte zweite Teil des erfolgreichen „Stücks von der

Liebe", wie Nestroy angesichts der öde gewordenen Ehen witzig bemerkt!

Als Christ kann man hinzufügen: Was vielen Ehepaaren fehlt, ist die neue Liebe, die erst Christus in die Welt gebracht hat. Zur Bildung eines reifen Gewissens gehört es, den sexuellen Egoismus vom Verlangen der Liebe unterscheiden zu lernen und tatsächlich eine Art Kampf mit sich selbst zu führen: nicht um sich zu kasteien, sondern um der Liebe Platz zu schaffen – so wie wenn man eine Blume vom Unkraut befreit, das sie zu ersticken droht. Die beiden Kräfte, die die Liebe schützen, sind die Keuschheit und die Scham.

*– Keuschheit*

Jene innere Haltung, die sich gegen jede auch noch so kleine Dosis sexuellen Missbrauchs wehrt, heißt „Keuschheit". Sie ist in einer Welt sexueller Ausbeutung – von der sexistischen Werbung über die Pornographie bis hin zur sexuellen Gewalt – eine Notwendigkeit für jeden Menschen, der seine Würde nicht verlieren will. Sie ist nicht eine Gegenkraft zur Liebe, sondern deren Verteidigung und Immunsystem. Keuschheit ist die Herrschaft des Geistes, die die sexuellen Antriebe der Ordnung der Liebe unterordnet. Ohne Keuschheit gelingt die Liebe nicht, sondern geht früher oder später zugrunde! Insofern der sexuelle Trieb der Männer normalerweise stärker und impulsiver ist, betrifft sie der Anspruch der Keuschheit mehr als die Frauen.

*– Scham*

Wenn die Keuschheit gegen das eigene, von der Liebe gelöste sexuelle Begehren steht, so schützt umgekehrt die Scham davor, selbst Objekt der Begierde anderer zu werden. Scham ist auch eine Form von Nächstenliebe, weil sie es dem anderen leichter macht, seine eigene innere Ordnung bezüglich sexueller Gedanken oder Versuchungen zu bewahren. Weil es aber einer der Unterschiede von Mann und Frau ist, dass der Anblick einer Frau eine größere Rolle in der Beziehung der Geschlechter spielt als das Äußere des Mannes, hat man zu allen Zeiten gewusst: Scham ist mehr eine Aufgabe der Frau als des Mannes. Das zu sagen, ist nicht das geringste Zugeständnis

an irgendeine Art „Doppelmoral“! Falls es nötig ist, es auszusprechen: Selbstverständlich betrifft das Gebot, den anderen sexuell nicht Richtung Sünde zu provozieren, beide Geschlechter. Aber – „aufreizende“ Kleider gibt es eben nur für Frauen und höchstens in einem eher unbedeutenden Sinn auch bei Männern. Die Scham des Mannes betrifft kaum seine Kleidung, viel eher sein sonstiges Verhalten, vor allem sein Reden.
Weniger Nacktheit und „mehr Schleier“ empfahl vor kurzem in einem Interview die bekannte Schauspielerin und Tänzerin Marika Rökk den Frauen. Sie hat Recht: Frauen ist es keineswegs verboten, ihre Weiblichkeit zur Geltung zu bringen, sie dürfen den Männern gefallen und auch gefallen wollen. Aber derbe Nacktheit und ordinär-verführerische Aufmachung sind Signale, die die Männer einladen sie als Objekt der Lust zu gebrauchen: Schamlosigkeit stehen der Liebe und dem wirklichen Geliebt-Werden im Weg, Scham (nicht Prüderie!) schützt die Würde des Menschen und bewahrt jene Atmosphäre in der die Liebe entstehen kann. Die „Fleischeslust“ (im alten, biblischen Sinn des Wortes) steht im Gegensatz zur Liebe, sie macht den Menschen blind und unempfindlich für deren Schönheit.[17] Darum sind Keuschheit und Scham Forderungen der Liebe selbst. In Anlehnung an gängige Begriffe von heute könnte man auch sagen: Keuschheit und Scham sind der aktive Umweltschutz im Intimbereich, durch den der Lebensraum der Liebe erhalten bleibt.

### 3. Nackt und ungeschützt

Ist die Nacktheit Sünde? Die Frage lässt sich nicht mit einem einfachen Ja oder Nein beantworten, die Antwort hängt von den Umständen im Verhältnis zu der durchschnittlichen sexuellen Erregbarkeit der Menschen ab. Das entscheidende Kriterium lässt sich so umschreiben: Zielt die Nacktheit darauf ab die Umstehenden sexuell zu erregen oder ist sie, eine normale Veranlagung und eine vernünftige Einstellung vorausgesetzt, zumutbar?

– Die Bedeckung der menschlichen Schamteile ist ohne Zweifel eine Kulturleistung, die nicht nur klimatisch erklärt werden kann, sondern in der wachsenden Sensibilität für die Würde des Menschen und seine Verletzbarkeit in seinem Intimbereich begründet ist. Bezeichnenderweise hat man in Vernichtungslagern immer auch das Schamgefühl der Menschen verletzt und mit Füßen getreten.[18]

- Es gibt eine sachliche Nacktheit, die durch die Umstände mehr oder weniger neutralisiert ist: etwa in der Beziehung zwischen Arzt und Patient, in der Sauna, beim Duschen nach sportlichen Veranstaltungen.
- Ob Nacktheit aufreizend empfunden wird oder nicht, ist bis zu einem gewissen Grad auch Sache der Gewohnheit. Ein Araber, der immer nur verschleierte Frauen um sich hatte, wird die mitteleuropäische Freizügigkeit ganz anders empfinden als ein Mensch, der damit groß geworden ist.
- Ganz anders ist die Nacktheit in der Ehe: Indem die Liebe die Begierde überwindet, gibt sie der Nacktheit ihre ursprüngliche, positive Bedeutung zurück.[19] Wenn die Scham nicht eigentlich den Körper, sondern die a-personale Begierlichkeit betrifft, diese aber durch die eheliche Liebe (bis zu einem gewissen Grad) aufgehoben ist, gilt wieder das Wort aus der Paradiesesgeschichte: Eheleute sind nackt, aber sie schämen sich nicht voreinander.[20] Wenn sich Mann und Frau vereinen, tauchen sie wieder in die Schöpfungsordnung ein und schämen sich nicht.
- Eine Nacktheit oder Halb-Verhülltheit, die es darauf anlegt, sexuelles Begehren zu wecken, ist freilich abzulehnen. Sich dafür auf „Natürlichkeit“ zu berufen, gibt keinen Sinn: Wir können nicht hinter den Sündenfall zurück, die Menschen sind, die sie sind, auch in ihrer sexuellen Reizbarkeit.
- Wie Nacktheit „wirkt“, hängt auch von individuellen Veranlagungen ab. Die öffentliche Sitte kann sich dabei nicht an krankhaft veranlagten Menschen orientieren, wird die Gefahren, die von solchen (etwa für Kinder) ausgehen, freilich auch nicht ignorieren dürfen.

## 4. Kunst und Respekt

Die Frage nach der Scham stellt sich auch im Zusammenhang mit der Kunst. Heute ist es bekanntlich üblich, alles und jedes im Na-

men der nicht hinterfragbaren „Kunst“ für legitim zu halten. Das ist ebenso falsch wie es im 19. Jahrhundert lächerlich war, barocke Bilder „züchtig“ übermalen zu lassen, weil weite Kreise die Darstellung der weiblichen Brust als Versuchung zur Sünde ansahen.
Auch bezüglich der Kunstwerke stellt sich die Frage: Was will das Werk? Man kann auch obszöne Dinge „genial“ malen oder filmen und solche Kunst lässt sich durch den Hinweis auf die formale Perfektion nicht einfach legitimieren. Bauwerke, und seien sie architektonisch noch so großartig, unterwirft man fraglos einer Umwelt-Verträglichkeits-Prüfung und ein antisemitisches Buch sollte auch dann verboten werden, wenn es ein Genie geschrieben hat. Es ist nicht einzusehen, warum man die lüsterne Darstellung bestimmter sexueller Handlungen nicht ähnlichen Einschränkungen unterwerfen sollte. Übrigens: So richtig es ist, für Kinder strengere Maßstäbe anzulegen, so peinlich ist es auf der anderen Seite, Scheußlichkeiten aller Art „für“ Erwachsene zu fordern.
Was aber die Darstellung des nackten Leibes anbelangt, gilt:

- Kunstwerke können die Schönheit und Würde des männlichen und weiblichen Körpers sichtbar machen, sie erniedrigen den Menschen nicht, sondern im Gegenteil: In der „Begegnung mit solchen Werken“ können wir die Bedeutung des Leibes geradezu lernen. Dabei gilt: „Die Schönheit ist das äußerste Gegenteil alles Frivolen und Unreinen“.[21]
- Aber es gibt auch Kunstwerke und Reproduktionen, die abzulehnen sind, und zwar nicht wegen der Darstellung des Körpers als solchem (der immer eine Würde besitzt), sondern „wegen der Qualität bzw. der Art und Weise der Reproduktion, Verkörperung und künstlerischen Darstellung.“[22]

„Dem Reinen ist alles rein“ und so, wie der „Reine“ ohne moralischen Schaden zu nehmen, auch frivole Darstellungen sehen kann und sich dabei nicht zum „lüsternen Blick“ verleiten lässt, so gilt auch umgekehrt: Dem, der es so haben will, können größte Kunstwerke und sogar manche Abschnitte der heiligen Schrift „zur Versuchung“ werden.

# V.

# Prüderie als Gefahr

Ohne Zweifel, augenblicklich herrscht in Europa nicht Prüderie, sondern eine Einstellung, die jede Beschränkung des sexuellen Genießens aus moralischen Gründen ablehnt. Man fordert sexuelle Selbstbestimmung und hält nur solche sexuelle Verhaltensweisen für falsch, die krank machen, unerwünschte Kinder zur Welt kommen lassen oder für andere Menschen eklatant schädlich sind und darum bestraft werden müssen.

## 1. Der mögliche Pendelschlag von der Freizügigkeit zur Prüderie

Extreme haben Berührungspunkte! Es könnte sein, dass wir, früher als wir denken, eine Rückkehr der Leibverachtung und der Prüderie erleben, und zwar aus verständlichen Gründen: Wenn junge Menschen Sexualität nur noch als angeblich lustbringende, in Wirklichkeit aber so frustrierende Technik erleben und sie ihnen wieder und wieder in den scheußlichsten Formen präsentiert wird, kann eine Reaktion des Ekels nicht ausbleiben. Auf diese Weise könnte die Sexbesessenheit in eine Verneinung des Sexuellen umschlagen, wie es ja auch schon in anderen Kulturen, ganz ohne Einfluss des Christentums, geschehen ist.

So auch G. Bernanos in einem seiner Romane: „Was wird geschehen, wenn die Menschen zwischen rein und unrein zu unterscheiden verlernt haben? Nehmen wir an, dass sich eines Tages die Art von Revolution, welche die Jugendlichen und Biologen herbeiwünschen, vollzogen hat; dass jede Hierarchie von Bedürfnissen abgeschafft ist; dass die sinnliche Begierde so als ein Begehren der Eingeweide gleich anderen erscheint und einzig eine strenge Hygiene deren Befriedigung regelt – dann werden sie sehen, ja sie werden sehen, dass es nur so von Menschen wimmelt, die gegen sich selbst, gegen ihr eigenes Fleisch einen blinden Hass richten. Denn dessen Ursachen werden in den dunkelsten, tiefsten Ecken des Gedächt-

nisses begraben bleiben! Während sie sich schmeicheln werden, den inneren Frieden ihrer elenden Sklaven gesichert, unser Geschlecht mit dem wiederversöhnt zu haben, was heute seine Bedrängnis und Scham ausmacht, künde ich Ihnen eine Raserei von Selbstmorden an, gegen die Sie nichts ausrichten werden. Mehr als das Besessensein von unrein ist das Heimweh nach der Reinheit."
Verhindern wird einen solchen Umschlag in das andere Extrem nur die wahre Antithese, nämlich die Hinwendung zu einer Moral der Liebe, die den Leib des Menschen achtet und nicht einer unbezahlten Dauer-Prostitution in allen Varianten preisgibt: am Bildschirm, „virtuell" im Computerspiel und in der Realität, soweit es ohne unerwünschte Kinder, ohne gesundheitliche Schäden und ohne strafrechtliche Folgen eben geht – die einzigen Normen, die eine bestimmte „Moral" anerkennt.

**2. Religiöse Faktoren**

Auch ein spezifisch religiöses Motiv könnte eine solche Entwicklung fördern. Denn in manchen Kreisen sagt man: Die meisten Menschen, die in der Hölle sind, kommen wegen ihrer Sünden gegen die Keuschheit dorthin. Oder auch ganz ähnlich: Die Sünden, die Gott „am meisten beleidigen", sind die Fleischessünden.
Für diese Sicht beruft man sich unter anderem auf Jacinta, eines der Seherkinder von Fatima, und damit, auch wenn das nicht immer deutlich gesagt wird, auf die Autorität der Muttergottes. Man stelle sich junge, idealistische, von außen oft hämisch angegriffene Burschen und Mädchen aus der neuen Bewegung „Wahre Liebe wartet" vor: Wie geneigt werden sie sein diese Aussage für bare Münze zu nehmen! Darum, und weil Irrtümer, wenn sie nicht für immer und deutlich genug gebrandmarkt sind, so leicht wiederkommen, bedarf es einer Klärung.
Zunächst: Wo und wie hat Jacinta gesagt, die Sünden gegen die Keuschheit seien diejenigen, die Gott „am meisten" beleidigen? Hat sie wirklich gesagt, die meisten Verdammten kommen gerade um dieser Sünden willen in die Hölle? Sr. Lucia, also die Kronzeugin des Geschehens, berichtet nur folgendes: „Öfters habe ich mich gefragt, ob wohl Unsere Liebe Frau in irgendeiner der Erscheinungen

angedeutet hätte, welche Art von Sünden Gott am meisten beleidigen. Es heißt nämlich, Jacinta habe in Lissabon die Fleischessünde genannt. Sie hat mir öfters die Frage gestellt. Nun denke ich, dass ihr vielleicht in Lissabon einfiel die Gottesmutter zu fragen, und dass ihr dann diese Sünde genannt wurde“ [23].

Eine andere „Aussage“ in dieser Richtung aus dem Mund Jacintas scheint es nicht zu geben und diese beweist, wenn man nur genau genug liest, nicht, was sie bei manchen frommen Autoren beweisen soll:

- Lucia hat nur von Dritten gehört, Jacinta habe derartiges gesagt, sicher weiß sie es nicht.
- Lucia hält es nur für möglich – „vielleicht“ –, dass Jacinta die Gottesmutter gefragt und dann diese Antwort erhalten haben könnte, aber sie weiß nicht, ob es sich so verhält.

  Es gibt also keinen Beweis, sondern nur eine schwache Vermutung von Seiten Lucias, dass Maria der kleinen Seherin dies gesagt haben könnte.

  Auf der anderen Seite muss man bedenken: Die Auffassung, dass sexuelle Sünden besonders schwere Sünden sind, war damals Gemeingut und beide Kinder, Lucia und Jacinta, werden das oft und oft gehört haben. Vor allem Jacinta, selbst noch weit weg von der Pubertät, kann gar nicht anders als derartige Aussagen der Priester zu glauben. Aus dem gleichen Grund konnte sich auch Lucia vorstellen, dass die Muttergottes das gesagt haben könnte.

  Das heißt: Wenn Jacinta etwas in der genannten Weise gesagt haben sollte, dann hat sie als Kind ihrer Zeit – Kind im doppelten Sinn des Wortes – gesprochen, aber es gibt keinen Beweis, dass sie dies mit ihrer hohen Autorität als Seherin getan haben könnte [24]. Wer anderes sagt, verdunkelt den strahlenden Glanz der so wichtigen Botschaft von Fatima.

### 3. Die Lehre der Kirche

Es gibt aber noch einen anderen triftigen Grund, an der zitierten Aussage zu zweifeln, und das ist die Lehre der Kirche, die ja immer oberstes Kriterium für die Echtheit von „Privatoffenbarungen“ ist.

Schon vor über 50 Jahren hat nämlich der große Theologe A. Adam folgendes geschrieben: Die Ängstlichkeit vieler Menschen werde durch die Behauptung gesteigert, „die fast in allen Predigtzyklen wiederkehrt und die sich allerdings auf die sehr beachtliche Autorität eines heiligen Alphons stützen kann, nämlich die Behauptung, durch die Unkeuschheit ginge die Mehrheit der Menschen ewig verloren. Der Heilige schreibt in *De sexto Nr. 413*, dass die größere Zahl der Seelen – *major animarum numerus* – wegen der Unkeuschheit in die Hölle komme; ja, ‚er trage kein Bedenken zu behaupten, dass wegen dieses einen Lasters der Unschamhaftigkeit oder wenigstens nicht ohne dasselbe alle verdammt werden, die verdammt werden'. Die meisten Prediger wiederholen diesen Satz unter Berufung auf den Heiligen; es gibt wenige Kanzelredner, die sich denselben ob seiner rhetorischen Durchschlagskraft entgehen lassen." Adam nennt einen Autor, der sogar noch weiter ging: „Gerade dieses Laster ist es, das die Hölle bevölkert. Von den unschuldig gestorbenen Kindern abgesehen, sagt ein heiliger Vater, werden von den Erwachsenen nur wenige gerettet wegen der Unkeuschheit. Zwei Drittel der Menschheit geht verloren durch das Laster der Unkeuschheit." Ja, er kennt sogar einen Autor, der meint, dass „unter Hundert 99 sind, die ausschließlich dieser Sünde wegen verdammt werden"!
Diesen, in der Seelsorge von damals offenbar „gegenwärtigen" Behauptungen setzt Adam entgegen:
„Es wäre von größtem Interesse, bedürfte aber einer eigenen Studie für sich festzustellen, aus welcher Quelle der heilige Alphons von Ligouri diese Lehre geschöpft hat. Jedenfalls ist weder in der heiligen Schrift noch in der Väterlehre irgendein Anhaltspunkt dafür vorhanden. Wenn diese Lehre zu Recht bestände, dann wäre es unerklärlich, dass der Heiland eine Sünde, durch welche die größere Zahl der Menschen ewig verloren geht, mit solcher Milde behandelt; dass er in seinem Urteil über die Verdammten (Mt 25,35) gerade diese verhängnisvollste aller Sünden nicht nennt, sondern nur Verfehlungen gegen die Caritas, und dass die Väter und die Theologen einer derartigen Sünde, welche mehr Menschen verdammt als alle anderen Laster zusammen, verhältnismäßig weniger Aufmerksamkeit schenken als anderen. Der Dogmatiker müsste auch noch die Frage stellen, woher der heilige Alphons dieses sein Wis-

sen schöpfen konnte. Alle praktische Erfahrung, die dem eifrigen Bischof und großen Seelenkenner unzweifelhaft zu Gebote stand, reicht dazu nicht aus. Es hätte einer ganz konkreten Offenbarung Gottes bedurft um einen so bestimmten Aufschluss über das ewige Schicksal von Millionen und Abermillionen von Seelen geben zu können. Die allgemeine Offenbarung enthält darüber nichts und so könnte er diese Lehre nur aus einer Privatoffenbarung gewonnen haben, worüber keinerlei Zeugnis und Beweis vorhanden ist. Da diese seine Meinung zudem erst ganz spät auftritt und der früheren Kirchenlehre völlig unbekannt ist, kann auch von einem ‚Consensus Theologorum' gar keine Rede sein. So ist hier sicher der Fall gegeben, wo es erlaubt sein muss, aus wichtigen Gründen von der Ansicht eines einzelnen Kirchenlehrers abzugehen – eine Freiheit, die von allen Theologen sogar gegenüber Autoritäten wie Augustin oder Thomas in Anspruch genommen wird." Adam vermutet, Alphons habe in diesem Punkt unbesehen aus jansenistischen und damit rigoristischen Quellen geschöpft.[25]

Die Einwände Adams lassen sich noch ergänzen: Die These ist auch deswegen unsinnig, weil doch niemand einigermßen vernünftig annehmen kann, ein Mensch sei nur wegen der Unkeuschheit in der Hölle, sei aber im übrigen ein demütiger, liebevoller, gerechter Mensch gewesen! Daher könnte man – wenn solche Rede möglich wäre – genauso sagen: Jeder, der in der Hölle ist, ist dort wegen seines Hochmuts, seiner Lieblosigkeit, seines Geizes. Aber es gilt natürlich auch: Ein Mensch, der sich hochmütig in letzter Verhärtung von Gott abgewendet hat, hat keinen Grund keusch zu leben. Daher wird jeder Verdammte auch gegen das Sechste Gebot gesündigt haben. Aber eine Sonderstellung der Keuschheit lässt sich davon in keiner Weise ableiten.

Klar ist vielmehr: Die damals so gängige Behauptung des heiligen Alphons – ausgestattet mit der Autorität eines Kirchenlehrers und des Patrons der Moraltheologie! – entspricht der unkatholischen, aus häretischen Quellen stammenden Überbetonung des Sechsten Gebotes der damaligen Zeit – auf Kosten des einen wirklichen „Grunddogmas der christlichen Moral" und dieses ist der „Primat der Liebe über alle anderen Tugenden" [26].

Seit dem Buch von A. Adam ist viel Zeit vergangen und inzwischen hat das Lehramt Stellung bezogen. Die Entscheidung it klar und eindeutig: Nicht die Tradition der Überstrenge und Prüderie ist katholisch, sondern jene prophetischen Männer wie A. Adam und D. v. Hildebrand waren im Recht, die schon damals auf dem Vorrang der Liebe und ihre – gerade auf dem Gebiet der Geschlechtlichkeit – alles bestimmenden Kraft bestanden haben.

### 4. Wider die Prüderie

Es wäre ganz schlimm, wollte man diese unselige Behauptung, in Abwehrstellung gegen den sicherlich belagenswerten Libertinismus auf sexuellem Gebiet, heute wiederbeleben und vielleicht auch noch einige andere pseudo-theologische Behauptungen, die in der Vergangenheit durch die Angst und die Verklemmungen, die sie auslösen, viel Unheil angerichtet haben: Unheil, weil viele Ehen davon belastet wurden; Unheil, weil Menschen unter falschen, irreführenden Ängsten lebten; Unheil, weil sie das Ansehen der Kirche schwer geschädigt haben; Unheil, weil um solcher Irrtümer willen nicht wenige Menschen die Kirche überhaupt verlassen haben.

Es ist ein Irrtum zu glauben, prüde Menschen seien besonders „rein". Das Gegenteil ist der Fall: Sie sind auf ihre Weise ein Opfer der Sinnlichkeit. Sie sprechen mit Abscheu, aber auch mit Sensationslust von „Unkeuschheit" und sind sich vielleicht sogar zu gut für die Hingabe an einen anderen in der Ehe. Aber auf ihre Weise sind sie „geladen mit einer schwülen Sinnlichkeit"[27] und haben ihre Ersatzbefriedigungen.

Die Alternative zum Irrtum von damals und zum Irrtum von heute kann nur die Wahrheit sein: die katholische Wahrheit von der Liebe und von ihren Konsequenzen für den Umgang der Menschen mit ihrer Sexualität. Eine Verachtung des Sexuellen und ein Sich-Verweigern mit der Begründung, Sexualität sei schlecht, ist objektiv sündhaft. Prüderie darf nicht als Alternative gelten und nicht einmal als kleineres Übel – sie ist ein anderes Übel, das auf seine Weise auch von Gott wegführt.

# VI.

# Versuchungen

Jedes Kind weiß es: Es gibt Dinge, die uns locken, und gleichzeitig wissen wir ganz genau, dass wir „es" nicht tun oder „es" uns nicht nehmen sollten: Unser Gewissen warnt und mahnt uns, steht unserem bösen Tun geradezu im Weg. In der Bibel gibt es viele Geschichten von mehr oder weniger schweren Versuchungen, oft mit schlimmen Ausgang, nämlich Sünde. Wir hingegen sollten es machen wie nach einem Flugzeugabsturz: Er wird studiert um herauszufinden, warum die Maschine verunglückt ist und wie wir ein solches Unglück künftig verhindern können.

## 1. Biblische Geschichten von der Versuchung

*a. Der Sündenfall*

Manche Leute denken bei „Versuchung" nur an Lust auf bestimmte Speisen oder sexuelle Anziehung. „Versuchung" im biblischen Sinn ist alles, was uns zur Sünde lockt, und nur das! Ohne dass wir genau wüssten, worin sie bestanden hat, beschreibt uns die Bibel die erste Versuchung der Menschen, die zum Bruch mit Gott geführt hat, folgendermaßen:

> „Die Schlange war schlauer als alle Tiere des Feldes, die Gott, der Herr, gemacht hatte. Sie sagte zu der Frau: Hat Gott wirklich gesagt: Ihr dürft von keinem Baum des Gartens essen? Die Frau entgegnete der Schlange: Von den Früchten der Bäume im Garten dürfen wir essen; nur von den Früchten des Baumes, der in der Mitte des Gartens steht, hat Gott gesagt: Davon dürft ihr nicht essen und daran dürft ihr nicht rühren, sonst werdet ihr sterben. Darauf sagte die Schlange zur Frau: Nein, ihr werdet nicht sterben. Gott weiß vielmehr: Sobald ihr davon esst, gehen

> euch die Augen auf; ihr werdet wie Gott und erkennt Gut und Böse. Da sah die Frau, dass es köstlich wäre, von dem Baum zu essen, dass der Baum eine Augenweide war und dazu verlockte klug zu werden. Sie nahm von seinen Früchten und aß; sie gab auch ihrem Mann, der bei ihr war, und auch er aß. Da gingen beiden die Augen auf und sie erkannten, dass sie nackt waren." (Gen 3,1-7)

Immer, wenn jemand versucht wird, scheint es dem Betreffenden irgendwie, „dass es köstlich wäre, von dem Baum zu essen, dass der Baum eine Augenweide war und dazu verlockte klug zu werden". Sonst wäre es ja keine Versuchung! Die Kehrseite der „Köstlichkeit" ist das Misstrauen gegenüber Gott, der doch gewarnt hatte: „Davon dürft ihr nicht essen und daran dürft ihr nicht rühren, sonst werdet ihr sterben."
Damit sind zwei Elemente von Versuchung und Sünde genannt, die sich immer wiederholen: Der Mensch glaubt etwas an Glück zu gewinnen, handelt sich dabei aber Schmerzen, Enttäuschungen, Bitterkeit ein, ja sogar den Tod, weil er Gott nicht glaubt, sondern der „Augenweide", die ihm vorgaukelt, nur dadurch werde er „glücklich".

*b. Kain und Abel*
Die Kain- und Abel-Geschichte macht andere Gesichtspunkte verständlich:

> „Nach einiger Zeit brachte Kain dem Herrn ein Opfer von den Früchten des Feldes dar; auch Abel brachte eines dar von den Erstlingen seiner Herde und von ihrem Fett. Der Herr schaute auf Abel und sein Opfer, aber auf Kain und sein Opfer schaute er nicht. Da überlief es Kain ganz heiß und sein Blick senkte sich. Der Herr sprach zu Kain: Warum überläuft es dich heiß und warum senkt sich dein Blick? Nicht wahr, wenn du Recht tust, darfst du aufblicken; wenn du nicht Recht tust, lauert an der Tür die Sünde als Dämon. Hierauf sagte Kain zu seinem Bruder Abel: Gehen wir aufs Feld! Als sie auf dem Feld waren,

griff Kain seinen Bruder Abel an und erschlug ihn. Da sprach der Herr zu Kain: Wo ist dein Bruder Abel? Er entgegnete: Ich weiß es nicht. Bin ich der Hüter meines Bruders? Der Herr sprach: Was hast du getan? Das Blut deines Bruders schreit zu mir vom Ackerboden." (Gen 4,3-10)

Die Bibel sagt uns nicht genau, warum Gott „nicht auf Kain und sein Opfer" schaute. Aber da Gott gerecht ist, kann es nur so gewesen sein, dass Kain in seinem „Opfer" äußerlich zwar eine religiöse Handlung setzte, diese aber durch die Gesinnung des Kain entwertet war: darum „schaut" Gott nicht auf sein Opfer.

In unserem Zusammenhang ist die Reaktion des Kain wichtig: Er ist eifersüchtig, er hält den Vorzug des Abel einfach nicht aus: Es überläuft ihn heiß und – wie charakteristisch für die Versuchung – „sein Blick senkte sich". Bezeichnenderweise haben die Menschen das immer beobachtet, wenn jemand im Unrecht ist: „Er kann mir nicht in die Augen schauen!", sagt man dann. Aber Gott hat den Kain nicht aufgegeben und so macht er ihn auf seine eigene Körpersprache aufmerksam: „Warum überläuft es dich heiß und warum senkt sich dein Blick?" Kain versteht die Symptome seines Körpers sehr wohl und er weiß offenbar auch um die Gefahr, in der er sich befindet: „Wenn du nicht Recht tust, lauert an der Tür die Sünde als Dämon." Gott warnt ihn und Gott ruft ihm seine Freiheit in Erinnerung: „Auf dich hat er es abgesehen, doch du werde Herr über ihn!"

In der Geschichte von Adam und Eva scheinen die verbotenen Früchte „köstlich". Bei Kain ist die „Köstlichkeit" nicht so offensichtlich, die Versuchung besteht mehr in einem inneren Druck – es überläuft ihn heiß – und er sucht Befriedigung dieses inneren Brennens, das ihn zum Mord antreibt. Wichtig bei dieser Geschichte ist zudem noch folgendes:

Die schrecklichen Folgen der Sünde werden durch das Bild eines Überfalls angekündigt, und zwar von einem „Dämon", also einem unheimlichen Wesen, das an der Tür lauert. Das zu hören könnte jemand verzweifeln lassen, wäre da nicht einerseits das Bemühen Gottes um den mit der Versuchung ringenden Kain und andererseits das tröstende Wort von der Freiheit: Der Mensch kann die Versuchung besiegen; der Dämon mag stark und unheimlich sein, seine Macht ist begrenzt.

*c. Susanna*

Die Geschichte der Susanna (Dan 13,1-64) ist nicht nur großartig und spannend erzählt, sondern auch psychologisch ungemein aufschlussreich. Diese nun handelt von sexuellen Versuchungen:

> „In Babylon wohnte ein Mann mit Namen Jojakim. Er hatte Susanna, die Tochter Hilkijas, zur Frau; sie war sehr schön und gottesfürchtig. Auch ihre Eltern waren gerecht und hatten ihre Tochter nach dem Gesetz des Mose erzogen. Jojakim war sehr reich; er besaß einen Garten nahe bei seinem Haus. Die Juden pflegten bei ihm zusammenzukommen, weil er der Angesehenste von allen war. Als Richter amtierten in jenem Jahr zwei Älteste aus dem Volk, von denen galt, was der Herr gesagt hat: Ungerechtigkeit ging von Babylon aus, von den Ältesten, von den Richtern, die als Leiter des Volkes galten. Sie hielten sich regelmäßig im Haus Jojakims auf und alle, die eine Rechtssache hatten, kamen zu ihnen. Hatten sich nun die Leute um die Mittagszeit wieder entfernt, dann kam Susanna und ging im Garten ihres Mannes spazieren.
>
> Die beiden Ältesten sahen sie täglich kommen und umhergehen; da regte sich in ihnen die Begierde nach ihr. Ihre Gedanken gerieten auf Abwege und ihre Augen gingen in die Irre; sie sahen weder zum Himmel auf, noch dachten sie an die gerechten Strafen Gottes. Beide hatten wegen Susanna Liebeskummer; doch keiner sagte dem anderen etwas von seinem Schmerz. Denn sie schämten sich darüber, dass sie so begierig waren mit ihr zusammenzusein. Ungeduldig warteten sie jeden Tag darauf sie zu sehen. Eines Tages sagte der eine zum andern: Gehen wir nach Hause, es ist Zeit zum Essen. Sie trennten sich also und gingen weg, dann aber kehrte jeder um und sie trafen wieder zusammen. Sie fragten einander nach der Ursache und gestanden sich ihre Leidenschaft. Daraufhin verabredeten sie eine Zeit, zu der es ihnen möglich sein sollte Susanna allein anzutreffen.

Während sie auf einen günstigen Tag warteten, kam Susanna eines Tages wie gewöhnlich in den Garten, nur von zwei Mädchen begleitet, und wollte baden; denn es war heiß. Niemand war dort außer den beiden Ältesten, die sich versteckt hatten und ihr auflauerten. Sie sagte zu den Mädchen: Holt mir Öl und Salben und verriegelt das Gartentor, damit ich baden kann. Die Mädchen taten, wie ihnen befohlen war. Sie verriegelten das Tor und verließen den Garten durch die Seitenpforte um zu holen, was ihnen aufgetragen war. Von den Ältesten bemerkten sie nichts, denn diese hatten sich versteckt. Als die Mädchen weg waren, standen die beiden Ältesten auf, liefen zu Susanna hin und sagten: Das Gartentor ist verschlossen und niemand sieht uns; wir brennen vor Verlangen nach dir: Sei uns zu Willen und gib dich uns hin! Weigerst du dich, dann bezeugen wir gegen dich, dass ein junger Mann bei dir war und dass du deshalb die Mädchen weggeschickt hast. Da seufzte Susanna und sagte: Ich bin bedrängt von allen Seiten: Wenn ich es tue, so droht mir der Tod; tue ich es aber nicht, so werde ich euch nicht entrinnen. Es ist besser für mich es nicht zu tun und euch in die Hände zu fallen, als gegen den Herrn zu sündigen. Dann schrie Susanna, so laut sie konnte. Aber zugleich mit ihr schrieen auch die beiden Ältesten und einer von ihnen lief zum Gartentor und öffnete es. Als die Leute im Haus das Geschrei im Garten hörten, eilten sie durch die Seitentür herbei um zu sehen, was ihr zugestoßen sei. Als die Ältesten ihre Erklärung gaben, schämten sich die Diener sehr; denn noch nie war so etwas über Susanna gesagt worden. Als am nächsten Morgen das Volk bei Jojakim, ihrem Mann, zusammenkam, erschienen auch die beiden Ältesten. Sie kamen mit der verbrecherischen Absicht, gegen Susanna die Todesstrafe zu erwirken. Sie sagten vor dem Volk: Schickt nach Susanna, der Tochter Hilkijas, der Frau Jojakims! Man schickte nach ihr. Sie kam, begleitet von ihren Eltern, ihren Kindern und allen Verwandten. Susanna war anmutig und sehr schön. Sie war aber verschleiert. Um sich an ihrer Schönheit zu weiden, befahlen die Gewissenlosen sie zu entschleiern. Da weinten ihre Angehörigen und alle, die sie sahen, begannen ebenfalls zu weinen. Vor

dem ganzen Volk standen nun die beiden Ältesten auf und legten die Hände auf den Kopf Susannas. Sie aber blickte weinend zum Himmel auf; denn ihr Herz vertraute dem Herrn. Die Ältesten sagten: Während wir allein im Garten spazieren gingen, kam diese Frau mit zwei Mägden herein. Sie ließ das Gartentor verriegeln und schickte die Mägde fort. Dann kam ein junger Mann zu ihr, der sich versteckt hatte, und legte sich zu ihr. Wir waren gerade in einer abgelegenen Ecke des Gartens; als wir aber die Sünde sahen, eilten wir zu ihnen hin und sahen, wie sie zusammen waren. Den Mann konnten wir nicht festhalten; denn er war stärker als wir; er öffnete das Tor und entkam. Aber diese da hielten wir fest und fragten sie, wer der junge Mann war. Sie wollte es uns aber nicht verraten. Das alles können wir bezeugen. Die versammelte Gemeinde glaubte ihnen, weil sie Älteste des Volkes und Richter waren, und verurteilte Susanna zum Tod. Da rief sie laut: Ewiger Gott, du kennst auch das Verborgene; du weißt alles, noch bevor es geschieht. Du weißt auch, dass sie eine falsche Aussage gegen mich gemacht haben. Darum muss ich jetzt sterben, obwohl ich nichts von dem getan habe, was diese Menschen mir vorwerfen.
Der Herr erhörte ihr Rufen. Als man sie zur Hinrichtung führte, erweckte Gott den heiligen Geist in einem jungen Mann namens Daniel. Dieser rief laut: Ich bin unschuldig am Tod dieser Frau. Da wandten sich alle Leute nach ihm um und fragten ihn: Was soll das heißen, was du da gesagt hast? Er trat mitten unter sie und sagte: Seid ihr so töricht, ihr Söhne Israels? Ohne Verhör und ohne Prüfung der Beweise habt ihr eine Tochter Israels verurteilt. Kehrt zurück zum Ort des Gerichts! Denn diese Ältesten haben eine falsche Aussage gegen Susanna gemacht. Eilig kehrten alle Leute wieder um und die Ältesten sagten zu Daniel: Setz dich hier mitten unter uns und sag uns, was du zu sagen hast. Denn dir hat Gott den Vorsitz verliehen. Daniel sagte zu ihnen: Trennt diese beiden Männer, bringt sie weit auseinander! Ich will sie verhören. Als man sie voneinander getrennt hatte, rief er den einen von ihnen her und sagte zu ihm: In Schlechtigkeit bist du alt geworden; doch jetzt kommt die Strafe für die Sünden, die

du bisher begangen hast. Ungerechte Urteile hast du gefällt, Schuldlose verurteilt, aber Schuldige freigesprochen und doch hat der Herr gesagt: Einen Schuldlosen und Gerechten sollst du nicht töten. Wenn du also diese Frau wirklich gesehen hast, dann sag uns: Was für ein Baum war das, unter dem du die beiden zusammen gesehen hast? Er antwortete: Unter einer Zeder. Da sagte Daniel: Mit deiner Lüge hast du dein eigenes Haupt getroffen. Der Engel Gottes wird dich zerspalten; schon hat er von Gott den Befehl dazu erhalten. Dann ließ er ihn wegbringen und befahl den andern vorzuführen. Zu ihm sagte er: Du Sohn Kanaans, nicht Judas, dich hat die Schönheit verführt, die Leidenschaft hat dein Herz verdorben. So konntet ihr an den Töchtern Israels handeln, sie fürchteten sich und waren euch zu Willen. Aber die Tochter Judas hat eure Gemeinheit nicht geduldet. Nun sag mir: Was für ein Baum war das, unter dem du die beiden ertappt hast? Er antwortete: Unter einer Eiche. Da sagte Daniel zu ihm: Mit deiner Lüge hast auch du dein eigenes Haupt getroffen. Der Engel Gottes wartet schon mit dem Schwert in der Hand um dich mitten entzwei zu hauen. So wird er euch beide vernichten. Da schrie die ganze Gemeinde laut auf und pries Gott, der alle rettet, die auf ihn hoffen. Dann erhoben sie sich gegen die beiden Ältesten, die Daniel durch ihre eigenen Worte als falsche Zeugen entlarvt hatte. Das Böse, das sie ihrem Nächsten hatten antun wollen, tat man nach dem Gesetz des Mose ihnen an: Man tötete sie. So wurde an jenem Tag unschuldiges Blut gerettet. Hilkija und seine Frau priesen Gott wegen ihrer Tochter Susanna, ebenso ihr Mann Jojakim und alle Verwandten, weil sich zeigte, dass sie nichts Schändliches getan hatte. Daniel aber gewann seit jenem Tag und auch weiterhin beim Volk großes Ansehen." (Dan 13,1-64)

Im Zusammenhang mit der Versuchung ist vor allem der zweite Absatz wichtig: Die beiden Männer, die in einer so gemeinen Weise der Versuchung erliegen, sehen – eigentlich harmlos, weil berufsbedingt – eine schöne Frau: „Da regte sich in ihnen die Begierde nach ihr". Das ist nicht allzu überraschend. Allerdings, das Wort „Be-

gierde“ lässt bereits Schlimmes befürchten und tatsächlich verändert sich etwas im Verborgenen ihrer Seelen, das die Bibel meisterhaft beschreibt: „Ihre Gedanken gerieten auf Abwege und ihre Augen gingen in die Irre; sie sahen weder zum Himmel auf, noch dachten sie an die gerechten Strafen Gottes.“ Alle Elemente der Versuchung sind darin enthalten: Die Gedanken kommen auf „Abwege“ und die richtigen „Wege“, darf man hier einfügen, wären die Gebote Gottes. Infolgedessen sehen sie nicht nur die Schönheit der Frau was ja ganz normal wäre, sondern „ihre Augen gehen in die Irre“! Keine Frage, dass die beiden Männer genau wissen um die „Abwege“ und die „Irre“, in die sich ihre Gedanken und Blicke verirren. Denn gleich in der nächsten Zeile heißt es ja: „Sie schämten sich...“ Offenbar sind sie bereits tief in die Versuchung hineinverstrickt. Bezeichnend ist auch: „Sie sahen weder zum Himmel auf, noch dachten sie an die gerechten Strafen Gottes.“ Da ist er wieder, der „gesenkte Blick“, dem wir bereits in der Geschichte von Kain und Abel begegnet sind! Hier wird allerdings noch deutlicher, vor wem sich der Blick „senkt“: nicht nur vor dem, dem Unrecht zu tun man im Begriff ist, sondern vor allem vor Gott – vor Ihm „senkt“ sich der Blick, der Mensch will Ihm „nicht unter die Augen treten“, er sieht nicht „zum Himmel auf“.
Die Folge des Nicht-mehr-Aufschauens ist die Verdrängung jedes Gedanken „an die gerechten Strafen Gottes“, sie reden sich ein, die Erfüllung ihrer Begierde würde sie irgendwie befriedigen, glücklich machen und den „Schmerz“ und „Kummer“ ihrer unerfüllten Wünsche stillen. Dennoch wissen sie offenbar um das Gericht Gottes, denn es heißt ja nur: „Sie dachten nicht daran...“, aber natürlich wissen sie darum – nur das „daran denken“ vermeiden sie peinlichst. Kein Wunder, dass sie sündigen! Für die Bibel ist das ein naheliegender Gedanke: Wenn die Menschen den Maßstab der Gebote Gottes verlassen und nicht mehr daran denken, dass sie Gott Rechenschaft für ihr Tun geben werden, oder wenn sie überhaupt nicht mehr an ihn glauben, dann fällt ein ganz wichtiges Hindernis gegenüber den Versuchungen zum Bösen weg.
An einer Stelle der Abraham-Geschichte kommt das besonders drastisch zum Ausdruck: Abraham hat eine schöne Frau. In einem frem-

den Land bekommt er Angst, dass man ihn als ihren Gatten tötet um sie zu bekommen. Daher gibt er sie als seine Schwester aus: Es ist ihm lieber, sie wird ihm von dem fremden König, mit dem er es zu tun hat, weggenommen, als dass man ihn tötet. Der König aber erfährt von diesem Schwindel und stellt ihn zur Rede. Abraham rechtfertigt sich: „Ich sagte mir: Vielleicht gibt es keine Gottesfurcht an diesem Ort und man wird mich wegen meiner Frau umbringen." (Gen 20,11) Genau das ist der Punkt: Wieso sollten diese Leute auf eine schöne Frau verzichten, wenn ihnen Gott gleichgültig ist? Sie werden, denkt Abraham, mein Recht als Gatte und auch mein Leben nicht achten – ohne Gottesfurcht sicher nicht!

## 2. Anmerkungen zur Versuchung

Franz von Sales, ein großer Meister des geistlichen Lebens, war überzeugt, dass es für Christen wichtig ist, sich über die Natur der Versuchung klar zu werden. Er weist vor allem auf folgende Punkte hin:

*a. Das Wesen der Versuchung*

Jede Versuchung beginnt mit irgendeiner Wahrnehmung – so, wie wenn Dir jemand ins Ohr flüstert und Dir etwas Böses schmackhaft machen will. Das ist natürlich keine Sünde: Das verführerische Wort kommt ja von außen. Darum gilt: Wenn eine Versuchung – „zu welcher Sünde auch immer!", betont der Heilige – unser ganzes Leben andauern sollte, schwächt sie in keiner Weise unsere Beziehung zu Gott: „Denn bei der Versuchung handeln nicht wir, sondern wir erleiden sie". Es steht nicht in unserer Macht, die Versuchung nicht zu fühlen; das einzige, was wir können, ist ihr nicht zuzustimmen. Darum gilt: „Die Versuchung kann uns nicht schaden, so lang sie uns missfällt, auch wenn sie noch so lang anhält."Franz von Sales, den man auch den Psychologen unter den Heiligen genannt hat, fügt hinzu: „ Achte wohl auf den Unterschied zwischen dem Gefühl und der Einwilligung. Man kann Versuchungen fühlen und doch können sie uns missfallen; man kann aber nicht zustimmen ohne dass sie uns gefallen, denn das Gefallen daran ist die Stufe, auf der

man gewöhnlich zur Einwilligung hinabsteigt." Viele Heilige haben diese unangenehme und mühsame Erfahrung gemacht, aber gerade das Ertragen dieser Situation war ihr Weg zu Gott. Franz von Sales zählt berühmte Heilige auf, denen es so ergangen ist.
Das gilt natürlich auch für sexuelle Versuchungen, von dem Verlangen nach der Frau eines anderen bis zu kriminellen Antrieben wie Sex in Verbindung mit Gewalt oder mit Kindern. Es kann durchaus sein, dass den Betroffenen keine Therapie davon befreien kann. Was soll man ihm raten? Einem solchen Menschen bleibt nur noch der Entschluss, damit leben zu lernen in der Gewissheit, dass das Leben und mit ihm auch solche Leiden vergehen und dass uns nur die Sünde, nicht die Versuchung, von Gott trennt.

*b. Das „Fühlen der Versuchung", Zustimmung und Verweigerung*

Etwas anderes ist die Freude am Bösen: sie ist die Einstiegsdroge zur eigentlichen, „greifbaren" Sünde. Dabei legt Franz von Sales wert auf eine sehr wichtige Unterscheidung, die vor falschen oder gar skrupulösen Gewissensbissen bewahrt:
„Was nun die Freude betrifft, die auf eine Versuchung folgt, muss man wissen, dass wir zwei Bereiche in unserer Seele haben: den niederen und den höheren. Der niedere folgt nicht immer dem höheren, sondern betreibt seine eigene Politik. Es kommt vor, dass der niedere Bereich unserer Seele an der Versuchung Gefallen findet, ohne Zustimmung, ja gegen den Willen des höheren. Auf diesen Streit und Krieg spielt der Apostel Paulus an, wenn er sagt, dass das Fleisch gegen den Geist begehrt (Gal 5,17) und dass es ein Gesetz in den Gliedern und ein Gesetz des Geistes gibt (Röm 7,23)."[28]
Um diese Gedanken in ihrer großen Bedeutung für unser Leben mit Gott würdigen zu können muss man wissen: Mit der so einfachen Unterscheidung von „zwei Bereichen" in unserer Seele, die nicht selten im Widerspruch zueinander stehen, macht Franz von Sales eine alte Beobachtung, die sich oft mit dem resignierenden Stoßseufzer „Zwei Seelen wohnen, ach, in meiner Brust" verbindet, fruchtbar, indem er den Menschen sagt: Es ist zwar wirklich so, aber wundere dich nicht darüber und vor allem mach dir keine Sorgen!

Entscheidend ist nicht, was in dir vorgeht, nicht, welche Antriebe, welche Wünsche, welche Fantasien in dir hochkommen oder dich quälen – entscheidend ist einzig und allein deine Entscheidung für oder gegen Gott. Alles andere zählt nicht.
Aus dem Altertum übernimmt Franz von Sales eine dramatische und besonders anschauliche Geschichte für die Unterscheidung zwischen „Fühlen der Versuchung" (im „niederen Bereich" der Seele) und „Standhalten in der Versuchung" (im „höheren Bereich" der Seele): Um einen jungen Christen von seinem Glauben abzubringen wird er auf ein Bett gefesselt. Eine Dirne reizt den Wehrlosen, aber dieser, so stark sein sexuelles Verlangen auch ist, er widersteht, beißt sich in der Aufregung ein Stück der Zunge ab und spuckt es seiner verführerischen Peinigerin ins Gesicht. Franz von Sales folgert: Das zeigt, „dass sein Herz nicht besiegt war und sein Wille keineswegs zustimmte!" Das ist denn auch das, was man jedem Versuchten – das heißt: allen Menschen – sagen kann: „Welche Versuchungen auch immer über dich kommen, welche Lust immer du dabei empfindest: beunruhige dich keineswegs, solange dein Wille die Zustimmung nicht nur zur Versuchung, sondern auch zur Lust verweigert; du hast Gott nicht beleidigt."
Nur in einem Fall ist die Versuchung selbst eine je nach Umständen größere oder kleinere Sünde: wenn man sie selbst mutwillig herbeigeführt hat. Es ist wichtig, dass jeder Mensch seine eigene und besondere Versuchbarkeit einschätzen kann und entsprechende Situationen meidet, die ihm gefährlich sind.

*c. Feuer unter der Asche: Das Beispiel der hl. Katarina von Siena*

Noch etwas sollte man wissen: Auf der psychologischen Ebene kann ein Zustand eintreten, in dem ein Mensch meint, er sei von Gott getrennt durch das, was in seiner Seele vor sich geht. Es ist wie mit dem Feuer, das unter einem Haufen von Asche weiterglüht. Franz von Sales, der immer versucht anschaulich zu reden, erzählt wiederum eine Geschichte, und zwar aus dem Leben der hl. Katarina von Siena. Von dieser berichtet nämlich ihr Biograph, ein gewisser Raimund von Capua, wie sie zu einer bestimmten Zeit ihres Lebens von bösen und schmutzigen Fantasien gequält wurde und sich ihrer nicht erwehren konnte:

> Dann aber erschien ihr Christus selbst und da brach die Frage aus ihr heraus: „Wo warst Du, Herr Jesus, als mein Herz von Finsternis und Schmutz erfüllt war?“, worauf er antwortete: „In deinem Herzen!“ Sie entgegnete: „Wie konntest Du denn in meinem Herzen weilen, wo so viel Abscheuliches war?“ Darauf erwiderte der Herr: „Sag mir: verursachten dir diese schmutzigen Gedanken Freude oder Traurigkeit?“ Sie antwortete: „Traurigkeit“, darauf Jesus: „Wer anders senkte dir diese Traurigkeit ins Herz als ich, der verborgen inmitten deiner Seele weilte? Glaube mir, meine Tochter: Wäre ich nicht da gewesen, dann hätten diese Gedanken, die deinen Willen belagerten und nicht erobern konnten, dich gewiss überwunden, wären eingedrungen, von deinem freien Willen mit Freuden aufgenommen worden und hätten deine Seele gemordet. Weil ich aber in dir wohnte, legte ich diese Ablehnung und diesen Widerstand in dein Herz, so dass es die Versuchung abwies, wo es nur konnte.“[29]

Natürlich erlebt das ein normaler, mystisch keineswegs so begnadeter Mensch wie Katarina nicht in dieser drastischen Art und Weise. Aber das Prinzip gilt für jeden und bekanntlich zählt vor Gott nicht irgendein außerordentlicher Zustand, sondern allein die entschiedene Liebe zu Ihm.

*d. Freude am Bösen und die „Gedankensünden“*

Es ist einer der großen und gefährlichen Irrtümer unserer Zeit, Gedanken und Fantasien für „frei“ und grundsätzlich harmlos zu halten, solange man nicht alles auch „tut“, was man sich wünscht. Für jede Sünde gilt: Schon die innere Freude am Bösen ist der Beginn der Sünde selbst, bevor man sie auch äußerlich vollbringt. Was die Sexualität betrifft, behaupten bestimmte Leute, jede lustvolle Fantasie sei gut und man hätte ein Recht darauf, sie zu haben. Dieses vermeintliche „Recht auf sexuelle Lust“ führt zur moralfreien Vermittlung und Vermarktung möglichst aller sexuellen Vorlieben in den verschiedenen Medien. Nur bezüglich der „harten Pornographie“ weiß man um Grenzen und kennt offenbar das, was die christliche Tradition „Gedankensünden“ nennt. Heute könnte man den

Begriff erweitern: Sünden, die mit Hilfe der virtuellen – und scheinbar spurlos löschbaren – Welt der Bilder begangen werden. Aber auch von ihnen gilt in Anlehnung an ein Jesus-Wort: „Wer Bilder und Filme lüstern anschaut, sündigt gegen die Würde der Frau (oder der Kinder oder überhaupt des Menschen) und gegen den Geist der Liebe!"

*e. Zur Überwindung von Versuchungen*

Was kann man gegen Versuchungen tun? Vorher war davon die Rede, dass sich versuchende Gedanken und Bilder hartnäckig in der Seele festsetzen können. Das heißt nicht, dass man nichts gegen sie tun kann, und erst recht heißt es nicht, man wäre ihnen einfach ausgeliefert. Zwei Stellen in der Bibel geben besonders gut Orientierung:

- Am Ölberg sagt Jesus zu seinen Aposteln, deren Treue zu ihm in Kürze vor einer Zerreißprobe stehen wird: „Betet, damit ihr nicht in Versuchung fallt." (Mt 26,40) Mit anderen Worten: Vor allem in schweren Versuchungen genügt nicht die bloß vernünftige Überlegung. Sie mag auch nützlich sein, viel wichtiger ist die direkte Hinwendung zu Gott. Die Mahnung Jesu zum Gebet erinnert an die Versuchung der beiden Männer in der Geschichte von Susanna: Ihre Gedanken und ihre Augen verirren sich, sie denken nicht an Gott und nicht an sein Gericht. Zu Gott beten ist der umgekehrte Weg: Die Gedanken kommen auf den richtigen Weg, die inneren Augen heben sich nach oben, der Mensch denkt an seine Verantwortung vor Gott, er tritt ein in das „Heiligtum seines Gewissens" und beginnt seinen Dialog mit Gott selbst.
- Die andere Stelle ist die geheimnisvolle Versuchung, die Jesus selbst durchlebt: „Dann wurde Jesus vom Geist in die Wüste geführt; dort sollte er vom Teufel in Versuchung geführt werden. Als er vierzig Tage und vierzig Nächte gefastet hatte, bekam er Hunger. Da trat der Versucher an ihn heran und sagte: Wenn du Gottes Sohn bist, so befiehl, dass aus diesen Steinen Brot wird. Er aber antwortete: In der Schrift heißt es: Der Mensch lebt nicht nur von Brot, sondern von

jedem Wort, das aus Gottes Mund kommt. Darauf nahm ihn der Teufel mit sich in die Heilige Stadt, stellte ihn oben auf den Tempel und sagte zu ihm: Wenn du Gottes Sohn bist, so stürz dich hinab; denn es heißt in der Schrift: Seinen Engeln befiehlt er, dich auf ihren Händen zu tragen, damit dein Fuß nicht an einen Stein stößt. Jesus antwortete ihm: In der Schrift heißt es auch: Du sollst den Herrn, deinen Gott, nicht auf die Probe stellen. Wieder nahm ihn der Teufel mit sich und führte ihn auf einen sehr hohen Berg; er zeigte ihm alle Reiche der Welt mit ihrer Pracht und sagte zu ihm: Das alles will ich dir geben, wenn du dich vor mir niederwirfst und mich anbetest. Da sagte Jesus zu ihm: Weg mit dir, Satan! Denn in der Schrift steht: Vor dem Herrn, deinem Gott, sollst du dich niederwerfen und ihm allein dienen. Darauf ließ der Teufel von ihm ab und es kamen Engel und dienten ihm." (Mt 4,1-11)

Noch deutlicher ist darin enthalten, was in der Versuchung zu tun ist: Jesus weist sowohl den so plausibel, harmlos und vernünftig klingenden Gedanken mit dem Brot als auch die dritte, den offenen Abfall von Gott fordernde Versuchung zurück, indem er sich auf das Wort Gottes beruft. Die Antwort auf die zweite Versuchung könnte man als Prinzip gesunder Religiosität und Vernunft bezeichnen. Das heißt wiederum: Versuchungen überwindet man am besten durch bewusste Hinwendung zu Gott, zu seinen Geboten, zur gesunden Lehre der Kirche. Bei schweren Versuchungen rät Franz von Sales darüber hinaus noch dieses: Manchmal hilft die Ablenkung, psychologisch viel klüger als der „direkte Kampf", durch den man sich auf das fixiert, was man überwinden will. In diesem Sinne sollte man sich nicht so sehr auf innere Diskussionen mit der Versuchung einlassen, sondern sie „kurz abschneiden" wie in der Jesus-Geschichte: „Weg mit dir, Satan!" Weiter ist es hilfreich, sich mit einem klugen Menschen auszusprechen. Das kostet in der Regel eine größere oder kleinere Überwindung, wirkt aber erfahrungsgemäß befreiend. Und schließlich: Mit kleineren Versuchungen sollte man sich möglichst gar nicht beschäftigen, sondern sie, wie man in Wien sagen würde, „nicht einmal ignorieren".

# VII.

## Liebe vor der Ehe: Liebe und Jawort

Heute will man uns immer wieder weismachen, die Jugend sei unfähig den Sinn der vorehelichen Enthaltsamkeit zu verstehen. Auch empören sich manche bei dem Gedanken, dass man die Menschen vor gefährlichen Krankheiten warnt. Es sei, so sagt man entsetzt, völlig falsch, den Leuten „Angst zu machen". Verweist man hingegen auf die Religion und die Gebote Gottes, erntet man ein mitleidiges Lächeln: Es sei, sagt man, weltfremd zu meinen, junge Menschen würden wegen der Religion ihr Verhalten ändern! Und doch, wahr ist vielmehr: Es gehört zur Liebe, sich zu entscheiden – aus Liebe und für die Liebe.

Platon, der griechische Philosoph, erzählt einmal folgende Geschichte: Hephaistos, der Gott der Schmiedekunst, trifft auf zwei Menschen, die einander lieben. Da fragt er sie: „Ihr lieben Leute, was kann ich für euch tun?" Ohne zu zögern antworten sie: „Schmiede uns zusammen, sodass wir unlösbar und für immer miteinander verbunden sind!" Was Platon in der Sprache des Märchens ausgedrückt hat, weiß jeder Verliebte: Er will mit seinem Partner verbunden sein. Aber es gibt natürlich keinen „Gott der Schmiedekunst", sondern immer nur einen freien, persönlichen Willen, der sich entscheidet: für den Partner, für die Treue, für die endgültige Verbindung „bis der Tod uns scheidet"! Die Bibel fügt hinzu: Diese Bindung gilt nicht nur vor Gott, sondern Gott selbst ist es, der mitbindet. Darum: Was Gott verbunden hat, soll der Mensch nicht trennen!

Deswegen ist das Jawort der Partner keine bürgerliche Konvention, kein „Stück Papier", keine Formalität und kein überflüssiger Ritus, der mit Liebe nichts zu tun hätte! Das Gegenteil ist wahr: Das Jawort geht aus der Liebe hervor wie die Blüte aus der Knospe. „Freie Liebe" ist, stellt der englische Schriftsteller Chesterton treffend fest, wie ein „weißer Schwarzer", das heißt etwas Widersprüchliches, etwas, das es nicht wirklich gibt! Wer seiner Liebesbeteuerung den Nachsatz anfügt, er könne und wolle sich nicht binden, der belügt vielleicht auch sich selbst, auf jeden Fall aber den Partner: Wenn er sich wirklich nicht binden will, dann ist seine Liebe noch nicht so, wie sie für ein gemeinsames Leben und vor allem auch die Zeugung gemeinsamer Kinder notwendig wäre.

Mit jemandem leben ohne sich an ihn binden zu wollen, ist genau genommen dieselbe Zumutung, wie jemanden zu heiraten ohne ihn wirklich zu lieben. Lieben ohne Jawort und Jawort ohne Liebe – beides sind Fehlformen in der Beziehung von Mann und Frau. Das Erlebnis der bitteren Ernüchterung nach einer ehelosen „Liebesnacht" beschreibt J. Roth einmal treffend so: „Und sie wussten nicht mehr, was miteinander anzufangen, nachdem sie leichtfertigerweise das wesentliche Erlebnis vergeudet hatten, das Mann und Frau gegeben ist." Die beiden gehen noch miteinander ins Kino und drükken im Dunkeln einander die Hände, doch umsonst: „Aber sein Händedruck war gleichgültig und er litt selber darunter."[30]

Das bedeutet aber auch: Enthaltsamkeit so lange wie das Jawort noch nicht gesprochen ist. Es ist wichtig, den jungen Menschen das zu sagen. Ihnen das Gebot Gottes zu verschweigen, wäre verantwortungslos und kleingläubig. Wie alle Gebote Gottes entspricht auch die Enthaltsamkeit vor der Ehe der Erfahrung:

Die enthaltsame, keusche Verlobungszeit ist die Zeit des wichtigen Sich-Kennen-Lernens. Sie durch intensive sexuelle Erlebnisse überspringen, kann später zu Krisen führen, die die Ehe bedrohen. Die enthalsame, keusche Verlobungszeit ist eine Zeit, in der man sexuelle Zurückhaltung einübt. Dieses Können braucht man später dringend in der Ehe und manchmal auch gegenüber außerehelichen Versuchungen. Die enthalsame, keusche Verlobungszeit führt zur Hoch-Zeit. Durch Vorwegnahme der sexuellen Beziehungen, belastet von einem schlechten Gewissen, wird diese Zeit besonderer Freude versäumt.

Die Erfahrung bestätigt solche Gedanken. Die folgende Geschichte verdanke ich einem österreichischen Bischof:

> Der Religionslehrer war verzweifelt: Die Klasse stellte nur noch aggressive Fragen zu den typischen Reizthemen, von der sexuellen Beziehung bis zur Verhütung ... In seiner Not kam dem Leh-

rer die Idee, die Schüler zu fragen: „Wenn ihr an Stelle des Papstes oder des Bischofs wäret: Was würdet ihr den jungen Leuten sagen?“ Die Schüler waren zunächst verblüfft, dann begannen sie zu reden und zu streiten. Unmöglich, sich zu einigen! Die Zeit verging, die Stunde war schon fast vorbei und der Religionslehrer schlug ihnen vor: „Redet am Nachmittag weiter! Ich komme auch, und ihr sagt mir, zu welchem Ergebnis ihr gekommen seid.“ So machten sie es, aber die Antwort der Schüler hatte der Lehrer nicht erwartet: „Wir würden dasselbe sagen wie der Papst, nur öfter und strenger!“ Geschehen war Folgendes: Nach anfänglichem Durcheinander der Meinungen erzählte ein Mädchen ihre bittere Erfahrung: Sie war zu ihrem Freund gezogen, aber der hatte sie bald wieder stehen lassen. Sie habe viel zu schnell ja gesagt und heute bereute sie ihre Willfährigkeit bitter. Ermutigt durch dieses Bekenntnis pflichteten ihr andere bei, Mädchen und Burschen; so oder ähnlich sei es auch ihnen ergangen. Die Folgerung: Wenn wir gewusst hätten! Und: Warum hat es uns niemand gesagt? Darum: Der Papst hat Recht, er sollte „noch strenger“ sein.

Dass ohne das bindende Jawort aus Liebe Vorsicht und vor allem sexuelle Zurückhaltung angebracht ist, entspricht der Erfahrung, wie sie sich auch in der großen Weltliteratur niedergeschlagen hat: Ich erinnere nur an das Gretchen im *„Faust“*, an den Roman V. Hugos *„Les miserables“* oder auch an die sozialkritischen Novellen von G. de Maupassant. Auch den Film von A. Corti: *„Eine blassblaue Frauenschrift“* könnte man nennen. Natürlich, oft stehen dabei die Schwierigkeiten im Vordergrund, die sich für die Mädchen aus einem unehelichen Kind ergeben. Und doch: Das Verlassen-Werden ist der eigentliche , stechende Schmerz, und er trifft Männer genauso wie Frauen.
Gleichgültig, ob sie schon lange zusammen gelebt haben sollten oder kurz vor der Hochzeit stehen, jungen Menschen kann man nur raten: Lebt enthaltsam bis zur Hochzeit oder geht nochmals auf sexuelle Distanz – um eurer Liebe willen!
Drei ganz unterschiedliche Zeugen möchte ich für diesen Rat nennen:

- Michael und Christiane Paregger (beide Ärzte und bekannte Persönlichkeiten in der Südtiroler Lebens-Schutzbewegung) erzählen, wie sie ganz anders angefangen haben, nämlich entsprechend dem Zeitgeist, und wie sie dann doch begonnen haben, nicht nur umzudenken, sondern auch anders zu leben, nämlich enthaltsam vor der Ehe: Es war, erinnert sich M. Paregger, eine „der schönsten Zeiten unseres Lebens".[31]
- L. Braun, ein anerkannter Fachmann für Gletscherkunde, erinnert sich an seine Empfindungen als junger Mann und daran, wie er von einem ungehorsamen Theologen in die Irre geführt wurde: „Bin ich als Zwanzigjähriger noch normal, wenn ich noch keine sexuellen Beziehungen mit einem Mädchen habe? Diese Frage begann mich immer mehr zu bedrängen, vor allem, nachdem ich studienhalber von Zuhause weggezogen und meine ‚Freiheit' größer geworden war. Kürzlich habe ich folgendes Gleichnis gehört: Versuchungen sind wie Vögel, die um unseren Kopf schwirren. Oft sind sie einfach da, ungerufen, und das Einzige, was wir tun können, ist mit allen Mitteln verhindern, dass sie in unseren Haaren nisten. Haben sie einmal das Nest gebaut, dann können wir uns ihrer nicht mehr erwehren.

  Hätte ich nur als Zwanzigjähriger dieses Bild gekannt! Es wären mir vielleicht manche Enttäuschungen erspart geblieben. Aber es kam anders. Ich fühlte immer drängender das Bedürfnis, ‚selbst Erfahrungen zu sammeln'. Mein inneres Bollwerk, ohnehin ziemlich baufällig, bröckelte immer weiter ab, unter anderem durch das Lesen von ‚ehrenwerten' Büchern wie z.B. jenes von Barclay über ‚Situationsethik': Wenn die Umstände entsprechend sind, wenn ich es doch ehrlich meine, wenn ich mir wirklich deplaziert vorkomme mit meinen Moralvorstellungen – wer könnte dann etwas dagegen haben ...

  Als erstes fühlte ich mich in meinem neu erworbenen Erfahrungsschatz recht wohl, hatte ich mich doch theologisch ‚abgesichert'. Aber in Momenten, in denen ich wirklich ehrlich mir und Gott gegenüber war, spürte ich: Das war nicht der

richtige Weg! Nur eine radikale Änderung meiner Umgebung versprach Abhilfe! Ich betete um eine christliche Wohngemeinschaft und fand diese auch – ja, Gebete werden erhört! Mit fünf weiteren Studenten, einige aus freikirchlichen Kreisen, lebte ich in einer echten ‚Oase': Auch ohne sexuelle Kontakte fühlte ich mich als ‚normaler Mann', ja sogar viel gelöster und freier als vorher. Dabei hatten wir stets ein offenes Haus, viele Mädchen gingen ein und aus und einige von uns hatten ihre ‚Freundin'. Dabei war es aber immer klar, dass wir sie jeweils spät abends (oder nach durchdiskutierter Nacht) nach Hause begleiteten und wohl wussten, wo unser eigenes Bett war.
Dank dieser hilfreichen Umgebung einer christlichen Wohngemeinschaft, die sich am Evangelium orientierte, und einer immer wieder vollzogenen Umkehr zu Gott (und damit zu den Menschen) konnte ich die hohe Berufung der Sexualmoral leben, wie sie die katholische Kirche unverblümt und allen zugänglich lehrt, die sich ehrlich um diese Frage bemühen. Dabei habe ich echte Freiheit und wahres Gelöst-Sein erfahren! In dieser Zeit lernte ich meine – inzwischen mir angetraute – Frau kennen. Im Rahmen eines Ehevorbereitungskurses hörten wir von den neuesten Methoden der Natürlichen Empfängnisregelung. Als Naturwissenschaftler haben mich Temperatur-Kurven schon immer fasziniert und so leben wir nun mit der symptothermalen Methode nach Dr. Rötzer, die wir ohne Vorbehalte empfehlen können. Die Jugendlichen (und auch die Erwachsenen!) sind in Fragen der Sexualität und des Sexualverhaltens am besten beraten, wenn sie sich vorbehaltlos und unverkürzt am Evangelium orientieren. In der Interpretation des Evangeliums wurde die Katholische Kirche immer wieder vom Heiligen Geist geführt."

– Noch einen ganz anderen Kronzeugen für die Enthaltsamkeit vor der Ehe möchte ich nennen: Wolfgang Amadeus Mozart! 1781, ein Jahr vor seiner Hochzeit, schrieb der damals 26-jährige Mozart an seinen Vater: „Mein Bestreben ist zu heiraten ... Die Natur spricht in mir so laut wie in jedem anderen und vielleicht lauter als in manchem großen, starken Lümmel. Aber ich kann unmöglich so leben wie die meisten jungen Leute. Denn erstens habe ich zuviel Religion, zweitens zu viel Liebe zum Nächsten und zur ehrlichen Gesinnung, als dass ich ein Mädchen verführen könnte, und drittens zu viel Grauen und Ekel, Scheu und Furcht vor den Krankheiten und zu viel Liebe zu meiner Gesundheit, als dass ich mich mit Huren herumbalgen könnte. Daher kann ich schwören, dass ich noch mit keiner Frau auf diese Art etwas zu tun gehabt habe."

Mozart war wirklich nicht verklemmt. Seine Opern sprechen eine beredte Sprache, wie intensiv er sich mit der Liebe und dem männlichen Verlangen auseinander setzte. Er war, wie auch die zitierte Stelle zeigt, ein normaler junger Mann, und seine Umwelt machte es ihm nicht leicht. Aber er weiß, warum er dem Zeitgeist widersteht: Sein Gewissen bindet ihn an das Gebot Gottes, er weiß, was er anrichten könnte und schließlich ist er nüchtern genug, sich vor einer Ansteckung zu fürchten. Gut, wenn das ein Mozart sagt, und für alle, die verunsichert sind, eine Ermutigung!
Natürlich kann es gute Gründe geben, noch nicht zu heiraten oder vielleicht auch eine Ehe überhaupt nicht in Betracht zu ziehen. Liebende tun gut daran, ihren Verstand nicht beiseite zu schieben, sondern ihn gerade in Hinblick auf eine solche Entscheidung einzusetzen und auch auf den einen oder anderen – nicht jeden, natürlich! – Rat von außen zu hören. Der Punkt ist der: Demjenigen, der wirklich liebt, fällt die sexuelle Enthaltsamkeit („Keuschheit") schwer. Er sieht, dass das Jawort übereilt wäre, aber er leidet. In dieser Zerrissenheit zwischen Sehnsucht und Gebot Gottes gibt es nur einen Weg: Gebet um die Hilfe Gottes, Bemühen, das Gebot Gottes zu verstehen, aber vor allem auch die Entscheidung für das Gebot Gottes, ergänzt von einer selbstkritischen Vorsicht im Umgang mit dem eigenen Verlangen.
Besonders wichtig ist die Einsicht: Die Erfüllung der Sehnsucht ist nciht die voreilige sexuelle Vereinigung, sondern die Ehe. Wer Anderes behauptet, redet gegen bessere Einsicht oder weiß (noch) nicht, was Liebe wirklich ist.

Über Liebesbeziehungen zu sprechen, erfordert Feingefühl und Takt. Aber das darf kein Hindernis sein, den jungen Menschen zu sagen: Der erste Mensch, mit dem ihr euch in Liebe auch sexuell vereinigt, sollte euer Mann oder eure Frau sein.

# VIII.

## Einswerden im Fleisch

Wie verstehen Menschen ihre Sexualität? Die Antwort des Zeitgeistes lautet: „Sexuelle Selbstbestimmung“. Ihr voraus geht höchstens die persönliche „sexuelle Orientierung“, vorrangiges Kriterium ist der Lustgewinn. Man tut so, als gäbe es wenigstens auf der psychischen Ebene einen geschlechtslosen Einheitsmenschen, der sich dann sozusagen männliche oder weibliche Kleider wählt und sich so seine „Rolle“ aussuchen kann.

Die Antwort der Kirche hingegen lautet: Gottes Absicht war es, den Menschen als Mann und Frau zu erschaffen. Dabei hat Er in die leib-seelische Struktur dieses männlichen und weiblichen Menschen seinen Plan eingesenkt: Mann und Frau sollen „ein Fleisch werden“ Kindern das Leben schenken.

Aber: Wie kann man heute jungen und auch „älteren jungen“ Menschen erklären, dass die sexuelle Liebe außerhalb des Planes Gottes nicht nur Sünde ist, sondern gar nicht gelingen kann? Dadurch, dass man zeigt, unter welchen Bedingungen die Einheit zustandekommt und unter welch anderen Bedingungen sie nicht zustandekommen kann.

„Irgendwie schlecht, darum verboten, in der Ehe gerade noch erlaubt, aber auch da möglichst selten und kühl.“ – Stimmen, die so über das Wunder der Liebe im Fleisch gesprochen haben, gab es wirklich, aber authentisch christlich sind sie nicht. Der richtige Zugang ist ein anderer:

Der Mensch besteht aus Leib und Seele, seine Bestimmung ist die Liebe, und zur Liebe gehört immer auch die Sehnsucht nach Vereinigung.

Das Besondere der ehelichen Liebe ist es: Sie verlangt auch nach der Einheit im Fleisch. An diesem Punkt stoßen wir auf eines der Wunder der Schöpfung: Dem Leib des Menschen wohnt die geheimnisvolle Fähigkeit inne, auch spezifisch geistige Vorgänge sozusagen mitzutragen und mit zu vollziehen:

- Gedanken sind Geist, und doch auch bedingt durch Vorgänge im Gehirn;
- Gefühle kommen aus dem Herzen, und doch sind Hormone da, die sie ermöglichen;
- Lachen kann nur eine Person, und doch lacht der Leib durch Kontraktionen seiner Muskeln mit.

So auch bei der sexuellen Vereinigung:

- In der ehelichen Umarmung erwacht der Leib zur Liebe, er wächst über sich selbst hinaus, er wird fleischgewordene Liebe, ohne dass die Liebe dadurch aufhörte, geistige Liebe zu sein.

Unter welchen Bedingungen kommt nun diese besondere Einheit der Liebe im Fleisch zustande? Wann ist der Mann in der Frau nicht mehr Fremder, nicht mehr Dieb, sondern in ihr zu Hause? Nur ein romantischer Träumer kann meinen, jedwede sexuelle Erregung sei in der Lage, von der Liebe beseelt zu werden. Fast könnte man meinen, das Gegenteil sei der Fall, das Reden von Liebe und Vereinigung sei doch nur Gerede, pubertierendes Geschwätz, und in Wahrheit geht es immer nur um das Tierische im Menschen, um den gesättigten und dadurch beruhigten Trieb.

Im Licht der biblischen Tradition verhält es sich so: Die Vereinigung in fruchtbarer Liebe ist eine wunderbare Möglichkeit des Menschen (gegen allen Pessimismus), aber sie kommt nur unter bestimmten Bedingungen zustande (gegen wirklichkeitsfremde Romantik). Wie bei vielen großen Taten – im Sport, in der Wissenschaft, in der Kunst und sogar in der Küche –, bedarf es auch für das Gelingen der Einheit im Fleisch der „idealen Bedingungen“ – und diese liegen in der Verantwortung des Menschen.

Die Bedingungen der sexuellen Liebe umgeben das Wunder der Einheit wie ein schützender Kreis von Sternen. Drei dieser Bedingungen betreffen den Leib, vier davon den freien Willen und das Herz der Liebenden:

### 1. Mann und Frau

Vereinigung im Fleisch ist nur möglich zwischen Mann und Frau, nicht zwischen Männern, nicht zwischen Frauen, nicht zwischen einem Erwachsenen und einem Kind, von Tieren gar nicht zu reden.

Jedes Kind, das das Prinzip seines Lego-Spieles verstanden hat, erkennt auf einen Blick: Mann und Frau passen zusammen, zwei Männer hingegen nicht.
Homosexuelle Männer können einander in Liebe zugetan sein, aber ihre hilflose Nachahmung der „Vereinigung“ erlaubt es ihnen nicht, in Wahrheit ein Fleisch zu werden. Sie sollten es nicht nur nicht tun, sie können es gar nicht.

**2. Liebe**

Liebe und ihr zauberhafter Beginn mit dem Verliebtsein ist ein Wunder. Niemand kann sie erzwingen. Vernünftig ist nur die Ehe, die zwei Menschen aus Liebe und in Freiheit miteinander eingehen, nicht wegen der Mitgift, der Karriere, um irgendeines „vernünftigen“ Vorteils willen. Der Vorrang der Liebe schließt ein vernünftiges Nachdenken über die Zukunft nicht aus, sondern verlangt es sogar. Liebe verlangt nach Freiheit. Unter den Bedingungen der Gewalt („Vergewaltigung“) ist Einheit in Liebe unmöglich. Abgeschwächt gilt das auch für die „verdeckte“ Gewalt der Verführung: auch sie steht im Widerspruch zur Liebe, auch sie führt nicht zur Vereinigung.

**3. Vereinigung in der Geborgenheit erfüllter Freiheit: das Jawort**

Liebe gedeiht nur in Freiheit heißt auch: Liebe bedarf der Freiheit, die in der Entscheidung zu ihrer Vollendung gekommen ist: „... bis der Tod euch scheidet“! Körperliches Einswerden in Liebe ist letztlich nur möglich, wenn es „gedeckt“ ist – vom Ja des freien Willens gedeckt, wie die Währung eines Staates durch seine Goldreserven. Die „freie“ Vereinigung mag anfangs stürmischer verlaufen, verglichen mit manchem langweilig gewordenen Eheleben, aber der *eine* Mangel schafft den *anderen*, nämlich den Mangel des verweigerten Jawortes beim bloßen Zusammenleben, nicht aus der Welt. Menschen sollten sich erst dann sexuell miteinander vereinigen, wenn sie sich entschieden *haben* – und nicht erst entscheiden *werden*! Diese Entscheidung nennt man: Heiraten! Die Verweigerung des Jawortes ist eine Verweigerung der Einheit, eine Verstümmelung der Liebe. Dem scheinbaren Einswerden im Fleisch verweigert sich die Seele durch ihr „vielleicht“ und „noch nicht“.

Johannes Paul II. sagt: „Infolgedessen ist die Sexualität, in welcher sich Mann und Frau durch die den Eheleuten eigenen und vorbehaltenen Akt einander schenken, keineswegs etwas rein Biologisches, sondern betrifft den innersten Kern der menschlichen Person als solchen. Auf wahrhaft menschliche Weise wird sie nur vollzogen, wenn sie in jene Liebe integriert ist, mit der Mann und Frau sich bis zum Tod vorbehaltlos einander verpflichten. Die leibliche Ganzhingabe wäre eine Lüge, wenn sie nicht Zeichen und Frucht personaler Ganzhingabe wäre, welche die ganze Person mit einschließt"[32].
Diese damit geforderte Reinheit vor der Ehe ist kein Gegensatz zur Liebe, sondern ist mit ihr unlösbar verbunden: „Ohne Liebe ist die Reinheit unfruchtbar. Ihre leblosen Wasser verwandeln die Seele in einen Tümpel, in einen faulen Teich, aus dem Dunstwellen des Hochmuts steigen."[33] Wie wahr!

**4. Vereinigung, nicht „sexuelle Praktiken"**
Vereinigung als Krönung der Zärtlichkeit kommt nur durch Vereinigung zustande, durch das Eindringen des männlichen Gliedes in die Scheide der Frau. So und nur so werden sie ein Fleisch. Der Plan Gottes in ihrem Leib weist ihnen den Weg.
Bloßes Vorgehen nach der „sexuellen Vorliebe" des einen oder des anderen mag Lust bescheren, mit Vereinigung hat das nichts zu tun. Nicht jeder Orgasmus ist fähig, von der Liebe beseelt zu werden, sondern nur jener, der auch körperlich Vereinigung ist.

**5. Offenheit für das Leben**
Die Liebe, die hier Fleisch annimmt, ist fruchtbare Liebe. Sie verträgt keine Manipulation. Wer die Fruchtbarkeit dieser Einswerdung durch irgendeine Manipulation verhindert und ausschaltet, verstümmelt auch die Liebe. Das Ehepaar mag sich in Liebe zugetan sein, aber die Verhütung der Kinder verhütet zumindest ein Stück weit auch die Liebe. Darum lehnt die Kirche Verhütung ab: weil sie sowohl gegen die Kinder als auch gegen die Liebe gerichtet ist; weil es so ist, nicht weil es die Kirche so will!

**6. Andacht der Liebe**
Liebe, Zeugung und Sättigung des Fleisches – in der Hierarchie der

Motive gebührt der Liebe immer der Vorrang. Wie der Gläubige gehalten ist, im Gottesdienst „andächtig" zu sein, so verlangt die eheliche Vereinigung nach einer „Andacht" der ehelichen Liebe – nach ihrer „besonderen Vertiefung" und „Ergriffenheit", nennt es Johannes Paul II.[34] Gedankenloser Verkehr, rücksichtsloser Verkehr, der Verkehr „nur" um der Lust oder „nur" um des Nachwuchses willen, ist auch in der Ehe Sünde.[35]

**7. Im Angesicht Gottes**

Ehe ist etwas Heiliges, heilig ist sie „in allem, denn ihr Ursprung, ihr Ziel, ihr Nutzen, ihre Form und ihr Gegenstand sind heilig", sagt Franz von Sales.[36] Dem entspricht ganz und gar die noch deutlichere Formulierung von Johannes Paul II.: Die Eheleute können dieses „ein Fleisch werden", von dem die Bibel spricht, „nur mit Hilfe der Kräfte vollziehen, die vom Geist, und zwar vom Heiligen Geist herrühren, der die Kräfte des menschlichen Geistes läutert, belebt, stärkt und vervollkommnet." Auch in diesem Sinn gilt: „Der Geist ist es, der lebendig macht; das Fleisch nützt nichts."[37]

Eine solche Aussage ist atemberaubend kühn – und doch katholisch gesehen selbstverständlich. Denn: Die Gnade zerstört die geschaffene Natur nicht, sondern sie heilt und vollendet sie, besagt ein alter katholischer Grundsatz. Er gilt auch für die Ehe. Der „Heiland" Jesus heilt und heiligt auch die eheliche Liebe.

Wie in der berührenden Liebesgeschichte von Tobias und Sara das gemeinsame Gebet dem gemeinsamen Schlaf vorausgeht[38], sollte Gottes Antlitz über allen Tagen und Nächten des ehelichen Lebens leuchten. In diesem Licht wächst die „wahre Liebe" und ist gefeit gegen die Gefährdung durch die „bloße Lust", die den anderen zum Mittel degradiert. In der chassidischen Tradition sagen die Rabbiner: Der Tag der ehelichen Umarmung sollte vor allem der Sabbat sein, damit die Liebe vom göttlichen Glanz des Sabbat geadelt werde.[39] Aber wann immer sie stattfindet: Vollzogen nach dem Plan Gottes und im Angesicht Gottes ist sie ein heiliges Tun. Juden und Christen sind davon überzeugt.

# IX.

# Die Liebe und das Kind

## 1. Die Vermehrung der Tiere – Zeugung unter Menschen

Auch wenn die äußere Gestalt der geschlechtlichen Vereinigung Gemeinsamkeiten mit der Vermehrung im Tierreich erkennen lässt, die Zeugung beim Menschen ist dennoch etwas anderes, und zwar deswegen, weil der Mensch liebt und sich entscheidet. Kraft seines Geistes ist er nicht nur vom instinktiven Begehren geleitet wie das Tier. „Adam erkannte Eva, seine Frau; sie wurde schwanger und gebar“ heißt es in der Genesis, dem ersten Buch der Bibel (Gen 4,1). Töricht wäre es, wollte man sagen: „Der Kater erkannte die Katze.“ Nicht umsonst hat die Sprache für viele Vorgänge im Tierreich viele eigene Begriffe entwickelt und so auch hier: Eine Welt trennt die tierische Paarung von jenem biblischen „Erkennen“, durch das sich Mann und Frau vereinen!

Der äußerlich sehr ähnliche Vorgang ist eben nicht „dasselbe“ bei Mensch und Tier. Die sexuelle Brunft stellt die Tiere in den Dienst der Arterhaltung, ohne dass sie wissen, wie ihnen geschieht! Freilich, auch die Tiere lassen in vieler Hinsicht die Handschrift Gottes erkennen, sie sind reich an Sinn und staunenswerten Zusammenhängen. Aber was wir bewundern, ist immer nur die Intelligenz *im* Tier, nicht die Intelligenz *des* Tieres!

Der Instinkt, sagt D. v. Hildebrand, ist immer nur eine Kraft, die „von hinten“ antreibt. Das bewusste und freie Handeln eines Menschen kann mit dem Instinkt verbunden sein, ist aber seiner Natur nach etwas ganz anderes.

Wenn ein Rüde die Hündin deckt, ist das ein eindrucksvoller biologischer Vorgang. Aber wenn zwei Menschen miteinander ein Kind zeugen, ist das eine „eine besondere Teilnahme am schöpferischen Wirken“ Gottes und darum ein „menschliches und in hohem Maße religiöses Ereignis“! Denn Gott ist gegenwärtig, anders als bei jeder anderen Zeugung auf Erden: „Denn nur von Gott kann jenes Abbild und jene Ähnlichkeit stammen, die dem Menschen wesenseigen ist ... Die Zeugung ist die Fortführung der Schöpfung."[40]

## 2. Der Liebesakt als Ursprung neuen Lebens

In modernen Autos gibt es Hebel, die viele verschiedene Funktionen erfüllen. Das ist praktisch für den Fahrer, hat aber sonst keinen Sinn. In der Liebe ist es anders: Dass gerade aus der innigsten Vereinigung von Mann und Frau neues Leben entsteht, ist nicht nach dem Maß eines multi-funktionalen Hebels zu messen. Nein, es erinnert vielmehr an eine bedeutungsvolle Wahrheit des Glaubens: Gott schafft den Menschen, ja die ganze Welt nicht „einfach so", sondern aus Liebe.
Erschüttert stehen wir vor dieser Erklärung der Welt: Es gibt uns, weil Gott uns und alle Geschöpfe, jedes seiner Art entsprechend, wirklich liebt. „Gott hat nämlich keinen anderen Grund zum Erschaffen als seine Liebe und Güte", ist die Kirche überzeugt [41].
Der Mensch aber, der nach Gottes Ebenbild geschaffen ist, gleicht seinem Schöpfer auf besondere Art und Weise: Seine Natur ist die Fähigkeit zur Liebe, sie allein schenkt ihm Erfüllung, hilft ihm zur Selbstverwirklichung und macht ihn glücklich. Wie Gott den Leib aus Lehm geformt hat, so die Seele aus dem geheimnisvollen „Stoff", der zur Liebe befähigt und ermächtigt – von den Philosophen personale Geistseele genannt. Jetzt müssen wir hinzufügen: Diese Liebe, von der die Rede ist, ist eine fruchtbare Liebe. Wie der Mensch sein Dasein der Liebe Gottes und dann, in Abhängigkeit von dieser und in einem gewissen Zusammenwirken mit Gott, der liebenden Umarmung seiner Eltern verdankt, so gibt er es auch weiter durch die Vereinigung der Liebe! Allerdings, die Einheit von liebender Umarmung und Zeugung kommt nicht von selbst zustande, sondern ist der Verantwortung des Menschen anheim gegeben und hat ihre innere, notwendige Ordnung: Damit eine eheliche Vereinigung wirklich menschlich und gut ist, bedarf es in der Motivation der Partner unbedingt der Liebe. Entgegen einem immer noch weitverbreiteten Vorurteil lehnt die Kirche eine Nur-Zeugungs-Moral entschieden ab:

Es ist entwürdigend, unchristlich und damit unmoralisch, sich mit dem Ehepartner *nur* zu vereinigen, um ein Kind zu zeugen! Oft muss und soll das Motiv: „Wir möchten ein Kind zeugen“ fehlen, wenn sich ein Ehepaar verantwortungsvoll verhalten will. Aber *niemals* fehlen darf der Satz: „Lass dich umarmen, weil ich dich liebe!“ Denn wer *nur* um der Zeugung oder gar *nur* um der Lust willen, also ohne Liebe, mit seinem Partner sexuell verkehren wollte, der sündigt! Das ist wirklich kirchliche Lehre!
Es hat sich auch als nicht sinnvoll erwiesen, über den höheren oder niedrigeren Rang der Liebe oder der Zeugung zu diskutieren. Bereits der Römische Katechismus, vor mehr als 300 Jahren im Auftrag des Trienter Konzils entstanden, lehrte, dass man auch die Liebe den „ersten“ Sinn der Ehe nennen kann. Schon 1930 erinnerte Pius XI. in seiner Enzyklika „*Casti connubii*“ daran, offenbar, weil er damit bestimmte Konfrontationen entschärfen wollte.
Ganz einfach gesagt: Der eine ist der beste Schachspieler, der andere Meister im Skifahren und der dritte ein rhetorisches Genie. Ohne zu sagen worauf man sich bezieht, kann man von keinem sagen, er sei „der Beste“.
So auch hier: Schaut man auf die Bedeutung der Liebe für das Gelingen der Ehe und für die Heiligkeit der Partner, dann ist die Liebe viel wichtiger als die Zeugung und in dieser Hinsicht der „erste“ Sinn der Ehe. Dabei ist hier von der geistigen Liebe die Rede, mit der auch Maria und Josef einander geliebt haben, obwohl sie – wohl trotz ihrer Sehnsucht nach einander – aus religiösen Gründen auf die ehelich-sexuelle Gemeinschaft verzichteten.
Als „Krönung“ der ehelichen Liebe und gewissermaßen „erster Zweck“ der Ehe erscheint die Zeugung aber dann, wenn man an das Wunder des Entstehens und Geboren-Werdens eines neuen Menschen denkt, der für die Ewigkeit bestimmt ist [42]. Dass die biologischen Abläufe der sexuellen Vereinigung primär auf Zeugung hingeordnet sind, bedarf keiner Beweisführung.
Man kann die Liebe und die Zeugung eines Kindes in dieser oder jener Perspektive betrachten und miteinander vergleichen, nur gegeneinander ausspielen sollte man sie nicht! Das ist so wenig sinnvoll wie zu fragen, was „wichtiger“ sei, das Auge oder das Ohr!

### 3. Elternschaft

Zur Ehe gehört nach katholischer Auffassung auch die Bereitschaft, Kinder zu zeugen und zu empfangen und damit Vater und Mutter zu werden. Diese Offenheit ist in den Augen der Kirche so wesentlich, dass sie eine Ehe von Menschen, die sich der Elternschaft grundsätzlich verweigern, für ungültig hält.
Kinder zu bekommen, ist für Eheleute, so gesehen, eine Art „Pflicht", viel richtiger ist es aber zu sagen: Eltern zu werden ist ein Geschenk Gottes, geheimnisvolle Teilhabe an seiner Schöpfermacht, Erfüllung des Mann- und Frauseins in der Hingabe.
Keine Kinder haben zu können ist ein großes Leid, wirklich schlimm aber ist es, sich der Elternschaft zu verweigern. B. Strauss zeigt diese Wahrheit im Spiegel der Verletzung einer kinderlosen Frau, die von ihrem Mann verlassen wurde. Der Schriftsteller lässt sie schreiben: „Es gibt diese tiefe Verwundung, einem Mann so angehört zu haben und kein Kind von ihm zu besitzen. Das wirst du nicht verstehen. Aber ich, mein Freund, habe dir mein Leben gegeben und habe jetzt nichts, nichts in den Armen. Ich habe kein Leben von dir bekommen, keines, das über das meine hinauswachsen würde, das sich von sich selbst aufrichtete und mich auf eine erfüllte Weise überflüssig machte. Es brennt jetzt zuweilen dieser ungeheuerliche Verzicht im ganzen Körper. Jetzt spür ich's als Frevel, als Verstoßensein. Es gab ja keine Zeit für ein Kind." [43]
Elternschaft besteht darin, den neuen Menschen in Ehrfurcht und Liebe anzunehmen, und zwar ganz so, wie er eben ist, und das vom ersten Moment seiner Existenz an. Dabei ist die Frau dem Mann normalerweise voraus und er muss seine Vaterschaft von der Mutter gewissermaßen erst lernen.
Mann und Frau werden Eltern und dennoch nimmt der Mann an der Schwangerschaft und Geburt nur von außen Anteil. Im Mutter-Werden hat die Frau einen uneinholbaren Vorrang gegenüber dem Mann. Daraus erwächst dem Mann eine besondere Verpflichtung, die auch in der Rede von der „Gleichberechtigung" nicht untergehen darf [44].

## 4. Die Familie und ihre Bedeutung für die Entwicklung des Kindes

Die Erfahrung zeigt, wie sehr das Kind der Geborgenheit und der Liebe bedarf und eigentlich nicht nur das Kind! Man kann Kinder perfekt hygienisch versorgen, sie füttern und wickeln und alles tun, was der Kinderarzt vorschreibt – wenn ihnen die Liebe, die Zärtlichkeit, die Zuwendung der Eltern fehlt, werden sie krank, apathisch, sie verzweifeln in einer wortlosen Weise und gehen buchstäblich seelisch und körperlich zugrunde. Fachleute nennen diese Verkrüppelung der Seele, die nie mehr ganz rückgängig gemacht werden kann, Hospitalismus und, im schlimmsten Fall, Marasmus. Thomas von Aquin spricht daher von der Familie als einer „geistigen Gebärmutter“. Ein treffendes Bild! Wie das heranwachsende Kind im Schoß seiner Mutter geborgen ist und außerhalb dieses Schutzraumes nicht existieren kann, so ähnlich ist es auch mit den Kindern in der Familie: sie brauchen die sie einhüllende, begleitende, schützende Liebe ihrer Eltern.

Zwar gibt es Grade der Zerrüttung einer Ehe, die es geraten sein lassen auseinander zu gehen. Eine solche Trennung kann auch für die Kinder das kleinere Übel sein als das Beisammen-Bleiben um jeden Preis. Es gibt kein göttliches Gebot, zum Beispiel bei einem Trinker auszuharren, der Frau und Kinder regelmäßig verprügelt und noch Schlimmeres androht! Dass das Wohl der Kinder für Ehepaare in der Krise ein zusätzliches, schwerwiegendes Motiv sein sollte, der Trennung nur ja nicht vorschnell zuzustimmen, ist damit natürlich nicht bestritten. Kinder haben ein Recht auf die Liebe ihrer Eltern und man sollte alles tun, ihnen dieses Recht zu erhalten oder, wenn das aus irgendwelchen Gründen unmöglich ist, ihnen einen Ersatz in Form von Adoptiv- oder Pflegeeltern verschaffen. Vor allem für Kleinkinder ist die unvermeidlich „kühlere“ Heimunterbringung nur als letzte Notlösung annehmbar, sogar dann, wenn das Heim durch geistliche Schwestern geleitet wird.

# X.

# Gesetze der Liebe – Gesetze Gottes zum Wohl des Menschen

Aus dieser Sicht der Liebe ergeben sich für die Partnerschaft im Allgemeinen und die sexuelle Begegnung im Besonderen einige wichtige Regeln, die die Kirche den Menschen zu vermitteln versucht:

**1. Wie Liebe wirklich ist und sein sollte!**

Was ist Liebe? Verschiedenste Antworten hat man gegeben. Auf Grund schlechter Erfahrungen haben manchmal auch große Menschen wie z. B. Leo Tolstoi in seiner „Kreuzersonate" schlecht über die Liebe geredet. Andere haben vergessen zwischen den Erscheinungsformen der Sünde und der wahren Liebe zu unterscheiden oder haben die Liebe im Namen falscher religiöser oder philosophischer Theorien abgewertet wie z. B. die Sekte des Mani, der die Materie für das Prinzip des Bösen hielt und darum auch die Ehe gering achtete. Von daher kommt der Ausdruck „Manichäismus". Solchen Irrlehren gegenüber kann man als Katholik nur sagen: Die Liebe kommt von Gott und ohne die Sünde wäre sie, wie Thomas von Aquin lehrt, noch beglückender gewesen.[45]
Was ist nun die Liebe wirklich? Es gibt keine Definition. Aber man kann sagen, was zur Liebe gehört: Nach D. v. Hildebrand – den seine Freunde „doctor amoris", also den Gelehrten der Liebe nannten – ist Liebe vor allem eine Antwort auf all das Gute und Schöne, das den anderen zu dem macht, was er ist, Antwort auf die Einzigartigkeit des Geliebten, wie Gott ihn dachte und schuf. Das entspricht auch Dostojewski: „Einen Menschen lieben heißt: Ihn so sehen, wie ihn Gott gemeint hat." Der Liebende spricht zum Geliebten das innere Wort: „Gut, dass du bist!"
So versucht J. Pieper, ein anderer großer katholischer Philosoph, den Sachverhalt in Worte zu kleiden. Wieder etwas anders formu-

liert A. Schnitzler: „Lieben heißt, für jemand anderen auf der Welt sein“.[46]
Man könnte auch sagen: Alle großen Philosophen, Dichter und Theologen sind sich letztlich einig: Zur Liebe gehört das Verlangen nach Vereinigung ebenso wie die Sehnsucht, dem anderen Gutes zu erweisen. Liebe ist Hingabe an den Geliebten, sie führt über den Kreis der eigenen Interessen hinaus und öffnet das Herz für den anderen. Darum macht sie auch verletzbar. Liebe ist die Quelle des Glücklich-seins.
Liebe kann man auch beschreiben an Hand ihrer Eigenschaften, wie der Apostel Paulus sie aufgezählt hat:
„Die Liebe ist langmütig. Die Liebe ist gütig. Sie ereifert sich nicht, sie prahlt nicht. Sie bläht sich nicht auf. Sie handelt nicht ungehörig, sucht nicht ihren Vorteil, lässt sich nicht zum Zorn reizen, trägt das Böse nicht nach. Sie freut sich nicht über das Unrecht, sondern freut sich an der Wahrheit. Sie erträgt alles, hofft alles, hält allem stand. Die Liebe hört niemals auf.“ (1 Kor 13,4-8)
Paulus hat dabei sicher nicht in erster Linie an die eheliche Liebe gedacht, aber alles, was er sagt, trifft auch auf sie zu. Allerdings, er hat dabei eine Liebe vor Augen, die schon durch die Schule des Evangeliums gegangen ist, möglich nur den Menschen, die beten und in Verbindung mit Christus leben.

## 2. Liebe kennt keine Unterwerfung und keine Herrschaft

Die Frau soll dem Mann nicht einfach gehorchen, sondern beide sollen sich gegenseitig „einander unterwerfen“! Bei dieser „Unterwerfung“ handelt es sich um eine normale Gesetzmäßigkeit der Liebe, die bewirkt, dass man auf den anderen hört, sich auf ihn und seine Wünsche einlässt.
In seinem Schreiben über die Würde der Frau und in seinen sogenannten „Mittwochansprachen“ über die Theologie des Leibes und der Liebe räumt Johannes Paul II. zwei alte Missverständnisse aus, die im Lauf der Geschichte viel Leid vor allem über die Frauen gebracht haben:

Das eine bezieht sich auf den Bericht des Sündenfalls, wo Gott Eva voraussagt: Der Mann wird über dich herrschen – das ist die Folge deiner Sünde. Aber, so erklärt der Papst, Gott sagt nicht, er *soll* über sie wie ein Herr über seine Sklavin oder auch nur wie ein Vater über sein unmündiges Kind herrschen! Die biblische Stelle ist keine Rechtfertigung männlicher Anmaßung. Sie gibt nicht dem „Macho" – der Männerherrschaft über Frauen – Recht, sondern sieht sie voraus als eine der traurigen Folgen der Sünde.

Das zweite Missverständnis betrifft eine Stelle bei Paulus, wo dieser tatsächlich von der „Unterordnung" der Frauen spricht. Aber diese „Unterordnung", sagt der Papst und kann sich dafür auf Paulus selbst berufen, „ist nicht einseitig, sondern gegenseitig." Er fährt fort: Das Bewusstsein von dieser Gegenseitigkeit muss sich „den Weg in die Herzen und Gewissen, in das Verhalten und die Sitten bahnen"[47]! Für diese Sicht kann er sich auf Ambrosius berufen: „Du bist nicht ihr Herr", schreibt der heilige Bischof schon im 4. Jahrhundert nach Christus, „sondern ihr Mann; sie ist dir nicht zur Sklavin gegeben, sondern zur Gattin"[58].

Das wird allerdings erst in der neuen, christlichen Liebe möglich sein, wenn die Ehepartner gelernt haben, einander zu lieben wie Christus seine Kirche und umgekehrt auch wie die Kirche Christus liebt! Es könnte jemand einwenden, dass doch Christus das Haupt der Kirche ist. Richtig, aber Christus hat gesagt, er sei nicht gekommen zu herrschen, sondern um zu dienen. Auch wenn Paulus den Männern aufträgt, ihre Frauen wie Christus die Kirche zu lieben, erinnert er gleichzeitig an die Art dieser Liebe: Christus hat sich für die Kirche hingegeben! Aus diesem Gedanken eine lieblose „Herrschaft" abzuleiten, heißt Paulus gründlich missverstehen (vgl. Eph 5,21ff)!

Mann und Frau – wie Christus und die Kirche! Man würde sich kaum getrauen einen solchen Vergleich anzustellen, wenn es nicht Paulus wäre, der dies geschrieben hat, und zwar, wie die Christen glauben, unter dem Einfluss des Heiligen Geistes. Was für ein Bild! Man sollte im Geiste davor betrachtend stehen bleiben, gleichzeitig immer wieder an seinen Ehepartner denken und sich bewusst vorsagen: So soll ich ihn, meinen Mann, so soll ich sie, meine Frau, lieben!

Dies ist nicht mehr und nicht weniger eine Überforderung der Menschen als viele biblische Aufforderungen wie das Jesus-Wort: „Liebt einander, wie ich euch geliebt habe“ – ein Stern, der uns die Richtung zeigt und auf den wir Sünder uns wie Rollstuhlfahrer hinbewegen, aber geschoben und geführt vom Heiligen Geist. Man kann auch sagen: Eine „Zumutung“ für den schwachen Menschen, aber Gott gibt dann auch die Kraft und den „Mut“ zu dieser „Zumutung“.

### 3. Die Seele aller Sexualität ist Liebe und Zärtlichkeit

Wahre Liebe ist zärtlich und die Zärtlichkeit ist viel mehr und etwas anderes als „sexuelle Stimulation“ oder „sexuelle Erfahrung“ mit dem jeweils anderen Geschlecht. Was ist ein Kuss? Nicht die anatomisch genaue Aufzählung der dabei aktivierten Muskelpartien gibt Auskunft über ihn, wohl aber die folgende Beschreibung: „So legen sich auch im Kuss Lippe an Lippe zum Ausdruck des Verlangens, die Seele in die des anderen so vollkommen zu ergießen, dass beide zu einer einzigen verschmelzen.“ Wonach sehnen sich Menschen, die einander lieben? Wirklich vor allem nach Sex und Orgasmus? Oder ist es nicht doch menschlicher und damit treffender zu antworten, auch wenn die Formulierung nicht mehr ganz der heutigen Sprache entspricht: „Wann werde ich meine Seele in sein Herz ergießen, wann wird sein Herz in meine Seele einströmen, wann werden wir selig, vereint und unzertrennlich beisammen leben?“ [49]
Viele werden überrascht sein: Diese Beschreibung des Kusses und der Sehnsucht nach Geborgenheit, Wärme und Nähe ist schon 300 Jahre alt und stammt aus der Feder eines Bischofs, nämlich des heiligen Franz von Sales, dem die Kirche den Ehrentitel eines Kirchenlehrers verliehen hat. Was für den Kuss und andere Zärtlichkeiten gilt, gilt erst recht für die eheliche Umarmung. Dem inneren Erleben nach sollte sie in erster Linie der „Höhepunkt der Zärtlichkeit“ sein, meint der katholische Philosoph D. v. Hildebrand, der sich wie kaum ein anderer mit dem Wunder der Liebe beschäftigt und damit auch der kirchlichen Lehrentwicklung den Weg gewiesen hat.

Was also denkt die Kirche über die eheliche Vereinigung? Ist sie misstrauisch? Gönnt sie den Menschen irgendetwas nicht? Keineswegs! Johannes Paul II. schreibt:
„So findet der Mann in der ersten beseligenden Begegnung die Frau, und sie findet ihn. Auf diese Weise nimmt er sie innerlich an; er nimmt sie an, wie sie vom Schöpfer ‚um ihrer selbst willen' gewollt wurde, wie sie im Geheimnis der Gottebenbildlichkeit durch ihre Weiblichkeit geformt worden ist; und umgekehrt nimmt sie ihn in gleicher Weise an, wie er vom Schöpfer ‚um seiner selbst willen' gewollt wurde und wie er von ihm in seiner Männlichkeit geformt worden ist" [50].
Gerade hier, in dieser intimsten Begegnung der Liebe, darf es keinerlei Macho-Gesinnung, kein Leistungsdenken, keinen Konsum-Anspruch, keinen Willen zur Selbstbestätigung geben! Auch in der sexuellen Vereinigung bleibt der andere Person und Partner und darf nicht – zu einem vielleicht sogar austauschbaren – Mittel werden, mit Hilfe dessen eigene Bedürfnisse befriedigt werden! Wichtig ist, den anderen immer mit den Augen der Liebe zu sehen, sensibel und offen für seine Empfindungen, sein Erleben, seine Bedürfnisse.

### 4. Die „eheliche Pflicht"

Von der Liebe her versteht man auch den merkwürdigen, auf Paulus zurückgehenden Begriff der „ehelichen Pflicht": „Der Mann soll seine Pflicht gegenüber der Frau erfüllen und ebenso die Frau gegenüber ihrem Mann" (1 Kor 7,3f). Diese „Pflicht" kann natürlich nur als „Pflicht der Liebe" richtig verstanden werden.
Solange die Liebe letzte Triebfeder und „Seele" der ehelichen Umarmung ist, braucht man nicht von der „ehelichen Pflicht" zu reden. Oder noch genauer gesagt: Es gibt die „eheliche Pflicht" zur körperlichen Liebe, von der Paulus gegenüber bestimmten spinnigen Personen redet, aber „Pflichten der Liebe" sind eben niemals „Pflichten" wie Steuerzahlen und Pünktlichkeit im Büro! Schließlich kann man ja auch von der „Pflicht" der Mutter oder des Vaters reden

ihrem Kind die Milch zu geben und mit ihm zu spielen – aber welche Mutter, welcher Vater nennt das eine „Pflicht“ in dem drückenden Sinn, in dem wir das Wort sonst gewöhnlich gebrauchen? Weil die eheliche Pflicht „Pflicht“ der Liebe ist, hört sie auf zu bestehen, wenn die eheliche Begegnung nur Triebbefriedigung wäre. Der betrunkene Mann, der die eheliche Pflichterfüllung verlangt, kann sich nicht auf Paulus berufen!

### 5. Verpönung der „Lust“?

Schon Aristoteles lehrt: Es ist sinnlos, nach dem Wert oder Unwert „der Lust“ zu fragen. Entscheidend ist vielmehr, woran jemand „Lust“ hat. Die Lust am Guten ist gut, die Lust am Bösen ist böse. Angewandt auf die sexuelle Lust heißt das: Sie ist gut, wenn sie dem Sinn der Schöpfung entspricht und im Dienst der Liebe steht; sie ist in vielen Abstufungen böse, wenn sie das nicht tut. Wie man sieht: Über „Lustbejahung“ oder „Lustfeindlichkeit“ kann man nicht reden ohne zu sagen, woran jemand Lust hat. Man bewertet ja auch nicht das „Feuer an sich“. Feuer ist gut, wenn es im Ofen brennt und wärmt, es ist verheerend, wenn das Haus in Flammen aufgeht!
Nach Thomas von Aquin wäre im Paradies – wie alles andere auch – die sinnliche Lust noch schöner gewesen als in der real existierenden, von der Sünde geprägten Welt, und dies aus folgendem Grund: Das, was der Mensch nach der Absicht Gottes sein sollte, wäre im Paradies vollkommener verwirklicht gewesen. Das hätte auch für die eheliche Umarmung der Liebe gegolten, für die Freude des Herzens und die Lust des Leibes.
Thomas geht sogar noch einen Schritt weiter: Wer die Lust als solche ablehnt, also wirklich „lustfeindlich“ ist, der sündigt! Daraus folgt: Die sinnliche Freude am geliebten Partner ist nicht nur „erlaubt“, sondern gehört zur menschlichen Liebe dazu! Sie ist eben nicht, wie man manchmal gemeint hat, ein Übel, das sich nur durch einige „Vorteile“ wie das Zustandekommen der Zeugung rechtfertigen ließe! Eingebettet in die Liebe und von ihr bestimmt, darf und soll es die Lust geben.

Schlecht ist nur die isolierte, geile, lüsterne Begierde, die den anderen zum Mittel der eigenen Befriedigung benützt! Eine Welt liegt zwischen dem besitzergreifenden, egoistischen „Lust-haben auf jemanden" und der Sehnsucht nach dem geliebten Partner, zwischen Don Giovanni auf der einen Seite, den Romeos und Julias auf der anderen, die vor Ungeduld vergehen und die Hochzeitsnacht kaum erwarten können!

### 6. Keuschheit in der Ehe

„Wir sind ja Kinder des Heiligen und können nicht zusammenkommen wie die Heiden, die Gott nicht kennen", heißt es in der schönen Erzählung über Tobias und seine Frau im Alten Testament (Tob 8,5). So merkwürdig es klingen mag: Auch die sexuelle Begegnung der Ehepartner bedarf der Keuschheit.
Der Grund dafür wurde bereits genannt: Die Liebe ist, wie Johannes Paul II. es ausdrückt, „in einen von der Begierde bedrohten Menschen eingepflanzt". Darum gibt es auch in der Ehe Sünden gegen die Keuschheit.
Als Johannes Paul II. dieses Thema einmal ansprach, erhob sich ein Sturm der Entrüstung gegen ihn. Es ist nicht ohne Ironie, dass ihn Leute kritisierten, die buchstäblich eine Seite später dasselbe mit anderen Worten sagten wie der Papst – nur scheinen sie es nicht bemerkt zu haben![51]
Auch die Diskussion über „Vergewaltigung in der Ehe" beweist schlagend: Es gibt sündhaftes sexuelles Begehren und Verhalten – auch in der Ehe.
Es wurde schon gesagt: Die Kraft der Liebe, die sich gegen die Verfälschung der sexuellen Körpersprache wehrt, nennt die Kirche „Keuschheit" und deren bedarf es aus dem genannten Grund auch in der Ehe.
Darum ist es nur folgerichtig zu sagen: Die eheliche Liebe bedarf der Keuschheit als eines Schutz- und Abwehr-Systemes, damit die Liebe Liebe bleibt oder gesundet und zu sich selbst zurückfindet. Sexuelles Verlangen, das sich von der Liebe ablöst und verselbstän-

digt, ist immer entwürdigend für beide. Der schlimmste Fall dieser Entartung ist die Dirne und ihr Freier.

In diesem Zusammenhang ist nochmals an die Scham zu erinnern: Nichts zu tun hat sie mit Prüderie und ihrem gestörten Verhältnis zum eigenen Leib und dem Leib des anderen. Scham ist vielmehr die Aufmerksamkeit des Menschen, der einerseits selbst nicht zum Objekt der bösen, lüsternen Begierde werden will und andererseits so taktvoll ist das sinnliche Begehren anderer nicht unnötig zu reizen.

Wer das verstanden hat, der begreift auch, dass Scham aus zwei Gründen mehr oder weniger überflüssig werden kann: Einmal dann, wenn die Situation das Thema des Begehrens eigentlich wie von selbst ausschließt, wie das zum Beispiel bei einer medizinischen Untersuchung in der Regel der Fall ist. Der Scham bedarf es aber auch in dem Maße nicht mehr, in dem die Liebe die Beziehung der Menschen beherrscht. Die Scham kann in den Hintergrund treten und einem selbstverständlichen Vertrauen Platz machen. Durch die Liebe verwandelt sich die Nacktheit: Für den Ehepartner ist sie „Offenbarung, für jeden anderen Entweihung", kann man ein Wort Shakespeares abwandeln[52], bei dem man mehr über die Liebe lernen kann als von vielen „Experten".

Zur wahrhaft ehelichen Begegnung gehört es auch, dass man die geschlechtliche Anlage von Mann und Frau so nimmt, wie sie von Gott geschaffen wurde. Andere Formen der angeblichen „Vereinigung" mögen einen gewissen sexuellen Reiz – der allerdings besonders aber nicht nur in Hinblick auf die Frau kritisch zu hinterfragen wäre – ausüben, aber sie sind, abgesehen von ihrer Sterilität, keine Sprache der Liebe und keine wirkliche Vereinigung. Darum, und nicht aus irgendwelchen gesundheitlichen Gründen, lehnt die Kirche sie samt und sonders ab.

# XI.

## Treue

Es gehört zur Sehnsucht jedes Liebenden, seine Liebe nie zu verlieren. Beethoven hat seinen „Fidelio“ dem Ruhm der ehelichen Liebe gewidmet. Nachdem Leonore mit größtem Einsatz und Mut ihren Mann befreit hat, sagt er erschüttert zu ihr: Was hast Du für mich getan? und sie gibt die klassische Antwort der Liebe: „Nichts“, weil dem Liebenden alle Opfer gering vorkommen. Ebenso ergreifend ist die Geschichte „Liebe“ des ungarischen Schriftstellers T. Déry: Nach sieben Jahren Haft aus politischen Gründen in der kommunistischen Zeit wird ein Mann frei gelassen. Unsicher und voller Zweifel fährt er nach Hause: Seine Frau ist ihm treu geblieben, sie hat all die Jahre gewartet – und jetzt weint sie vor Freude über ihren Geliebten, der zurückgekommen ist.

### 1. Das Leiden durch Untreue

Der überlistete Ehemann auf der einen Seite und die betrogene Frau auf der anderen mögen ein ewig junges Thema für Lustspiele im Theater und heitere Filme sein – in der Wirklichkeit des Lebens ist Untreue eine Art innerer Tod, Verstümmelung und Ursache schlimmster seelischer Leiden, die sich oft auch in körperliche Erkrankungen hinein fortsetzen. Was könnte mehr schmerzen als gerade dort getäuscht und verwundet zu werden, wo man sich geborgen glaubte, angenommen ohne Wenn und Aber, endlich geliebt mit Leib und Seele wie sonst von niemand anderem? Nicht nur in Gedichten, Dramen und Romanen, auch im wirklichen Leben sind Menschen an einer zerbrochenen Liebe schon seelisch zugrunde gegangen oder kämpften monatelang mit dem Gedanken an Selbstmord. Der Krieg der Geschlechter, das heißt die Verachtung mancher Männern für „die Frauen“ und die Aggressivität vieler „emanzipierter“ Frauen gegenüber „den Männern“ ist sehr oft nichts anderes als der Reflex auf eine verratene Liebe. In der Liebe ist der Mensch wie eine Pflanze, die man nicht beliebig versetzen kann. Auch wenn sie überlebt, dauert es lange, bis sie sich, wenn überhaupt, von den Verletzungen ihrer Wurzeln wieder erholt.

## 2. Gründe der Untreue und biblische Geschichten

Allerdings, Untreue ist nicht Untreue, denn die Gründe und damit auch die Schwere der Schuld können ganz verschieden sein:
Es kann die „dumme Gelegenheit“ im Rahmen einer Geschäftsreise sein, die der Betroffene schon am nächsten Tag selbst nicht mehr versteht und sich dafür wirklich schämt. Am anderen Ende der Möglichkeiten steht die große, unerfüllbare Liebe wie in der Sage von Tristan und Isolde oder die der Liebenden im „Seidenen Schuh“ von P. Claudel. Dazwischen gibt es „Anna Karenina“ Tolstoi, Madame Bovary Flaubert – und viele andere Motive, Verwicklungen, Versuchungen.

Solche Geschichten erzählt auch die Bibel:

*a. Susanna*
Zwei ältere Männer versuchen Susanna zu erpressen und ihr Motiv ist nichts anderes als eine böse Lust, Eitelkeit und Hochmut. Im Abschnitt über die Versuchung wurde die Geschichte wiedergegeben.

*b. Josef – eine misslungene Verführung*
Am ägyptischen Königshof will die Frau des Potiphar Josef verführen. Die Geschichte ist es wert, erzählt zu werden:

> „Josef hatte man nach Ägypten gebracht. Ein Hofbeamter des Pharao, ein Ägypter namens Potifar, der Oberste der Leibwache, hatte ihn den Ismaelitern abgekauft, die ihn dorthin gebracht hatten. Der Herr war mit Josef und so glückte ihm alles. Er blieb im Haus seines ägyptischen Herrn. Dieser sah, dass der Herr mit

Josef war und dass der Herr alles, was er unternahm, unter seinen Händen gelingen ließ. So fand Josef sein Wohlwollen und er durfte ihn bedienen. Er bestellte ihn zum Verwalter seines Hauses und vertraute ihm alles an, was er besaß. Seit er ihm sein Haus und alles, was ihm gehörte, anvertraut hatte, segnete der Herr das Haus des Ägypters um Josefs willen. Der Segen des Herrn ruhte auf allem, was ihm gehörte im Haus und auf dem Feld. Er ließ seinen ganzen Besitz in Josefs Hand und kümmerte sich, wenn Josef da war, um nichts als nur um sein Essen. Josef war schön von Gestalt und Aussehen. Nach einiger Zeit warf die Frau seines Herrn ihren Blick auf Josef und sagte: Schlaf mit mir! Er weigerte sich und entgegnete der Frau seines Herrn: Du siehst doch, mein Herr kümmert sich, wenn ich da bin, um nichts im Haus; alles, was ihm gehört, hat er mir anvertraut. Er ist in diesem Haus nicht größer als ich und er hat mir nichts vorenthalten als nur dich, denn du bist seine Frau. Wie könnte ich da ein so großes Unrecht begehen und gegen Gott sündigen? Obwohl sie Tag für Tag auf Josef einredete bei ihr zu schlafen und ihr zu Willen zu sein, hörte er nicht auf sie. An einem solchen Tag kam er ins Haus um seiner Arbeit nachzugehen. Niemand vom Hausgesinde war anwesend. Da packte sie ihn an seinem Gewande und sagte: Schlaf mit mir! Er ließ sein Gewand in ihrer Hand und lief hinaus. Als sie sah, dass er sein Gewand in ihrer Hand zurückgelassen hatte und hinausgelaufen war, rief sie nach ihrem Hausgesinde und sagte zu den Leuten: Seht nur! Er hat uns einen Hebräer ins Haus gebracht, der seinen Mutwillen mit uns treibt. Er ist zu mir gekommen und wollte mit mir schlafen; da habe ich laut geschrieen. Als er hörte, dass ich laut aufschrie und rief, ließ er sein Gewand bei mir liegen und floh ins Freie. Sein Kleid ließ sie bei sich liegen, bis sein Herr nach Hause kam. Ihm erzählte sie die gleiche Geschichte: Der hebräische Sklave, den du uns gebracht hast, ist zu mir gekommen, um mit mir seinen Mutwillen zu treiben. Als ich laut aufschrie und rief, ließ er sein Gewand bei mir liegen und lief hinaus. Als sein Herr hörte, wie ihm seine Frau erzählte: So hat es dein Sklave mit mir getrieben!, packte ihn der Zorn. Er ließ Josef ergreifen und in den

Kerker bringen, wo die Gefangenen des Königs in Haft gehalten wurden. Dort blieb er im Gefängnis." (Gen 39,1-20)

### c. *David und Batseba*

In der Geschichte des Königs David hingegen hat das bloße Begehren, das am Anfang wohl bestimmend war, der Liebe Platz gemacht:

> „Als David einmal zur Abendzeit von seinem Lager aufstand und auf dem Flachdach des Königspalastes hin- und herging, sah er von dort aus eine Frau, die badete. Die Frau war sehr schön anzusehen. David schickte jemand hin und erkundigte sich nach ihr. Man sagte ihm: Das ist Batseba, die Tochter Ammiëls, die Frau des Hetiters Urija. Darauf schickte David Boten zu ihr und ließ sie holen; sie kam zu ihm und er schlief mit ihr – sie hatte sich gerade von ihrer Unreinheit gereinigt. Dann kehrte sie in ihr Haus zurück. Die Frau war aber schwanger geworden und schickte deshalb zu David und ließ ihm mitteilen: Ich bin schwanger. Darauf sandte David einen Boten zu Joab und ließ ihm sagen: Schick den Hetiter Urija zu mir! Und Joab schickte Urija zu David. Als Urija zu ihm kam, fragte David, ob es Joab und dem Volk gut gehe und wie es mit dem Kampf stehe. Dann sagte er zu Urija: Geh in dein Haus hinab, und wasch dir die Füße! Urija verließ das Haus des Königs und es wurde ihm ein Geschenk des Königs nachgetragen. Urija aber legte sich am Tor des Königshauses bei den Knechten seines Herrn nieder und ging nicht in sein Haus hinab. Man berichtete David: Urija ist nicht in sein Haus hinabgegangen. Darauf sagte David zu Urija: Bist du nicht gerade von einer Reise gekommen? Warum bist du nicht in dein Haus hinuntergegangen? Urija antwortete David: Die Lade und Israel und Juda wohnen in Hütten und mein Herr Joab und die Knechte meines Herrn lagern auf freiem Feld; da soll ich in mein Haus gehen um zu essen und zu trinken und bei meiner Frau zu liegen? So wahr du lebst und so wahr deine Seele lebt, das werde ich nicht tun. Darauf sagte David zu Urija: Bleib auch heute noch hier; morgen werde ich dich wegschicken. So blieb Urija an jenem Tag in Jerusalem. Am folgenden Tag lud David ihn ein bei

ihm zu essen und zu trinken und machte ihn betrunken. Am Abend aber ging Urija weg um sich wieder auf seinem Lager bei den Knechten seines Herrn niederzulegen; er ging nicht in sein Haus hinab. Am anderen Morgen schrieb David einen Brief an Joab und ließ ihn durch Urija überbringen. Er schrieb in dem Brief: Stellt Urija nach vorn, wo der Kampf am heftigsten ist, dann zieht euch von ihm zurück, so dass er getroffen wird und den Tod findet. Joab hatte die Stadt beobachtet und er stellte Urija an einen Platz, von dem er wusste, dass dort besonders tüchtige Krieger standen. Als dann die Leute aus der Stadt einen Ausfall machten und gegen Joab kämpften, fielen einige vom Volk, das heißt von den Kriegern Davids; auch der Hetiter Urija fand den Tod. Joab schickte einen Boten zu David und ließ ihm den Verlauf des Kampfes berichten. Und er befahl dem Boten: Wenn du dem König alles über den Verlauf des Kampfes bis zu Ende berichtet hast und wenn dann der König in Zorn gerät und zu dir sagt: Warum seid ihr beim Kampf so nahe an die Stadt herangegangen? Habt ihr nicht gewusst, dass sie von der Mauer herabschießen? Wer hat Abimelech, den Sohn Jerubbaals, erschlagen? Hat nicht eine Frau in Tebez einen Mühlstein von der Mauer auf ihn herabgeworfen, so dass er starb? Warum seid ihr so nahe an die Mauer herangegangen?, dann sollst du sagen: Auch dein Knecht, der Hetiter Urija, ist tot. Der Bote ging fort, kam zu David und berichtete ihm alles, was Joab ihm aufgetragen hatte. Der Bote sagte zu David: Die Männer waren stärker als wir und waren gegen uns bis aufs freie Feld vorgedrungen; wir aber drängten sie bis zum Eingang des Tores zurück. Da schossen die Schützen von der Mauer herab auf deine Knechte, so dass einige von den Knechten des Königs starben; auch dein Knecht, der Hetiter Urija, ist tot. Da sagte David zu dem Boten: So sollst du zu Joab sagen: Betrachte die Sache nicht als so schlimm; denn das Schwert frisst bald hier, bald dort. Setz den Kampf gegen die Stadt mutig fort und zerstöre sie! So sollst du ihm Mut machen. Als die Frau Urijas hörte, dass ihr Mann Urija tot war, hielt sie für ihren Gemahl die Totenklage. Sobald die Trauerzeit vorüber war, ließ David sie zu sich in sein Haus holen.

Sie wurde seine Frau und gebar ihm einen Sohn. Dem Herrn aber missfiel, was David getan hatte. Darum schickte der Herr den Natan zu David; dieser ging zu David und sagte zu ihm: In einer Stadt lebten einst zwei Männer; der eine war reich, der andere arm. Der Reiche besaß sehr viele Schafe und Rinder, der Arme aber besaß nichts außer einem einzigen kleinen Lamm, das er gekauft hatte. Er zog es auf, und es wurde bei ihm zusammen mit seinen Kindern groß. Es aß von seinem Stück Brot und es trank aus seinem Becher, in seinem Schoß lag es und war für ihn wie eine Tochter. Da kam ein Besucher zu dem reichen Mann und er brachte es nicht über sich, eines von seinen Schafen oder Rindern zu nehmen um es für den zuzubereiten, der zu ihm gekommen war. Darum nahm er dem Armen das Lamm weg und bereitete es für den Mann zu, der zu ihm gekommen war. Da geriet David in heftigen Zorn über den Mann und sagte zu Natan: So wahr der Herr lebt: Der Mann, der das getan hat, verdient den Tod. Das Lamm soll er vierfach ersetzen, weil er das getan und kein Mitleid gehabt hat. Da sagte Natan zu David: Du selbst bist der Mann.“ (2 Sam 11,2-12,7)

Trotz des Mordes, den David begeht um seinen Ehebruch geheim zu halten, liebt er diese Frau wirklich. Hätte er seine Sünde verdrängt und nicht in Reue und Buße aufgearbeitet, seine Liebe wäre wohl kaum von Dauer gewesen.
Dass sogar echte Liebe Anlass zur Sünde – genau genommen eben nur Anlass und nicht deren Ursache! – sein kann, auch dieses unauflösbare Ineinander von Licht und Schatten im Herzen des Menschen gehört zu des Menschen Tragik und ist eine schmerzliche Erfahrung, die man nicht verschweigen darf.

*d. Jesus und die Ehebrecherin*

Eine der ergreifendsten Stellen des Evangeliums ist die Begegnung Jesu mit der Ehebrecherin:

„Am frühen Morgen begab er sich wieder in den Tempel. Alles Volk kam zu ihm. Er setzte sich und lehrte es. Da brachten die

Schriftgelehrten und die Pharisäer eine Frau, die beim Ehebruch ertappt worden war. Sie stellten sie in die Mitte und sagten zu ihm: Meister, diese Frau wurde beim Ehebruch auf frischer Tat ertappt. Mose hat uns im Gesetz vorgeschrieben solche Frauen zu steinigen. Nun, was sagst du? Mit dieser Frage wollten sie ihn auf die Probe stellen, um einen Grund zu haben ihn zu verklagen. Jesus aber bückte sich und schrieb mit dem Finger auf die Erde. Als sie hartnäckig weiterfragten, richtete er sich auf und sagte zu ihnen: Wer von euch ohne Sünde ist, werfe als erster einen Stein auf sie. Und er bückte sich wieder und schrieb auf die Erde. Als sie seine Antwort gehört hatten, ging einer nach dem anderen fort, zuerst die Ältesten. Jesus blieb allein zurück mit der Frau, die noch in der Mitte stand. Er richtete sich auf und sagte zu ihr: Frau, wo sind sie geblieben? Hat dich keiner verurteilt? Sie antwortete: Keiner, Herr. Da sagte Jesus zu ihr: Auch ich verurteile dich nicht. Geh und sündige von jetzt an nicht mehr!“ (Joh 8,2-11)

Johannes erzählt uns nicht, wie es dazu kam. War sie einfach nur leichtsinnig und flatterhaft? Man kann die Erzählung auch so verstehen: Vielleicht hat sie ihr Mann schon seit langem vernachlässigt und möglicherweise selbst betrogen. Jetzt aber ist sie einem anderen Mann begegnet. Zum ersten Mal fühlt sie sich wirklich geliebt und kann der Versuchung nicht widerstehen. Sie gibt sich ihm hin, aber die beiden werden entdeckt und sie wird von Leuten, deren Doppelmoral sie kennt, vor Jesus hingeschleppt! Er, der dazugehörige Mann, hat das Weite gesucht, typischerweise bleibt nur sie in den Händen der hämisch spottenden Leute. Jetzt hat sie panische Angst vor dem, was geschehen könnte – bis zu dem Augenblick, in dem die Männer mit ihren Steinen den Blick Jesu nicht mehr aushalten und einer nach dem anderen die Steine fallen lässt und geht. Nie mehr wird sie den Satz vergessen, der die Hände dieser Leute lähmte: „Wer von euch ohne Sünde ist, der werfe den ersten Stein!“ Vielleicht haben sich auch manche von ihnen bekehrt. Wie dem auch sein mag, Jesus ist schließlich allein mit der Frau zurückgeblieben und jetzt, ohne dieses fragwürdige Publikum, spricht er sie an. Auch er verurteilt sie nicht. Behutsam ermutigt er sie zu einem neuen Anfang in der Treue.

*e. Jesus und die Frau mit den sechs Männern*

Ähnlich und doch auch wieder ganz anders verläuft die Begegnung Jesu mit der Frau am Jakobsbrunnen. Jesus weiß, sie ist keine ganz einfache Frau. Nach einem Gespräch über den Brunnen und das Wasser sagt Jesus zu ihr:

„Geh, ruf deinen Mann, und komm wieder her!“ Sie muss zugeben: „Ich habe keinen Mann.“ Behutsam geht Jesus auf sie ein: „Du hast richtig gesagt: Ich habe keinen Mann. Denn fünf Männer hast du gehabt und der, den du jetzt hast, ist nicht dein Mann. Damit hast du die Wahrheit gesagt.“ Die Frau kann nur noch sagen: „Herr, ich sehe, dass du ein Prophet bist.“ (vgl. Joh 4,16-19)

Auch hier erfahren wir nicht mehr über ihr Leben. Warum lebt sie so? Welche Enttäuschungen und Verwundungen hat sie durchgemacht, bis sie zu ihrem sechsten Mann kam, der nicht ihr Mann ist? Woher ihr Scheitern in all ihren Beziehungen? War sie so ruhelos, dass sie nicht treu bleiben konnte, oder wurde sie zwar von Männern immer wieder begehrt, aber auch immer wieder verlassen? Wie auch immer, Jesus weiß um diesen wunden Punkt in ihrem Leben, aber er demütigt sie nicht, sondern beginnt mit ihr ein Gespräch über Gott, der viel wichtiger ist als ihre verschiedenen Männergeschichten. Ordnung in ihr Leben kommt von Gott her. Nicht umgekehrt, als ob die „Ordnung“ im Leben, wie man dies auch verstehen mag, ausreichen könnte um zu Gott zu gelangen.

Es gibt viele Gründe, warum Menschen einander untreu sind. Harmlos ist Untreue nie, auch dann nicht, wenn der eine oder andere Seitensprung unentdeckt bleibt oder sogar Anlass zu einem zwar schmerzlichen, aber doch neuen Anfang wird. Untreue ist oft der Anfang vom Ende, und sogar wenn die Ehe aufrecht erhalten wird, kehrt die große, beglückende Liebe selten nochmals zurück.

### 3. Schutz und Gefährdung

Was kann man tun um die Treue zu bewahren? Der sicherste Schutz ist die Liebe selbst: Solange sie wach und lebendig ist und man nicht zulässt, dass die vielen „kleinen" Lebenszeichen der Liebe, die so wichtig sind, unmerklich verschwinden, ist die Treue nicht einmal eine Frage. Gefährlich ist die Leere, die Frustration, der ungelöste Konflikt mit seinen Verwundungen, die Kälte der Isolation und die Sprachlosigkeit. Wenn Lieben heißt: „Gut, dass du bist", dann ist das Gegenteil: „Schade, dass du bist" oder „Du bist zu nichts gut" die schlimmste Bedrohung der Liebe. Altmodisch ausgedrückt: Voraussetzung der Liebe ist immer eine tiefe Ehrfurcht vor dem Siegel Gottes auf der Stirn des anderen! Auch wird sich die Liebe nicht halten können, wenn man anfängt die Gaben des anderen zu missachten. Einen Menschen, der zum Beispiel mit Leib und Seele Lehrer ist, kann man kaum empfindlicher treffen, als wenn man ihm sagt, er sei ein schlechter Lehrer!
Wenn dann ein anderer Partner kommt, der Wärme, Verständnis und Anerkennung schenkt, steigt die Gefahr der Untreue sprunghaft an. Aber dann ist dieser „sinnenfälligen" Untreue eine andere, eine geistige Untreue vorausgegangen und beide sind schuldig, auch wenn „es" nur der eine der beiden getan hat!

### 4. Gott als Garant der Treue

Auch an diesem Punkt erweist sich einmal mehr die Wichtigkeit der Liebe zu Gott: Wer kann ohne Liebe leben? Wenn aber Gott sogar in der Not der ehelichen Vereinsamung immer noch die größte und erste Liebe eines Menschen ist, dann lässt sich sogar eine Ehe durchtragen, die zum Kreuz geworden ist!
Eine solche Situation ist in beiden Richtungen möglich: für denjenigen, der das Herz seines Ehepartners verloren hat, und für den, der einen anderen liebt. Tief berührend hat der libanesische Dichter Khalil Gibran dieses Leid einer Frau dargestellt, die von ihrem Vater mit einem ungeliebten Mann verheiratet wurde: „Ich achte

meinen Mann mit meinem Verstand, ich respektiere ihn mit meinem Herzen und ich verehre ihn mit meiner Seele, aber“, fährt die unglückliche Frau fort, „da ist etwas, das ich in mir zurückbehalten muss“[53], etwas, was dem freien Willen entzogen ist.
In manchen Fällen, wenn auch nicht immer, liegt darin nochmals die Chance zueinander zu finden. Man sollte sie auch dann ergreifen, wenn man den anderen da, wo man ihn verlassen hat, nie mehr antrifft.
Auch Heilige (wie etwa Catarina von Genua) hat ein solches Schicksal getroffen. Sie sind den Weg der Treue gegangen und ihre Liebe hat sich als stärker erwiesen als die Untreue ihres Ehepartners. Auch solche Liebe erinnert an Gott, der sich seines „ehebrecherischen“ Volkes immer wieder erbarmt.
Gott ist auch aus folgendem Grund der Garant der Treue: Ohne Gott zu leben ist eine Qual und so ist der Atheist, sagt Dostojewski, ein ruheloser Mensch. Könnte es nicht sein, dass die sexuelle Ruhelosigkeit vieler Menschen, ihr Getriebenwerden von einer vermeintlichen Erfüllung zur anderen ihre Ursache in ihrer Gottlosigkeit hat? Immerhin zeigt schon die Geschichte vom Sündenfall in der Bibel: Die Störung der Gottesbeziehung führt sofort auch zur Störung der ehelichen Beziehung von dam und Eva. Ihre Blöße empfinden sie nun als Erniedrigung und sie haben das Bedürfnis, sich zu bedekken. Es kommt noch schlimmer: Wenig später nur, in dem Gespräch mit Gott über das, was sie getan haben, beschuldigt der Mann die Frau, über die er sich doch so sehr gefreut hatte!

## 5. Treue in der Untreue – die Geschichte vom Netz

Nicht jede Untreue muss bereits zur Katastrophe führen. So schmerzlich und schwierig es sein mag, die Liebe kann auch den Kampf mit der Untreue eines Partners gewinnen. Das mag Zeit und Kraft in Anspruch nehmen wie das Ringen eines Menschen mit einer schweren Krankheit, aber es ist möglich. Werner Bergengruen erzählt zu diesem Thema eine Geschichte, die man nicht vorschnell als „nur erbaulich“ und damit als lebensfremd abtun sollte:

Eine Frau verliert sich an einen Fremden und wird nach dem Gesetz ihres Volkes dazu verurteilt, über einen steilen Felsen geworfen zu werden. Ihr Mann aber, der sie liebt, spannt in den Stunden vor ihrer grausamen Hinrichtung ein gewaltiges Netz, das sie auffängt. Da das Gesetz dem Buchstaben nach erfüllt ist – sie wurde ja hinabgestoßen! –, darf sie am Leben bleiben, und es beginnt eine neue Geschichte ihrer Liebe. Vielleicht ist es nicht immer möglich, aber doch öfter als man meint, ein solches „Netz“, angepasst an die Situation des modernen Lebens, zu errichten.

### 6. Klugheitsregeln

Ob es angenehm klingt oder nicht: Seit dem Sündenfall muss der Mensch um seine Liebe gegen verschiedene Versuchungen kämpfen. Wer treu bleiben will, muss im Vorfeld gewisse, manchmal lästig erscheinende Regeln beachten – vielleicht auch im Hinblick auf seine ganz persönliche Versuchbarkeit in bestimmten Situationen, um die nur er selbst Bescheid weiß.
Solche Regeln haben eigentlich alle Völker entwickelt. Dabei gab und gibt es immer auch Übertreibungen in die eine oder andere Richtung, die sehr oft von der Sicht der Sexualität und besonders von der Stellung der Frau in einer Gesellschaft abhängig sind. Man denke etwa an Fragen der Mode oder der Badevorschriften einst und heute. Nicht selten spiegeln solche gesellschaftlichen Konventionen freilich auch eine Doppelmoral, die den Männern zugesteht, was sie bei Frauen entrüstet ablehnt. Kritisch gesichtet erweist es sich aber dennoch, dass sie meistens einen wahren Kern enthalten.
Wichtiger als äußere Verhaltens-Regeln sind, wie immer in Fragen, die den Menschen in seinem Kern betreffen, die inneren Gesetze der Liebe und Klugheit. Da die Untreue wie jede andere Sünde im Herzen beginnt, bedarf es einer ganz bestimmten Zurückhaltung der Gedanken und erst recht der Blicke: Denn „wer eine Frau auch nur lüstern anschaut, hat in seinem Herzen schon Ehebruch mit ihr begangen“, sagt Jesus, und jeder weiß, wie wahr das ist.
Bekanntlich behaupten bestimmte, sogar staatlich verordnete Auf-

klärungsprogramme, man könne in Gedanken, beim Anschauen von Videofilmen oder auch spielerisch alles und jedes tun und lassen, was einem „Spaß macht“. Einschränkend wird nur gesagt, man sollte dabei keine ungewollten Kinder zeugen, sich keine Krankheit zuziehen und auch mit dem Gesetz nicht in Konflikt geraten. Im übrigen bemühen sich die gleichen Gruppen, die so reden, das Gesetz so liberal wie möglich zu gestalten – was für ein Missbrauch des herrlichen Begriffs der Freiheit!

Aber solche Programme stehen im Widerspruch zur elementarsten Erfahrung der Menschen mit sich selbst. Wenn man von sexueller Gewalt – um ein Beispiel zu nennen – träumt und sie sich im Film begierig anschaut, dann hängt es von der Gelegenheit ab, wann einer zur Tat in seinem wirklichen Leben schreitet.

### 7. Der alltägliche Weg zum neuen Anfang und die Beichte

Bedroht wird die Liebe allerdings nicht nur von der eigentlichen Untreue, sondern längst vorher und unabhängig von ihr vom alltäglichen Versagen: da eine kleine Rücksichtslosigkeit, dort ein böses Wort oder ein erregter Wortwechsel, dann wieder ein eisiges Schweigen oder eine Art Machtkampf bezüglich dieses oder jenes Punktes im gemeinsamen Leben.

Kurz gesagt: Der Stolz, die Eitelkeit, der Egoismus und alle anderen schlechten Haltungen, die das menschliche Herz eben kennt, sind natürlich auch in der Ehe gegenwärtig, bedrohen und belasten die Liebe. Vor allem auch deswegen, weil die Lieblosigkeit dessen, den man liebt, doppelt schmerzt. Darum kann Ehe nur gelingen, wenn sie auch die Selbstreinigung durch Reue, Eingestehen von Schuld auf der einen Seite und die wirkliche Vergebung auf der anderen Seite kennt und regelmäßig, so wie es eben nötig ist, übt. Das ist sozusagen eine zwischen-menschliche oder eheliche Form der „Beichte“, bei der jeder Mensch einmal Beichtkind, dann wieder Beichtvater oder Beichtmutter ist. Auch wenn es sich dabei nicht um ein Sakrament im engeren Sinn des Wortes handelt, ruht doch auch darauf ein reicher Segen Gottes! Leichter tut sich dabei der

gläubige Mensch. Er macht ja immer wieder die Erfahrung, wie sehr er selbst auf das Erbarmen Gottes angewiesen ist; umso leichter ist er bereit, auch dem anderen zu verzeihen. Um dem Menschen bei dieser schwierigen, aber buchstäblich notwendigen Aufgabe zu helfen, hat Gott der Kirche die Beichte geschenkt. Wer sich auf diesen Prozess der Erneuerung so einlässt, wie er gemeint ist, merkt nicht nur, wie diese Art der Schuldbewältigung unserer Natur entspricht, sondern er erfährt dabei unmittelbar, was Versöhnung ist und wie sie gelingen kann: Zunächst muss jeder Mensch lernen, seine Fehler sich selbst einzugestehen und solch bittere Erkenntnisse auszuhalten. Er muss zugeben können: Trotz aller Entlastungsgründe, ich war und bin verantwortlich für mein Tun und ich habe mich da und dort schuldig gemacht.
Schwierig, aber auch besonders erlösend ist der zweite Schritt, der dem Beichtenden abverlangt wird: Er soll seine Sünden ja nicht bloß im Geheimen denken, auch nicht nur pauschal und allgemein zugeben und sich dabei in der unüberschaubaren Menge aller anderen Sünder „Ja, ja, auch ich bin ein Sünder wie Millionen andere auch" sozusagen verstecken, sondern er wird aufgefordert, sie vor einem lebendigen Gegenüber auszusprechen, und zwar in einer Konkretheit, die erkennen lässt: Das habe ich wirklich getan und niemand anderen kann ich dafür verantwortlich machen! Es ist die gleiche Unmittelbarkeit des Zugeben-Könnens wie in der Beziehung zu anderen Menschen, bei denen man sich ja auch manchmal entschuldigen muss.
Sünden als Sünden offen zu legen bedeutet wirklich, sich eine Blöße zu geben und macht daher verwundbar. Aber in der Beichte kann sich der Mensch diese Blöße geben, und zwar aus folgendem Grund: So ratsam es ist, sich sonst fast nirgends „eine Blöße zu geben", in der Beichte erfährt der Mensch, wie Liebe mit Schuld umgeht: Auf das Geständnis der Sünden folgt die Antwort des Verzeihens, der Güte, des Erbarmens. Darum ist dieses Sich-selbst-Bloßstellen ebenso heilsam und wohltuend, wie wenn ein Kranker den Arzt an sich heranlässt und dabei sogar Schmerzen aushält. Die Hauptsache ist: Er wird gesund! So wie in früheren Zeiten den Gefangenen eine Eisenkugel an den Fuß gekettet wurde, die sie ständig mitschleppen

mussten, so ist der Mensch an seine Schuld gebunden und kann sich aus eigener Kraft nicht befreien. Die Lossprechung des Priesters ist nichts anderes als das Brechen der Kette, und der Mensch kann die Last, die ihn so sehr quälte, endlich liegen- und zurücklassen. Seine „Eisenkugel“ ist nicht mehr „seine“ Bürde, sie bleibt, weiter im Bild geredet, am Straßenrand liegen, und wird im Rückblick immer kleiner und kleiner, bis sie endlich ganz verschwindet: Vergangenheit, die den Menschen nicht mehr einholen kann, auch wenn vielleicht sogar schmerzende Narben zurückbleiben sollten! Übrigens gilt selbstredend auch für das Versagen auf dem Gebiet der Sexualität das, was der hl. Pfarrer von Ars, dem man wahrhaftig keinen Laxismus nachsagen kann, so formuliert hat: „Leichter ist es, in den Himmel zu kommen als in die Hölle, so groß ist die Barmherzigkeit Gottes. Unsere Fehler sind Sandkörner im Vergleich zu dem mächtigen Berg der göttlichen Barmherzigkeit.“

# XII.

## Empfängnisregelung – Empfängnisverhütung

Ist es wahrscheinlich, dass technische Eingriffe nur anderswo schlimme Folgen haben, nicht aber im Körper der Frauen? Soll man Froschteiche schützen, gesunde Frauen aber zwingen Tag für Tag hochwirksame chemische Präparate zu schlucken? Welche Interessen verfolgen jene, die den Menschen fast jeder Altersstufe Verhütungsmittel aufdrängen? Dient das dem Wohl der Betroffenen? Fördert Verhütung die Liebe oder erweitert sie nur den Freiraum des Begehren? Heute ist der – ehedem verlachte – Papst Paul VI. nicht mehr ganz so allein. In der Kirche ist die Lage zwiespältig: Auch mitverursacht durch zweideutige bischöfliche „Erklärung" zur Enzyklika lehnen viele Katholiken die kirchliche Lehre zur Verhütung immer noch ab. Auf der anderen Seite gibt es viele Menschen, für die gerade das Nein der Kirche zu ihrer Glaubwürdigkeit beiträgt. Johannes Paul II. versteht sich selbst als Papst für «Humanae vitae» und tritt für sie ein, auch wider den scheinbar allmächtigen Zeitgeist. Was aber die Kirche zu diesem Thema wirklich sagt und wie sie ihre Lehre begründet, ist weithin unbekannt geblieben, wohl auch, weil so oft und so unwissend darüber gesprochen wird.

### 1. Die Bereitschaft zum Kind

In der jüdisch-christlichen Tradition ist Kinderlosigkeit ein schweres Leiden und Kinder sind ein Segen, keineswegs eine Last, die es um jeden Preis zu vermeiden gilt. Fruchtbarkeit gilt als Glück und nicht als eine zu behandelnde „Krankheit". So auch das Konzil: „Ehe und eheliche Liebe sind ihrem Wesen nach auf die Zeugung und Erziehung von Nachkommenschaft ausgerichtet. Kinder sind gewiss die vorzüglichste Gabe für die Ehe und tragen zum Wohl der Eltern selbst sehr viel bei. Derselbe Gott, der gesagt hat: ‚Es ist nicht gut, dass der Mensch allein sei' (Gen 2,28) und der ‚den Menschen von Anfang an als Mann und Frau schuf' (Mt 19,14), wollte ihm eine besondere Teilnahme an seinem schöpferischen Wirken verleihen, segnete darum Mann und Frau und sprach: ‚Wachset und mehret euch'."[54] Ein Kind zeugen ist keineswegs ein nur biologisches Geschehen, sondern eine „religiöses Ereignis", weil Gott mit den Eltern zusammenwirkt![55] Wie viele Kinder ein bestimmtes Ehepaar haben kann oder soll, ist Sache ihrer persönlichen Gewissensentscheidung. Die Eltern sollen „durch gemeinsame Überlegung versuchen sich ein sachgerechtes Urteil zu bilden", meint das Konzil und fährt fort: „Hierbei müssen sie auf ihr eigenes Wohl wie auf das ihrer Kinder – der schon geborenen oder zu erwartenden – achten; sie müssen die materiellen und geistigen Verhältnisse der Zeit und ihres Lebens zu erkennen suchen und schließlich auch das Wohl der Gesamtfamilie, der weltlichen Gesellschaft und der Kirche berücksichtigen. Dieses Urteil müssen im Angesicht Gottes die Eheleute letztlich selbst fällen." Die Zahl der Kinder ist demnach eine klassische Gewissens-Entscheidung. Außenstehenden –auch Priester können nur „von außen" mitreden – steht es frei, sich eine Meinung zu bilden und, wenn sie darum gebeten werden, diese auch kundzutun. Die Entscheidung fällen kann nur das Ehepaar selbst. Die „richtige" Zahl ist weder „möglichst viele" noch das kühl-rational geplante Einzelkind. „Richtig" ist die Zahl, für die sich jedes einzelne Ehepaar entscheidet, und zwar auf Grund seiner besonderen, nicht zu verallgemeinernden Lage, die dennoch die Objektivität der Kriterien nicht ausschließt. Es gibt nicht die einzig „wahre" und allein verantwortbare Kinderzahl. Immer bleibt den Eltern ein Ermessensspielraum. Die Kirche möchte den Eltern nur Mut machen eher mehr als weniger Kindern das Leben zu schenken.

## 2. Das bedingungslose Ja zum erwarteten und unerwarteten Kind

Kündigt sich ein ungeplantes Kind an, gibt es nicht den geringsten Zweifel: Das Leben des Kindes ist heilig, die sollten auch angesichts eines ungeplanten Kindes von „guter Hoffnung" reden. Im Licht des Glaubens ist Frau nie „schwanger", sondern immer „gesegneten Leibes"! Es gibt keine Abtreibung, die gerechtfertigt wäre, weil es niemals gut ist, einen unschuldigen Menschen direkt zu töten. Das gilt auch dann, wenn das Kind schwer behindert sein sollte. Darum lehnt die Kirche all jene vorgeburtlichen Untersuchungen ab, die einzig und allein den Zweck haben, das Kind im Fall einer Behinderung „rechtzeitig“ abtreiben zu können. Außerdem ist Abtreibung die viel größere Sünde als Verhütung[56], wenn die Verhütung wirklich nur Verhütung ist – bei manchen „Verhütungsmitteln“ bestätigen die Beipackzettel sowohl eine verhütend wie auch abtreibende Wirkung.

### 3. Das Nein zur „künstlichen Verhütung“

Zunächst: Was ist es, was die Kirche ablehnt? Die Antwort lässt an Deutlichkeit nicht zu wünschen: „Der direkte Abbruch einer begonnenen Zeugung, vor allem die direkte Abtreibung – auch wenn zu Heilzwecken vorgenommen –, sind kein rechtmäßiger Weg die Zahl der Kinder zu beschränken und daher absolut zu verwerfen. Gleicherweise muss, wie das kirchliche Lehramt des öfteren dargetan hat, die direkte, dauernde oder zeitlich begrenzte Sterilisierung des Mannes oder der Frau verurteilt werden. Ebenso ist jede Handlung verwerflich, die entweder in Voraussicht oder während des Vollzugs des ehelichen Aktes oder im Anschluss an ihn beim Ablauf seiner natürlichen Auswirkungen darauf abstellt, die Fortpflanzung zu verhindern, sei es als Ziel, sei es als Mittel zum Ziel.“[57] Damit ist wirklich jede irgendwie sterilisierende Intervention ausgeschlossen und es ist unnötig, die verschiedenen Mittel und Methoden aufzuzählen: Die Kirche lehnt sie alle ab. Zwei Missverständnisse sind dabei zu vermeiden: Verhütung ist nicht falsch, weil sie „künstlich“ ist, sondern weil sie das, was zusammengehört, „künstlich“ auseinanderreißt, nämlich die wunderbare Einheit von Liebe und Zeugung. „Künstlichkeit“ als solche für unmoralisch zu halten, würde zu absurden Folgerungen führen. Künstliche Verhütung und natürliche Empfängnisregelung sind nicht nur zwei verschiedene Methoden. Denn allen künstlichen Methoden der Empfängnisverhütung „ist gemeinsam, dass sie durch irgendwelche Vorgangsweisen, Mittel oder Eingriffe, den natürlichen Vorgang der Empfängnis oder den natürlichen Verlauf der Schwangerschaft aktiv und manipulativ d. h. durch einen Eingriff verhindern. Bei der natürlichen Empfängnisregelung hingegen wird weder etwas verhütet noch verhindert, sie bedeutet vielmehr ein Eingehen auf die Gegebenheiten der natürlichen schöpfungsgemäßen Veranlagung der Frau – und auch des Mannes. Deshalb wird in diesem Falle von natürlicher Empfängnisregelung gesprochen bei allen anderen Methoden von (künstlicher) Empfängnisverhütung."[58]

## 4. Das kirchliche Ja zur Empfängnisregelung

Das Zweite Vatikanische Konzil hat die Weichen für „Humanae vitae" gestellt: „Wo es sich um den Ausgleich zwischen ehelicher Liebe und verantwortlicher Weitergabe des Lebens handelt, hängt die sittliche Qualität der Handlungsweise nicht allein von der guten Absicht und Bewertung der Motive ab, sondern auch von objektiven Kriterien, die sich aus dem Wesen der menschlichen Person und ihrer Akte ergeben und die sowohl den vollen Sinn gegenseitiger Hingabe als auch den einer wirklich humanen Zeugung in wirklicher Liebe wahren. Das ist nicht möglich ohne aufrichtigen Willen zur Übung der Tugend ehelicher Keuschheit. Von diesen Prinzipien her ist es den Kindern der Kirche nicht erlaubt, in der Geburtenregelung Wege zu beschreiten, die das Lehramt in Auslegung des göttlichen Gesetzes verwirft."[59] Angesichts des vielen Unsinns, der über die kirchliche Lehre gerade in diesem Punkt behauptet wird, ist es wichtig, sie genau darzulegen:

*a. Das Ja der Kirche zur verantworteten Elternschaft*

Entgegen der in früheren Zeiten da und dort vertretenen Meinung, Eheleute dürften im sexuellen Bereich immer nur die Zeugung anstreben, hat das kirchliche Lehramt klargestellt: Die Kirche ist für Empfängnisregelung und für verantwortete Elternschaft. Die heikle Frage ist: Wie geht das konkret? Glücklich über jede Entdeckung, die uns die Gesetze des weiblichen Zyklus noch besser aufschließt als bisher und in der Hoffnung auf weitere, hilfreiche Fortschritte der Medizin antwortet die Kirche: Die Ehepartner sollten ihre Zuflucht nicht bei technischen oder chemischen Mitteln suchen, sondern die Paulusworte hintergründig verstehen: „Einer ordne sich dem anderen unter in der gemeinsamen Ehrfurcht vor Christus" (Eph 5,2). Natürlich hat er sicher nicht an die Empfängnisregelung gedacht. Aber heute bekommt die Haltung des gegenseitigen Sich-

Unterordnens einen neuen, überraschend aktuellen Sinn, weil sie auch für den sexuellen Bereich gilt. Beide, Mann und Frau, sollen ihr sexuelles Verhalten auf die Fruchtbarkeit der Frau nach Maßgabe ihrer verantwortbaren Elternschaft abstimmen.

### *b. Das Wissen um die biologischen Zusammenhänge und die Sicherheit der Methode*

Sich das notwendige Wissen über die biologischen Gesetzmäßigkeiten anzueignen, sollte heute kein Problem mehr sein. Die sogenannte Sympto-Thermale Methode macht die Bestimmung der fruchtbaren bzw. unfruchtbaren Zeiten der Frau möglich. Entwickelt wurde sie von dem österreichischen Arzt J. Rötzer. Der Begriff „symptothermal" verweist auf die Art, wie die Erkenntnis gewonnen wird: Die Ehepaare (nicht nur die Frau!) werden angeleitet, auf die „Symptome" der fruchtbaren Zeiten zu achten, vor allem auf die Veränderung des Zervix-Schleimes und die ansteigende Körpertemperatur. Rötzer spricht von „NER": „*N*atürliche *E*mpfängnis *R*egelung".[60] Von den Fakten längst Lügen gestraft ist die Behauptung, NER sei unsicher. Die angesehene Fachzeitschrift „*British Medical Journal*" stellte dazu 1993 fest: Die Behauptung, die sozusagen „katholische Methode" von NER sei bedeutungsgleich für Wirkungslosigkeit, ist überholt. Ihre Sicherheit („Pearlindex") erreicht jene der Pille! Vor allem für die Menschen der Dritten Welt ist sie bestens geeignet! Vorwiegend in den Entwicklungsländern hat sich auch das australische Ehepaar Billings einen Namen gemacht: Sie leiten die Frauen an nur auf die Feuchtigkeit, also auf den Zervixschleim, zu achten, und knüpfen dabei an der Erfahrung der Leute an: Wenn es regnet („Feuchtigkeit"), ist das Land fruchtbar, bei Trockenheit hingegen wächst nichts! Für Europa wäre die damit erzielte Sicherheit freilich ungenügend. Zum medizinischen Wissen gehört auch das Zur-Kenntnis-Nehmen der medizinisch mehr oder weniger schlimmen Folgen und Schwächen eigentlich aller Verhütungsmittel. Ihre Sicherheit wird häufig übertrieben, Fehlerquoten verschwiegen ebenso wie ihre üblen „Nebenwirkungen". Dabei spielen finanzielle Erwägungen eine Rolle, aber auch ideologische Gründe. Wohlgemerkt: Medizinische Bedenken sind nicht die Gründe der Kirche, die für diese Frage nicht zuständig ist. Aber sie nüchtern wahrzunehmen, ist für die betroffenen Menschen über die moralische Frage hinaus von größter Wichtigkeit: In der Fachliteratur werden als „Nebenwirkungen“ zum Beispiel der Pille genannt: Erhöhtes Risiko von Herzinfarkten und Hirnblutungen, Embolien, Leberschäden, höhere Infektionsraten, Krebsrisiko, Veränderungen im Verdauungstrakt, Sterilität, aber auch psychische Störungen und Libidoabnahme bis zum totalen Verlust des sexuellen Empfindens! Ehmann fasst zusammen: „Noch nie wurde ein so potentes Pharmakon mit so vielen Unbekannten ohne medizinische Indikation gesunden Menschen verabreicht. Noch nie wurde ein Pharmakon nach Bekanntwerden so vieler und so schwerwiegender Nebenwirkungen so lange im Handel belassen wie die Ovulationshemmer.“ Und bitter fügt er hinzu: „Noch nie hat ein Pharmakon der chemischen Industrie so viel Geld gebracht.“[61] Übrigens haben die Ovulationshemmer paradoxerweise auch eine negative Wirkung auf die Männer: Über das Grundwasser gelangen Unmengen weiblicher Hormone (neben anderen, in gleicher Weise wirksamen Substanzen) in den Nahrungszyklus und führen zu einem Absinken der männlichen Fruchtbarkeit (natürlich auch bei Tieren). Aber auch dieses Faktum gehört zu den Tabu-Themen der Zeit.

*c. Der notwendige Verzicht*

Wie genau die fruchtbare Zeit auch erkannt wird, es bedeutet für das Ehepartner auch Verzicht. Man sollte diesen weder übertreiben noch verständnislos herunterspielen: Einerseits gehört Verzichtenkönnen zum Leben, auch im sexuellen Bereich. Auch gibt es schlimmere Leiden als eine periodische sexuelle Enthaltsamkeit. Viele Menschen verzichten leichten Herzens auf das eheliche Bett für eine Kegelpartie, für einen Kino-Besuch oder auch nur, um mit einem alten Freund ein Bier zu trinken. Um höherer Motive willen soll der gleiche Verzicht unzumutbar oder gar unmöglich sein? Andererseits, in manchen Fällen kann der Verzicht - das wissen auch die Päpste – schwer und sogar zum heroischen Opfer werden: etwa, wenn sich der Zyklus der Frau nicht gut bestimmen läßt oder wenn die Ehepartner aus beruflichen Gründen nur selten beisammen sein können. Auch wenn das keine „Lösung“ der Frage ist: Sexuelle Enthaltsamkeit verlangt das Leben manchen Menschen bisweilen auch aus anderen Gründen für lange Zeit ab. Während der Schwangerschaft und nach der Geburt gibt es Zeiten der Enthaltsamkeit, andere sind krankheitsbedingt, wieder andere Paare sind über Jahre hin ganz oder größtenteils getrennt (Gefangene, Gastarbeiter...). Über die Reichweite des Gebotes, das „Humanae vitae" verkündet, wird sicher noch weiter nachzudenken sein: Die Enzyklika spricht vom ehelichen Akt und nicht von sexueller Gewalt. Besteht die akute Gefahr einer Vergewaltigung, dürfen sich Frauen – auch nach kirchlicher Lehre! – gegen eine mögliche Schwängerung durch ein Verhütungsmittel (das wirklich nur verhütet, nicht abtreibt!) schützen.

*d. Gründe für die Natürliche Empfängnis-Regelung*

Das Nein der Kirche zur Verhütung „gründet in einer von Gott bestimmten unlösbaren Verknüpfung der beiden Sinngehalte - liebende Vereinigung und Fortpflanzung -, die beide dem ehelichen Akt innewohnen. Diese Verknüpfung darf der Mensch nicht eigenmächtig auflösen", sagt Paul VI. und verweist auf die „innerste Struktur" der ehelichen Umarmung.[62] Als die Muttergottes in Lourdes die Seherin aufforderte, „an der Quelle zu trinken", gab es an der bezeichneten Stelle keine Quelle. So begann das Mädchen in der Erde und im Schlamm zu wühlen. Die Zuschauer glaubten, sie sei verrückt geworden. Erst später grub man mit Schaufeln nach – und siehe, es gab die Quelle! Vergleichbar sollten es die heutigen Christen machen: Die Kirche zeigt uns die „Stelle", wo wir „graben" sollten, und zwar in der Gewissheit, fündig zu werden: „Graben" durch Nachdenken, „Graben" durch ein Leben nach dieser Lehre, um sie am eigenen Leib zu „spüren" und zu entdecken. Was also sind die Argumente? Unterscheiden lassen sich erstens rein äußere Gesichtspunkte, zweitens noch nicht zwingende Argumente und schließlich drittens die eigentlichen Gründe für die kirchliche Lehre:

*Äußere Gesichtspunkte:*

- Das feministische Argument: Verhütung dient der Männerherrschaft über Frauen. NER hingegen leitet die Männer dazu an, auf ihre Frau buchstäblich Rücksicht zu nehmen. Dadurch entsteht eine neue Beziehung.
- Die Kapitalismus-Kritik: Die Verhütungsmittel sind ein Macht-

instrument in der Hand der Reichen, um die armen Völker zu beherrschen – die Leidtragenden sind vor allem die Frauen.
- Das grüne Argument: Warum sollen Frauen chemisch oder mechanischen Manipulationen unterworden werden? Zurück zur Natur auch hier!
- Das Misstrauen gegenüber aller Technik betrifft auch die Verhütungs-Technik.
- Künstliche Verhütung hat Nebenwirkungen, die schlimmer sind als die Verantwortlichen es zugeben.
- Die Verhütungsmittel sind, zusammen mit der Abtreibung, der Grund für den verheerenden „demographischen Winter“, das heißt für den Einbruch der Geburtenzahlen in den reichen Ländern. Die Folgen sind die Unfinanzierbarkeit der Pensionen und Probleme mit den vielen unverzichtbaren Gastarbeitern.

*Menschlich-psychologische Argumente:*
- Mehr gemeinsame Verantwortung: Die Natürliche Empfängnisregelung bezieht beide Partner in die Verantwortung ein. Sie verhindert, dass der Mann der Frau das Problem der Verhütung zuschiebt und sie damit allein lässt. Es ist der „gemeinsame Zyklus“, auf den sie beide hören.
- Mehr Gespräch: NER fördert das Gespräch über den Intimbereich und damit wird auch das Gespräch über alle anderen Dinge erleichtert.
- Mehr Zärtlichkeit: Zeiten der Enthaltsamkeit lassen Spannung und Sehnsucht aufkommen, die der Liebe dienen. Die sexuelle Enthaltsamkeit „zwingt“ die Partner sozusagen, ihre Liebe und Zärtlichkeit nicht auf den Geschlechtsverkehr zu reduzieren. Die Liebe kann wieder den Glanz der „ersten Liebe“ und jener zärtlichen Aufmerksamkeit gewinnen, den sie in der Zeit des Kennen-Lernens und der Verlobung hatte.
- Frauen gewinnen durch die Beobachtung der Abläufe in ihrem Körper eine neue Beziehung zu ihrem Körper.
- Mehr Ehrfurcht vor der Frau: Die zeitweise Enthaltsamkeit begünstigt eine Haltung der Ehrfurcht. Die Frau ist sexuell nicht ständig verfügbar, der Mann nimmt buchstäblich Rücksicht und ordnet sein Verlangen ihrem Rhythmus unter. Er achtet ihre

weibliche Fruchtbarkeit und erweist ihr in diesem Zurücknehmen des sexuellen Verlangens seine Liebe. Die Frau darf sein, was sie ist und wie sie ist, nämlich eine zeitweise empfängnisbereite Frau. Sie muss sich nicht präparieren um das sexuelle Verlangen befriedigen zu können. Das Wort von P. Handke ließe sich in diesem Sinne lesen: „Ich erwarte von einem Mann, dass er mich liebt für das, was ich bin, und für das, was ich werde", nämlich eine Mutter!

– Zeitweise Enthaltsamkeit sichert die Rangordnung von Liebe und sexuellem Begehren ab, und zwar so, dass die Liebe bestimmend und überlegen bleibt: Es ist die Liebe, die in der Enthaltsamkeit herrscht und der die sexuelle Sehnsucht zu dienen hat. Denn die sexuelle Umarmung ist nicht von selbst ein Akt der Liebe. Dazu bedarf es vielmehr einer Art Spiritualität im Sexuellen.

*Die eigentlichen Gründe für die kirchliche Lehre*

Wer die katholische Lehre verstehen will, muss „die einzigartige, außerordentliche Bedeutung des ehelichen Aktes" betrachten, in ihr liegt der Schlüssel zum Verstehen, sagt Johannes Paul II. Worin besteht also diese Bedeutung?

– *Die Bewahrung der sexuellen Liebe:* Die größte Überraschung für viele wird es sein zu hören: Verhütung schaltet nicht nur die Fruchtbarkeit aus, sondern zerstört zugleich auch die Liebe – ausgerechnet die Liebe, um derentwillen nach Meinung vieler Verhütung erlaubt sein müsste! Das ergibt sich aus dem, was Paul VI. über die „unlösbare" Verknüpfung der beiden Sinngehalte Liebe und Fortpflanzung sagt. Natürlich behauptet er damit nicht, Frauen seien immer fruchtbar (dann gäbe es auch NER nicht), und auch nicht, man könne sie technisch gar nicht trennen (dann gäbe es ohnehin keine Verhütung). Gemeint ist vielmehr eine moralische „Unlösbarkeit": Nur wenn die beiden Sinngehalte beachtet werden, „behält der Verkehr in der Ehe voll und ganz den Sinngehalt gegenseitiger und wahrer Liebe..." Das heißt doch umgekehrt: Wenn man sie künstlich trennt, bewahrt der eheliche Akt den Sinn „wahrer Liebe" eben nicht![63] Natürlich bestreitet Paul VI. nicht, dass sich Ehepaare trotz der Verhütung wirklich lieben können und also auch bei ihrem sexuellen Tun rücksichtsvoll miteinander sein werden. Aber eine Sache ist es, bei sexuellen Akten liebevoll zu sein, eine andere, ob der eheliche Akt selbst „fleischgewordene Sprache der Liebe“ ist oder ein sexueller Akt, der nur „liebevoll“ ausgeführt wird. Der Papst sagt: der Akt selbst verliert den Sinngehalt der Liebe, nicht die gesamte Beziehung. Ein Zugang zum Verstehen ist folgende Überlegung: Die Körpersprache der Liebe wird durch Verhütung unverständlich. Denn das Wort des Leibes sollte Ganzhingabe und Ganzaufnahme des anderen sein, ist es aber nicht. Denn die Verhütung errichtet Barrieren, ja sie verändert die handelnden Personen. Die männliche „Gabe“ soll gar nicht wirklich ankommen, die Frau will nicht sie selbst, nämlich eine Frau sein, die empfangen könnte. Es ist wie bei einem Magersüchtigen: Er isst und isst doch nicht, sucht das Gegessene wieder loszuwerden.

- *Die zerstörte Fruchtbarkeit:* Der eheliche Akt ist nicht „nur Zeugung“, aber auch nicht „nur Liebe“, sondern er ist ein Akt fruchtbarer Liebe oder Fruchtbarkeit aus Liebe. Menschliche Zeugung ist zudem weit mehr als die der Tiere. Sie „wegzuschalten“ und damit auch das ebenso geheimnisvolle wie wunderbare Zusammenwirken von Gott und Mensch im Zeugungsakt ist ein Verstoß gegen den Plan Gottes mit der menschlichen Sexualität.
- *Die Ehe als Abbild des Bundes Christi mit seiner Kirche:* Wenn die Ehe auf die Gott-Mensch-Beziehung verweist, dann tut sie dies auch im ehelichen Akt. Darum sollte die eheliche Vereinigung von Mann und Frau beseelt sein von der Liebe, mit der Christus seine Kirche liebt und ihr dadurch ständig neues Leben schenkt. Wer verhütet, nimmt der ehelichen Vereinigung ihren geheimnisvollsten und wunderbarsten Aspekt – etwas von der Liebe Gottes zu den Menschen widerzuspiegeln.

Aus all diesen Gründen gilt: „Was Gott verbunden hat, soll der Mensch nicht trennen“ auch für die sexuelle Vereinigung in der Ehe.

*e. Konfliktfall*

Von diesen Höhen einer heiligmäßig geführten Ehe zurück zu den menschlichen Schwierigkeiten: Natürliche Empfängnisregelung fördert nicht nur Gemeinsamkeit, sie bedarf auch ihrer. Was aber, wenn der eine Partner dazu bereit ist, der andere aber nicht? Es gibt keine

Patentlösung, aber der Liebe entspricht es, wenn der, der liberal denkt, nachgibt und den Gewissens-Einspruch seines Ehegatten respektiert: Schuldgefühl kann ja nur der haben, der verhütet, nicht der, der darauf verzichtet. Wenn das nicht geschieht, bleibt nur die - freilich nicht ideale –Lösung von Papst Pius XI.: Es ist möglich, dass der eine „das sündige Tun nur leidet, nicht vollbringt, indem er aus gewichtigen Gründen die Verkehrung der rechten Ordnung" (=die Anwendung von Verhütungsmitteln) „geschehen lässt ohne sie selber zu wollen".[64] Das bedeutet auch: Solange der andere verhütet, sollte der andere in einer gewissen sexuellen Passivität verharren. Was aber, wenn einer droht: „Entweder du akzeptierst Verhütungsmittel, oder ich verlasse dich"? Der Drohung nachgeben würde die Trennung vielleicht verhindern oder verzögern, Lösung wäre es keine. Eine solche Ehe ist bereits tödlich krank. Sie lässt sich sicher nicht durch die Preisgabe der eigenen moralischen Überzeugung heilen, früher oder später geht sie an dieser Lieblosigkeit zugrunde.

*f. „Die Empfängnis natürlich regeln" – Schutz gegen Scheidung*

Aus den USA gibt es eine wissenschaftliche Studie, die besagt:[65]

– Paare, die nur zivilrechtlich heiraten: 50% enden in Scheidung
– Paare, die in der Kirche heiraten: 33% enden in Scheidung
– Paare, die in der Kirche geschlossen werden und in die Kirche gehen: 2% enden in Scheidung
– Paare, die mit der Natürlichen Empfängnisregelung leben: 2 – 5% enden in Scheidung
– Paare, die in der Kirche heiraten, in die Kirche gehen und gemeinsam beten: nur 1 von über 1000 endet in Scheidung!

Das ist wirklich aufregend: Wenn das stimmt, wieviel Leid ließe sich vermeiden – ohne Geld, ohne teuere Beratung, ohne Therapien! Dieses sensationelle Ergebnis sollte man überprüfen und, wenn es sich bestätigt, nachdenken, warum das so ist. Angesichts der Leiden durch Scheidung darf man die Frage nicht auf sich beruhen lassen. Es hat in unserem Jahrhundert bewundernswerte Frauen gegeben, die ihr ganzes Leben der Erforschung von Menschen-Affen gewidmet haben. Und da wäre niemand, der eine so unvergleichlich kostbare Studie für die Menschen machen würde?

*g) Jüdische Gesichtspunkte zur Enthaltsamkeit in der Ehe*

Nicht wegen der Empfängnisregelung, sondern aus anderen Gründen verlangt das Gesetz der Juden jedes Monat eine gute Woche Enthaltsamkeit. Das Erstaunliche dabei: Sie sagen, dies sei ein wesentlicher Grund, dass jüdische Ehen länger halten als andere, es täte der Liebe sehr gut. Warum? Erstens ist der Rhythmus zwischen Enthaltsamkeit und Vereinigung ein wunderbares Mittel gegen die große Gefahr der destruktiven Langeweile in der Ehe: Wegen dieser monatlich wiederkehrenden „Ferien", sagt der Talmud, werden Frau und Mann Monat für Monat wieder wie Braut und Bräutigam. Ihre Beziehung behält stets ihre Frische. Es ist ein Mittel, die Frauen in den Augen ihrer Männer anziehend zu erhalten. Vor der Wiederaufnahme der Beziehungen macht sich die Frau schön, es entsteht eine freudige Spannung wie vor einem Fest – also eine kleine „Hoch-Zeit". Zweitens lernen die Ehepartner die Kunst der Zurückhaltung, und das tut der Treue gut: Man lernt am eigenen Ehepartner, das sexuelle Verlangen zurückzustellen. Das macht es leichter, auch eine außereheliche Versuchung zu beherrschen. Drittens gewähren die Tage der Enthaltsamkeit Zeit für sich selbst. Die Gefahr, sich im anderen und in dem sinnlichen Verlangen zu verlieren, ist gebannt. Viertens, und das ist besonders wichtig, bewahren diese Zeit davor, den anderen zum Objekt der Lust, zum Mittel der Befriedigung werden zu lassen: In der Zeit der Enthaltung sieht man ihn oder sie wieder deutlich als Person – die Liebe behält so ihren Vorrang. Fünftens lernt man besser, miteinander zu sprechen: Probleme kann man nicht durch Umarmung verdecken, man muss über sie reden. Daraus entsteht eine ganz wichtige Form von Intimität und Nähe. Sechstens ist die Wiederaufnahme der sexuellen Beziehungen nach den Tagen der Enthaltung vergleichbar dem Eintreten des Hohenpriesters ins Innerste des Tempels nach einer Vorbereitungszeit: ein außerordentlicher Moment! So auch hier: Wenn Frau und Mann im Angesicht Gottes miteinander verkehren, wird aus einem bloß körperlichen Tun, das auch Tiere vollziehen, ein „Akt der Heiligkeit und der höchste Ausdruck zweier Menschen."[66] Die Erfahrung, sagen die Juden, zeigt, wie sehr diese Regelung der menschlichen Natur entspricht. Warum sollten Christen nicht von dem, was ihre älteren Schwestern und Brüder sagen, lernen?

# XIII.

## Das katholische Nein zur künstlichen Befruchtung

Wenn gilt, dass der Mensch die geschlechtliche Vereinigung nicht antasten sollte um die „Liebe“ getrennt von dem „Risiko“ der Zeugung genießen zu können, dann gilt dies natürlich auch umgekehrt: Es sollte keine Zeugung geben, die nicht Frucht und Ergebnis der Liebe wäre. Die Kirche hat ihre Sicht und Wertung 1987 in der „Instruktion über die Achtung des beginnenden menschlichen Lebens und die Würde der Fortpflanzung“ dargelegt. Zwei Gründe veranlassen die Kirche, künstliche Zeugung menschlichen Lebens im Reagenzglas abzulehnen:

Erstens hat jedes Kind ein Recht darauf, aus der liebenden Umarmung seiner Eltern hervorzugehen und nicht im Labor produziert zu werden. Menschen sind eben nicht nur geistige Personen, sondern bestehen auch als Fleisch, Blut, Samen und Eizellen, und diese sind nicht nur ein Material, das man benützt. Es genügt nicht, ein Kind zu wollen, sondern dieses soll gezeugt werden in der Verschmelzung von Mann und Frau, in der Hingabe einer wahrhaft menschlichen, das heißt Leib und Seele umfassenden Liebe.

Zweitens liegen auf dem Weg zu einem geborenen Kind viele tote Embryonen: Auf die gezeugten Embryonen bezogen, ist die Erfolgsquote lediglich 2 bis 3 % – von 100 Embryonen erblicken also nur 2 oder 3 das Licht der Welt. Einer der Gründe ist: Viele im Labor gezeugte Embryonen werden im Lauf des Verfahrens ausgeschieden, weil die „Qualität“ mangelhaft ist: Diese wird unter dem Mikroskop bei der Befruchtungskontrolle oder – falls gesetzlich zugelassen – bei einer Präimplantationsdiagnostik festgestellt. Aber kein Arzt wird bereit sein einen vermutlich geschädigten Embryo in den Schoß der Frau einzusetzen. Anzunehmen, dies ließe sich verhindern, ist naiv: In späteren Stadien macht man „dasselbe“ mit Hilfe der pränatalen Diagnostik und treibt kranke Kinder ab[67] (oft sind es solche, die nur irrtümlich für behindert gehalten werden). Warum sollte man kleine Embryonen besser behandeln als große Föten?

Auch die Unmoral hat ihre innere Logik. Dazu kommt: Wurden früher drei und mehr Embryonen eingesetzt (was immer wieder zu unerwünschten Mehrlings-Schwangerschaften führte), sind es heute in der Regel nur noch zwei. Wenn sich beide Embryonen einnisten und auch Zwillinge schon „zu viel" sind, wird einer der beiden Embryonen abgetrieben – derjenige, der am leichtesten zu erreichen ist. Es werden sogar Fälle berichtet, in denen das oder die künstlich gezeugten Kinder gesund waren – und dennoch abgetrieben wurden. Trotz der Kontrolle vor der Implantation rät man häufig den Frauen zur Pränatal-Diagnostik – wiederum mit dem Blick auf Abtreibung. Aus all dem folgt: Die Methode der IVF, die für sich beansprucht, im Dienst des Lebens zu stehen, geht – gegen die gute Absicht der Verantwortlichen – über viele tote Kinder zu ihrem Erfolg. Sogar wenn beide Argumente der Kirche entkräftet werden könnten, bleiben schwerste Bedenken wegen der weiteren Folgen dieser Technik:

– Die Forscher wollen forschen, und Forschung an menschlichen Embryonen ist natürlich besonders interessant. Namhafte Forscher, die anfangs in Interviews behauptet haben, sie wollten nur kinderlosen Ehepaaren helfen, sagen heute offen, dass sie forschen und forschen wollen, und fordern Gesetze, die sie dabei absichern.

– Inzwischen hat England ein Gesetz verabschiedet, das das sogenannte „therapeutische Klonen" zulässt: Zeugung von Embryonen, die als Lieferanten von Stammzellen für therapeutische Maßnahmen zu Gunsten anderer verbraucht werden – eine Art „therapeutischer Kannibalismus", der nicht nur unmoralisch ist, sondern sich auch als überflüssig erweisen dürfte, weil mittlerweile mit Stammzellen von Erwachsenen schon beachtliche Erfolge erzielt wurden. Allerdings ist zu fürchten, dass man mit den gemachten Erfahrungen zum reproduktiven Klonen übergehen wird.

Zuerst bei der ersten IVF, dann bei der Erfindung des „Embryonen-Screening"– immer gab man sich zunächst „schockiert", aber nur, um nach kürzester Zeit das scheinbar Unvermeidliche zuzulassen. Kurze Zeit später sprach niemand mehr darüber. So wird es auch, nach aller Voraussicht, beim Klonen gehen. Die Zeugung in der Retorte erweist sich mehr und mehr als Büchse der Pandora.

# XIV.

# Eheliches Krisenmanagement

Johannes Paul I., der Papst, der mit seinem Lächeln die Welt bezauberte, zitiert einmal einen römischen Schriftsteller mit dem Satz: Ihr seht, ich bin sehr dick, und meine Frau noch mehr. Und dennoch, wenn wir uns gut verstehen, genügt uns ein einziges Bett; wenn wir aber streiten, scheint uns das ganze Haus zu klein.

Diese Erfahrung machen wohl fast alle Ehepaare. Auch wenn es nicht wahr ist, dass in jeder guten Ehe „gestritten" wird und jede Ehe in die Krise kommen „muss" – sonst verdächtigt man die beiden, nicht „gesund" zu sein! –, so ist dennoch etwas daran richtig: Auf dieser Erde steht auch die größte Liebe im Kampf mit dem eigenen Stolz, mit Eitelkeit und Herrschsucht – und manchmal führen diese Versuchungen auch zu Streit und in die Krise. Auch besondere Charakterzüge und äußere Umstände können das Ihre dazu beitragen.

## 1. Wege aus der Krise

Was ist zu tun? Die Antwort ist vielschichtig:

Christen werden zuerst und vor allem anderen beten und ihre Not vor Gott, ihren ersten „Trauzeugen", hintragen. Dabei sollten sie sich von neuem klarmachen, was Ehe ist und dass sie unauflöslich ist.

Daraus ergibt sich organisch die innere Bereitschaft, sich vor Gott durch eine gute Beichte zu „outen". Vor den Fehlern des anderen bedenken und bereuen sie ihre eigenen und erbitten von Gott die Versöhnung. Denn sie wissen um die die Liebe vergiftende Sünde, die keine Beratung und keine psychologische Therapie erreichen kann.

So vorbereitet können sie darangehen Schritte zu setzen, die zielführend sein könnten, und an diesem Punkt angelangt kann natür-

lich auch der Rat eines Außenstehenden oder eine kluge Beratung, einschließlich psychologischer Hinweise, hilfreich sein.
Allerdings, der Christ wird sich davor hüten zu meinen, es gäbe nur die Alternative von Problemlösung oder Scheidung: In vielen Fällen wird es nötig sein, wenigstens eine gewisse Zeit lang das Kreuz einer nicht mehr ganz glücklichen Ehe anzunehmen. Oft ist es gerade diese Geduld, die zur Heilung führt.

## 2. Ein Fallbeispiel

Lehrreicher als so manche theoretische Überlegung kann die folgende, wahre Geschichte sein:

> Die Ehe eines Mannes kam in eine Krise, daran war sein apostolischer Eifer schuld, und das kam so: Nachdem er eine Bekehrung erlebt hatte, beschloss er alle seine Kräfte für das Reich Gottes einzusetzen. Soweit sein Berufsleben dies zuließ, setzte er seinen Entschluss in die Tat um. Er nahm Verpflichtungen in großer Zahl auf sich und war infolgedessen viel von zu Hause weg. Dass seine Frau kein besonderes Interesse zeigte, schmerzte ihn zwar, schien aber nicht verwunderlich, da sie Protestantin war und ihr, zu seinem Bedauern, nicht die gleiche Gnade zuteil geworden war. Das ging eine gewisse Zeit gut – so meinte er jedenfalls –, aber in Wirklichkeit entfremdete er sich seiner Frau mehr und mehr und die Ehe geriet in eine gefährliche Krise.
> In dieser Zeit traf er einen Priester, der ihm großen Eindruck machte. Darum beschloss er sich der geistlichen Führung dieses Mannes anzuvertrauen. Auf die Frage, ob er bereit sei, im Rahmen dieser Beziehung auch den nötigen Gehorsam zu leisten, sagte er bereitwillig Ja. Aber schon bei der ersten geistlichen Weisung, die er bekam, hatte er schwer zu schlucken. Denn zu seiner Verblüffung sagte ihm sein neuer geistlicher Führer zuallererst: „Tun Sie nichts ohne das Einverständnis Ihrer Frau!"
> Der Mann war wie vor den Kopf geschlagen: Er wollte für Gott und Seine Kirche arbeiten und jetzt hinderte ihn daran ausge-

rechnet ein Mann der Kirche! Ermutigung, nicht Widerstand hatte er sich erwartet! Aber da war sein Versprechen und so sagte er: „Also gut, ich werde es so halten!“
Vor dem nächsten Termin fragte er also seine Frau um ihr Einverständnis – etwas bedrückt, weil er schon ahnte, wie die Antwort ausfallen würde. Und wirklich, seine Frau sagte kurz und bündig nein.
Dieses Nein wiederholte sich einige Male bis zu dem Tag, an dem ihm seine Frau eine Gegenfrage stellte: „Was machst Du eigentlich dort?“ Daraus entwickelte sich ein Gespräch über die Sinnhaftigkeit seines Tuns.
Die Zeit verging, seine Frau sagte manchmal nein, aber immer öfter auch ja, und so wurde der Einsatz des Mannes zum Anliegen beider. Unmerklich löste sich die Ehekrise in Wohlgefallen auf. Einige Jahre später konvertierte die Frau sogar zum Katholizismus.

Heute sind sie ein glückliches Ehepaar. Was aber wäre geworden, wenn dieses Problem nicht gelöst worden wäre? Vielleicht hätten manche mit der Achsel gezuckt und gesagt: „Sie haben nicht zusammengepasst!“ Aber in Wirklichkeit hatten sie nur versäumt, ehelich nicht nur das Bett, sondern auch ehelich den Sinn des Lebens zu teilen, ehelich auf den Ruf Gottes zu hören, ehelich gemeinsam zu tun, worauf es ankommt. Als sie wieder begannen ehelich zu leben, war die Ehe gerettet, Gott und seinem klugen Diener sei Dank!
Jede Ehe und auch jede Krise ist anders und dennoch gibt es das Wesen der Ehe, das immer gleich bleibt, und auch typische Krisen-Elemente. Aber das gilt auch für deren Lösung: Gebet, Beichte, Gespräch, Beratung, äußere Veränderungen ...

# XV.

# Unglücklich verheiratet – Kreuz und Sünde in der Ehe

So schön die erfüllte Liebe sein kann, man darf nicht verschweigen: Die Ehe kann auch Leiden bedeuten und zur Qual werden.

## 1. Äußere Leiden - Prüfsteine der Liebe

Quelle von Leiden in einer Ehe können äußere Gründe sein wie Kinderlosigkeit, Krankheit und Armut. Und doch, worin die Belastung auch besteht, Liebende werden von einem Unglück reden, das „uns getroffen hat", und niemals sagen, sie seien „unglücklich verheiratet". Dennoch können solche an sich „äußere" Probleme die Liebe belasten und auf die Probe stellen. Ähnlich wie in dem Gleichnis Jesu vom Weizenkorn, dessen Trieb, auf steinigem Boden nur schlecht verwurzelt, der Tageshitze nicht standhält und verdorrt, zeigt sich dann, wie tief die Liebe wirklich ist:

- Der Mann erkrankt an Kinderlähmung und ist für den Rest seines Lebens behindert – wird seine Frau bei ihm bleiben?
- Die Frau gebiert ein behindertes Kind, weil sie sich weigert es „rechtzeitig" abtreiben zu lassen – wird sie der Mann verlassen, weil das nicht „ausgemacht" war?

## 2. Erkrankung der Liebe

Aber es gibt auch die innere Erkrankung der Liebe und man kennt die Symptome: Man versteht sich nicht mehr, ständig sucht man das Haar in der Suppe in dem, was der andere sagt, und zwingt ihn fortwährend sich zu verteidigen, gerade auch in dem Bereich, der seine oder ihre ureigenste Domäne ist – und demütigt ihn so, auch Außenstehenden gegenüber. Keiner kann es dem anderen mehr recht machen, der eheliche Verkehr hört auf oder ist wirklich nur noch „Pflicht“. Man geht allein aus und getrennte Freundeskreise entstehen, irgendwann tauchen vielleicht „Freunde“ auf, die sich mehr und mehr als neue Partner entpuppen.

Auch eine ursprünglich große Liebe kann auf diese Weise verkümmern, einseitig-schmerzend weiterexistieren, sie kann absterben, sich in ein gleichgültiges Nebeneinander verwandeln oder in einen quälenden Machtkampf übergehen [68].

Was soll der Christ, der „unglücklich“ verheiratet ist, tun? Was kann man ihm raten? Überraschenderweise ist es die erste und wichtigste Aufgabe, zwei Urformen des „unglücklich verheiratet“ zu unterscheiden, und dies möchte ich an Hand einer Fallgeschichte tun.

## 3. Geschichte zweier Menschen, die „unglücklich verheiratet“ sind

Freunde aus dem Ausland erzählten mir folgende Geschichte von einem Mann, der „unglücklich verheiratet“ ist. Sein „Unglück“ lässt sich folgendermaßen beschreiben: Er ist

- unglücklich über das, was er die „Grenzen“ seiner Frau nennt, und er sagt ihr das auch immer wieder, oft gerade dann, wenn es ihr ohnehin schon schlecht geht wie beim Tod ihrer Mutter oder der schweren Erkrankung eines der Kinder.
- unglücklich über den fehlenden Besserungswillen seiner Frau. Da er selbst ein gläubiger Mann ist, meint er, seine Frau befände sich keineswegs auf dem Weg der Heiligung. Bei Gelegenheit sagt er ihr daher unverblümt ins Gesicht, mit ihrem Verhalten gefährde sie ihr ewiges Heil.
- unglücklich, weil sie nach seiner Meinung lernen sollte „sich hinzugeben“ und „anderen zu dienen“. Aber mit den „anderen“ meint er eigentlich vor allem sich selbst! Beruflich verreist er häufiger als nötig und ist auch wegen seiner Hobbys oft und lange außer Haus.

- unglücklich, weil sie ihm „nur“ vier Kinder geboren hat, er aber mehr Kinder wollte, obwohl für sie jede Schwangerschaft mit vielen Schmerzen verbunden war.
- unglücklich, wenn seine Frau meint, am Ende ihrer Kräfte zu sein. Dann pflegt er sie zu ermahnen: Sie solle nicht jammern. Im übrigen verweist er sie auf ihre „Pflichten“, und meint, ihre Leiden seien teils eingebildet, teils eigene Schuld.
- unglücklich, weil sie „zu empfindlich“ reagiere, wenn er sie anschreit und sie vor den Kindern und auch Außenstehenden heruntermacht.
  Für „überempfindlich“ hält er sie auch, weil sie seine Witze manchmal nicht für komisch, sondern für verletzend und taktlos hält.
- unglücklich, wenn seine Frau mit ihm über Probleme der Kinder-Erziehung reden möchte. Er ist nämlich der Ansicht, sie solle lieber ihre eigenen Fehler bekämpfen.
- unglücklich, weil sie – ohnehin nur in nicht allzu wichtigen Fragen – manchmal Entscheidungen trifft ohne ihn zu fragen. Dann fühlt er sich berechtigt sie vor den Kindern mit massiven Vorwürfen zur Rede zu stellen: „Warum bin ich nicht gefragt worden? Bist Du verrückt?“ Dass er allein entscheiden kann, versteht sich von selbst. Schließlich hält er sich für den Herrn des Hauses, die Legitimation dafür leitet er aus der Bibel ab.
- unglücklich, wenn ihn seine Frau um einen Dienst bittet. Es bedarf dabei, wenn überhaupt möglich, so großer Mühe ihn zu überzeugen, dass die Frau es meistens vorzieht, die Dinge selber zu machen oder andere Leute zu bitten – es geht schneller und ist weniger anstrengend.
- unglücklich, weil sie manchmal auch sein Zimmer in Ordnung bringen wollte. Dann schreit er sie an: „Was fällt dir ein, wo hast du alles hingetan?“
- unglücklich, weil die Frau ein gutes Gedächtnis hat und ihm nicht immer einfach Recht gibt, wenn er die Ereignisse in einem für ihn allzu günstigen Licht darzustellen sucht.

So also kann er ja nur unglücklich sein in seiner Ehe und natürlich stimmt es ihn wehmütig, bei anderen Menschen gute Eigenschaften zu entdecken, die seiner Frau so offenkundig fehlen. Lobt aber jemand seine Frau, schaut er schweigend und etwas betreten weg – in welch hohem Maß ist er doch „unglücklich verheiratet"! Die Frau hat sich von ihrem Mann innerlich schon lange distanziert. „Um zu überleben", sagt sie. Wozu sie, abgesehen von den Kindern, da ist und noch da sein soll, weiß sie nicht mehr recht. Vieles, was sie tut, tut sie aus „innerer Verzweiflung", und manchmal zweifelt sie an sich selbst. Auch sie ist wie er ein gläubiger Mensch, und ihr Glaube gibt ihr die Kraft, dunkle Versuchungen von sich zu weisen: wegzulaufen oder sogar Hand an sich zu legen ... Aber bis jetzt hat sie Mann und Kinder nicht verlassen. Angesichts seiner, peinlicherweise, religiös motivierten Vorwürfe schrieb sie an eine Freundin: „Nicht mein Mann, sondern Gott ist mein Richter! ER wird mir in Seiner grenzenlosen Barmherzigkeit alle meine Fehler verzeihen und Er wird mir die Liebe, die mein Mann nicht wahrhaben will, anrechnen und mich in seiner Liebe aufnehmen." Beide Menschen sind unglücklich, keine Frage, aber welch ein Unterschied in der Qualität dieses „Unglücklich-Seins"!

## 4. „Kreuze", die man nicht tragen darf und die bei Bekehrung verschwinden

Für den Mann in der Geschichte gilt: Sein Vorbild dürfen nicht jene Heilige sein, die „unglücklich verheiratet" waren, insofern sie rücksichtslose, brutale, untreue Ehepartner hatten! Sich an sie zu halten wäre geradezu die weitere Verstrickung in die Selbsttäuschung. Er sollte sich vielmehr sagen lassen: „Vom Unglück ab zieh erst die Schuld, was übrig bleibt, trag in Geduld!"

Mit anderen Worten: Es gibt eingebildete „Kreuze", die „tragen zu wollen" ein Greuel in den Augen Gottes ist. Diese Leiden, die „Kreuz" zu nennen schon eine Art Blasphemie darstellt, sind ja nichts anderes als die Kehrseite der eigenen Sünde und ihrer soll man sich so schnell als möglich entledigen. Diese Befreiung will Gott und

darin besteht die Heiligkeit und diese ist nichts anderes als das Zurück zur Liebe, die glücklich macht.
Die Behauptung „unglücklich verheiratet“ zu sein ist in diesem Fall so falsch, wie wenn ein Geiziger sich selbst bemitleidet, weil er zu wenig Geld hat, oder, in der Welt des Glaubens, wenn jemand, der sich in die Nachfolge Christi gestellt hat, meint, er sei zu bedauern, weil er um die Freuden des Lebens gekommen sei.
Wie bei allen Sünden, neigt der Mensch auch bei den Sünden gegen die eheliche Liebe zur Verdrängung und diese Blindheit macht es so schwer ihn von seinem Unglücklich-Sein zu befreien. Besonders schlimm sind diese sündhaften „Leiden“ bei bewusst gläubigen Menschen, und zwar aus verständlichen Gründen: Das ihnen selbstverständliche Bekenntnis zur Ehe verleitet sie zur Annahme, ihr Leben sei in Ordnung, nur leider habe Gott ihr eheliches Unglück zugelassen und jetzt gelte es eben, „ihr Kreuz zu tragen“ – statt zu sehen, dass ihre Fehlhaltungen die Ursache ihres Leidens sind und nicht eine Fügung Gottes oder die Fehler des anderen!
Wie viele „unglückliche Ehen“ gibt es, die nicht nur nicht unglücklich, sondern sogar ausgesprochen glücklich sein könnten, wenn solche Bekehrung zur Liebe nur stattfände!

## 5. Nathan oder die Heilung eines Blinden

Man erinnere sich an die Geschichte des König David: Um die Frau des Urija zu bekommen, hatte der König für dessen Tod gesorgt. Der Plan war gelungen, die Frau beim König, und alles schien in Ordnung zu sein. David konnte es sich erlauben, so schien ihm jedenfalls, die Sache zu vergessen. Eines Tages aber taucht der Prophet Nathan vor ihm auf. Er klagt den König nicht an, sondern erzählt ihm die Geschichte eines reichen Mannes, der einem Armen das einzige Schaf einfach wegnimmt um einem Gast ein gutes und zugleich kostenloses Mahl anbieten zu können. Der König ist empört und verlangt gebieterisch ihm den Namen des Übeltäters zu nennen um ihn bestrafen zu können. Darauf sagt der Prophet: „Du bist dieser Mann!“

So schlimm seine Tat auch war, David hatte die Größe, seine Schuld einzusehen, sie zu bereuen und Buße zu tun.
Was hat diese Geschichte mit schuldhaft unglücklichen Ehen zu tun? Sehr viel, weil jeder Mensch um seinen persönlichen Nathan beten sollte, der ihm in allen seinen Blindheiten die Augen für das selbstgemachte, Gott verhasste Leid öffnet.

## 6. Das Kreuz in der Ehe

Auch eine unglückliche Ehe kann der Weg zur Heiligkeit sein, und Heilige wie Catarina von Genua oder Monika, die Mutter des berühmten Augustinus, auf seine Weise auch der Prophet Hosea und unzählige andere Lebensgeschichten beweisen es.
Zur Liebe gehören zwei, und wenn sich einer verweigert, ist der andere machtlos, ausgeliefert den Launen, den Brutalitäten, den Demütigungen durch den Partner, wie das zum Beispiel S. Spielberg in seinem berührenden Film „Die Farbe Lila" dargestellt hat.
Für solches Leiden gilt, was für jedes Leiden zu sagen ist: Der Christ soll sich bemühen, die Situation zu ändern, gleichzeitig aber soll er es als Kreuz annehmen und tragen in der Nachfolge Christi. Auch wenn er an einer zerbrochenen und verlorenen Liebe leidet, weiß er, dass alle Leiden dieser Erde und darum auch dieses Leid nichts ist im Vergleich zur verheißenen Herrlichkeit. Für diesen Kreuzweg gibt es Beispiele großer Heiliger und sie sind es, die den Weg zeigen.

## 7. Scheidung und allein Weiterleben

Scheidung ist alles andere als eine Kleinigkeit. In einem ergreifenden Gedicht stellt eine Frau den Abgrund dar, in die sie durch das Zugrundegehen ihrer Liebe gestürzt worden ist:

> „Er war mein Nord, mein Süd, mein West und mein Ost,
> meine Arbeitswoche und meine Sonntagsruhe,

mein Mittag, meine Mitternacht, mein Wort, mein Gesang.
Die Sterne sind jetzt nutzlos: löscht sie alle aus! Packt den Mond ein und montiert die Sonne ab.
Trocknet den Ozean aus und fegt die Wälder hinweg,
weil nichts nun mehr Früchte bringen kann."[69]

Solche Wunden heilen, wenn überhaupt, nur langsam und jeder Mensch versucht auf seine Weise den Schmerz zu lindern. Aber auch in dieser Lage ist ein großer Unterschied zwischen ungläubigen und gläubigen Menschen. Der Grund ist der: Der Ungläubige hat eigentlich nur die Wahl zwischen Vereinsamung und dem Versuch eine neue, bessere Beziehung aufzubauen. Der Gläubige hingegen weiß immer schon, dass der eigentliche Sinn seines Lebens Christus ist und ihm vor, während und nach der Ehe die erste und tiefste Liebe gebührt. So schmerzlich die Trennung auch für den Gläubigen ist: in dem gleichen Geist, der den freiwillig zölibatär lebenden Christen erfüllt, findet auch der geschiedene Christ wirklichen Trost, Friede und Freude für sein neues Leben.

# XVI.

# Partnersuche und Sich-Finden

Niemand kann sagen, wie viele wunderbare Geschichten von der Liebe in Literatur und Film schon erzählt wurden. Jeder weiß auch um seine eigenen Erlebnisse und die Liebesgeschichten im Kreis der Familie oder der Freunde. Daneben gibt es aber auch die andere Seite, nämlich die Sehnsucht den „Richtigen" oder die „Passende" zu finden, die sich manchmal erfüllt, manchmal aber auch nicht. Den „richtigen" Partner zu finden ist ein Geschenk. Jeder, der einmal wirklich geliebt hat, weiß, wie sehr man die Liebe des anderen als unverdient erlebt. Und doch, auch wenn man die Liebe weder erzwingen noch sich kaufen kann, man kann etwas dafür tun. Aber gerade dabei ist es wichtig, auch diese so menschliche Sehnsucht in das Licht des Glaubens zu stellen und sie Gott anzuvertrauen. Einige Geschichten, alle aus dem Leben gegriffen, machen anschaulich, was damit gemeint ist.

### 1. Die Eingebung von oben: „Emilie!"

Ein lieber, um vieles älterer ungarischer Freund erzählte mir die folgende Geschichte aus seinem Leben:

> „Ich war 28 Jahre alt, studierte und arbeitete als Redakteur in Fragen des kirchlichen Lebens. An Mädchen dachte ich nicht und hielt sie mir vom Leib, weil ich mich mit dem Gedanken trug, Priester zu werden oder in ein Kloster zu gehen. Eines Tages aber, es war im Mai, hatte ich allerdings ein eigenartiges Erlebnis: Ich saß beim Frühstück und las Zeitung. Dabei stieß ich auf die Ankündigung eines Vortrags von Emilie S., der Präsidentin der Landesorganisation der Katholischen Frauen. Da hörte ich eine ‚innere Stimme': ‚Geh zu diesem Vortrag, dieses Mädchen wird deine Frau'. Ich wusste kaum etwas von ihr, auch nicht,

wie sie aussah. Meine Gedanken überschlugen sich: Wie konnte ich mich für den Vortrag freimachen? Ich beeilte mich fortzukommen. Auf die erstaunte Frage meiner Mutter, warum ich es so eilig hätte, sagte ich nur: Ich hatte einen ‚Anruf', ich muss früher in die Redaktion. Aufgeregt und unsicher, wie ich war, bat ich einen Freund, mit mir zu dem Vortrag zu gehen, sagte ihm aber nicht den eigentlichen Grund. Im Vortragssaal waren – andere Zeiten! – fast nur Frauen und Mädchen. Am Podium saß in der Mitte der Bischof – den kannte ich –, aber sonst nur Frauen, die ich nicht kannte, links und rechts. Ich fragte meine Nachbarin und so erfuhr ich, welches Mädchen am Podium „meine" Emilie war. Meinem Freund flüsterte ich zu: „Die dort ganz links wird meine Frau!" Aber dieser schaute mich nur verständnislos an und raunte mir zu, ich solle doch ruhig sein und nicht durch witzige Bemerkungen peinliches Aufsehen erregen. In den Tagen danach zog ich Erkundigungen über sie ein, genau genommen nur eine einzige: ob ihr Herz frei sei? Ja, so sagte man mir, nach allem, was man wisse, wäre sie noch nicht gebunden."

Er schwieg und ich fragte ihn: „Und?" Er lächelte nur und sagte: „Alles andere war einfach: Ich erkundete eine Gelegenheit, lernte sie kennen, heiratete sie, und 51 Jahre lang lebten wir sehr glücklich miteinander."
Vielleicht ist diese außerordentliche Berufung zur Ehe – „so" geht es doch sonst immer nur bei Klosterberufungen in Heiligen-Biographien zu! – wirklich ein „Zeichen der Zeit". P. Laurentius Hora OSB, ein großer österreichischer Jugendseelsorger der 50-er Jahre, pflegte in seinen Vorträgen für Jugendliche zu sagen: „Hoch gelobt und gepriesen sei das heilige Sakrament der Ehe!"

## 2. Eine ganz gewöhnliche, außerordentliche Liebe

Die eben erzählte Geschichte habe ich schon einmal veröffentlicht und daraufhin erhielt ich folgenden Brief:

„Ihre Geschichte hat mich zutiefst berührt, weil ich beinahe eine gleiche Liebe erlebt habe. Auch ich habe in einer Vorlesung ein Mädchen gesehen, das durch sein ganzes Wesen den Eindruck der vollendeten Güte auf mich machte und den Wunsch aufkeimen ließ: Die müsste doch deine Frau werden. Sie entschwand und erst nach Jahren trafen wir einander in einem Seminar für Leutnant-Anwärter, wieder hatte ich das gleiche Erlebnis und ich wusste wie vom Blitz getroffen: Diese Frau ist dein Schicksal. Wir wurden Freunde, wurden wieder getrennt, sie wurde in die tiefste Provinz versetzt, ich musste einrücken. Wir wechselten viele Briefe, und als ich aus der Gefangenschaft heimkehrte, schrieben wir 1946. Endlich konnten wir heiraten. Wir zogen zwei Kinder auf, von denen eines mit 17 Jahren starb. Fast 50 Jahre lebten wir ohne Streit und ohne ein böses Wort miteinander, bis meine Frau vor einigen Jahren starb, bis zuletzt in Liebe mit mir verbunden.
Warum ich Ihnen diese Geschichte erzähle? Nicht um Material für einen weiteren Artikel zu liefern und nicht um zu zeigen, dass in den langen Jahren einer guten Ehe die gegenseitige Liebe nicht abstirbt, sodass es mir heute noch ist, als hätte man mir das Herz aus der Brust gerissen, als der Sarg hinunterschwankte; aber ich wollte zeigen, dass es auch in dem angeblich so gottlosen Österreich noch viel Liebe gibt."

### 3. Heiligkeit durch die Ehe

Eine andere bemerkenswerte Geschichte erzählt Johannes Paul II.: „Niemals werde ich", erzählt der Papst, „den jungen Mann vergessen, der am Polytechnikum in Krakau studierte und von dem alle wussten, dass er heilig werden wollte. Das Streben nach Heiligkeit war sein Lebensplan. Er wusste, dass er, um mit den Worten des hl. Stanislaus Kostka zu sprechen, zu ‚Größerem geschaffen war'. Gleichzeitig war er jedoch überzeugt weder zum Priesteramt noch zum Ordensleben berufen zu sein. Er wusste, dass er Laie bleiben sollte. Er war begeistert von seiner Arbeit, vom Studium der Ingenieurswissenschaften. Er suchte eine Lebensgefährtin, er suchte sie auf den Knien im Gebet. Niemals werde ich das Gespräch vergessen in dem er mir nach einem ganz besonderen Tag der Zurückgezogenheit sagte: ‚Ich denke, dass dieses Mädchen meine Frau werden sollte, und dass Gott sie mir gibt'. Gerade so, als folgte er nicht nur seinem eigenen Geschmack, sondern zuallererst der Stimme Gottes. Er wusste, dass alles Gute von ihm kommt, und er traf eine gute Wahl." Der Papst erwähnt dann noch den Tod dieses Mannes und fügt hinzu: „Sein Seligsprechungsprozeß ist bereits eingeleitet worden."

## 4. Die erbetete Ehe

Im kleinen Kreis guter Freunde kam die Rede auf die Art und Weise, wie sich die Ehepaare gefunden hatten. Da erzählte die Gastgeberin die folgende Geschichte:

> „Ich war unglücklich, weil ich nicht wusste, was aus mir werden sollte. Manchmal dachte ich ans Kloster, aber immer, wenn ich daran dachte, musste ich weinen. Aber Mann war auch keiner da, und so sagte ich zu Gott: ‚Schau, so kann ich nicht weiterleben. Du musst mir helfen!', und begann eine Novene. Was soll ich Euch sagen", fuhr die Frau fort und schaute lächelnd in die Runde, „am 9. Tag der Novene fragte mich mein jetziger Mann, ob ich seine Frau werden wolle!"

## 5. Eine Ehe aus dem Lichtkreis von Fatima

Wieder eine andere Geschichte erzählt Sr. Lucia in ihren Erinnerungen: Ein junger Mann bat ihre Mutter um die Erlaubnis, mit der kleinen Lucia zum Ort der Erscheinung gehen zu dürfen. „Als wir ankamen, kniete er nieder und bat mich einen Rosenkranz mit ihm zu beten und die Heiligste Jungfrau um eine Gnade zu bitten, die er ersehnte: dass ein gewisses Mädchen einwilligen möge mit ihm das Sakrament der Ehe zu empfangen."[70] Leider erzählt Lucia keine sonstigen Einzelheiten. Fest steht nur, die Bitte wurde erhört, das ersehnte Mädchen sagte ja und die beiden wurden Mann und Frau. Was ist die „Moral" aus diesen Geschichten? Sie alle bezeugen auf ihre Weise, dass die Vorsehung Gottes selbstverständlich diese unsere tiefste irdische Sehnsucht nicht übergeht. Wie der Mensch ums tägliche Brot betet, so sollte daher jeder, der sich zur Ehe berufen glaubt, täglich beten um und für den Ehepartner, den Gott ihm in seiner Liebe geben möchte.

# XVII.

# Ehe – Weg zur Heiligkeit

## 1. Heilige Eheleute – ein vernachlässigtes Stück Kirchengeschichte

Im Messbuch gab und gibt es bei den Heiligen immer noch die Kategorie der heiligen Bischöfe, der heiligen Bekenner, der heiligen Jungfrauen, der heiligen Ordensleute, der Märtyrer – heilige Eheleute sucht man vergebens. Der Papst empfindet das als Mangel und wünscht, man möge ihm verheiratete Menschen nennen, die er heilig sprechen könnte. Es passt ins Bild, dass der Papst auch die hl. Birgitta zu einer Patronin Europas machte, und zwar gerade aus diesem Grund: Man darf nicht vergessen, schreibt der Papst, „dass sie in der ersten Lebenshälfte dem Laienstand angehörte und mit einem frommen Christen glücklich verheiratet war, von dem sie acht Kinder hatte. Wenn ich auf sie als Mitpatronin Europas hinweise, möchte ich damit bewirken, dass sich ihr nicht nur diejenigen nahe fühlen, die die Berufung zu einem besonderen geistlichen Stand empfangen haben, sondern auch jene, die als Laien ihren gewöhnlichen Tätigkeiten in der Welt nachgehen und denen vor allem die hohe und verpflichtende Berufung zukommt eine christliche Familie zu bilden. Ohne sich vom Wohlstandleben ihrer Klasse beirren zu lassen lebte Birgitta mit ihrem Gemahl Ulf die Erfahrung eines Ehepaares, bei dem sich die eheliche Liebe mit intensivem Gebet, Studium der heiligen Schrift, Abtötung und Nächstenliebe verband.“[71] Nicht unähnlich zum Leben der hl. Birgitta war dasjenige der hl. Johanna von Chantal: auch bei ihr haben die Biographen immer erst ihr Leben nach dem Tod ihres Mannes als „heilig“ eingestuft. Naheliegend zu prüfen, ob wir nicht auch in der Geschichte viele verheiratete Heilige hatten, die wir, unbeschadet künftiger Heiligsprechungen, nur neu entdecken müssen. In der Tat, es gibt viele solche Heilige, wie das Buch von F. Holböck über „Heilige Eheleute“ beweist. Allerdings, die Freude darüber ist nicht ungetrübt. Denn

diese heiligen Eheleute wurden, wenn man den Zeugen glaubt, fast immer erst heilig, als sie verwitwet waren (wie Johanna von Chantal) oder als Martyrer starben (wie Thomas Morus). Andere wurden heilig, indem sie das Kreuz ihrer unvorstellbar unglücklichen Ehe heroisch trugen, und ihre Heiligkeit bestand eben in diesem Dulden (wie bei Catarina von Genua). Wieder andere waren zwar nach außen hin verheiratet, lebten aber in Wirklichkeit keusch in einer „Josefs-Ehe", mehr oder weniger ausgeprägt wie Mönche oder Nonnen. Darüber hinaus gibt es noch die wunderbare, aber doch auch sehr eigenartige Berufung des Nikolaus von der Flüe, der seine geliebte Frau samt den ebenso geliebten Kinder verließ um auf den Ruf Gottes hin als Einsiedler zu leben.
Mit einem Wort, die „heiligen Eheleute" entpuppen sich in ihrer überwältigenden Mehrheit als Nicht-Eheleute: die einen sind unglücklich in der Ehe, andere leben nicht Ehe, sondern Kloster, wieder andere haben ihre Ehe schon hinter sich, werden heilig als Märtyrer oder verlassen ihre Ehe aufgrund eines seltsamen Charismas. Es ist sicher nicht ungerecht zu sagen: Weil die Ehe trotz ihrer Sakramentalität in den Reihen der Christen nicht so hoch angesehen war, wie es ihr objektiv gebührt, und man nicht gelernt hatte, „die menschliche Liebe zu lieben" (Johannes Paul II.), hat man viele heilige Eheleute einfach nicht wahrgenommen.
Einer der Gründe ist sicher die falsch verstandene Rede vom „Vorrang der Christus geweihten Jungfräulichkeit", von der auch die Väter des Zweiten Vatikanischen Konzils ohne Scheu gesprochen haben [72]. Man hätte aber weiterfragen sollen: „Vorrang" in welcher Hinsicht? Gedeutet wurde dieser „Vorrang" wohl oft in folgender Weise: In den Himmel kommen kann jeder Christ; um aber heilig zu werden, sollte man ins Kloster gehen, und den Unterschied zwischen Mönch und Laie dachte man sich in etwa wie heute im Sport denjenigen zwischen Profi und Amateur.
Dabei hätte man sich nur an das kluge Augustinus-Wort erinnern müssen, der gesagt hat: Die Jungfräulichkeit steht höher als die Ehe, aber ich Zölibatärer bin nicht größer als der verheiratete Abraham! Augustinus will sagen: Abraham ist durch seine Heiligkeit im Glauben „größer" als ich Augustinus, obwohl es wahr ist, dass Ehelosigkeit um des Himmelreiches willen einen bestimmten Vorrang hat.

Aber welchen „Vorrang“ hat die Ehelosigkeit? Sie hat einen mehrfachen „Vorrang“:

- Sie macht sinnenfällig, dass für den Christen die Verbindung mit Christus „Vorrang“ hat vor allen anderen irdischen Bindungen.
- Sie ist die Lebensform jener Menschen, die schon jetzt „ganz“ und „ungeteilt“ für Christus leben wollen – in einer psychologischen „Ganzheit“, die „so“ dem verheirateten Christen nicht möglich ist.
- Sie schafft die Möglichkeit, für das Reich Gottes verfügbar zu sein, wie es dem Verheirateten verwehrt sein muss.

So wahr das alles ist, es bedarf der ergänzenden Wahrheit von dem Vorrang der Ehe gegenüber der Ehelosigkeit:

- Die Ehe ist ein Zeichen und Bild der Liebe zwischen Christus und Seiner Kirche [73]. Eine gute Ehe zu betrachten, hilft also die Kirche zu verstehen.
- Die Ehe ist eine Verstehenshilfe für jede spirituelle Unterweisung. Denn wenn die Beziehung des Menschen zu Gott, wie alle Mystiker sagen, „bräutlicher“ Natur ist, dann ist Spiritualität welcher Prägung immer nichts anderes als Anleitung zur „bräutlichen Liebe“. Bei Theresia von Lisieux gibt es denn auch eine geradezu kindliche, aber treffende Szene, die das Gemeinte verdeutlicht: Sie erlebt, selbst schon im Kloster, die junge Liebe einer Verwandten zu ihrem Bräutigam. Tief beeindruckt schreibt sie in ihr Tagebuch: Jetzt weiß ich, wie ich Jesus lieben muss!
- Die eheliche Heiligkeit lässt nicht so leicht Selbsttäuschungen zu wie das Ordensleben. Auch bildet sich der Mensch weniger leicht auf seine ehelichen Tugenden etwas ein als einer, der Ordens-Gelübde lebt und vielleicht in Gefahr ist zu meinen, dadurch sei er sozusagen von selbst ein „besserer Christ“.

Hierher passt eine Geschichte aus dem Leben der – bis zur Bekehrung ihres Mannes unglücklich verheirateten – Catarina von Genua:

> Ein Dominikaner rühmte sich ihr gegenüber seiner größeren Vollkommenheit, die er mit seinem Stand begründete: Immerhin war er doch ein Mönch! „Aber nachdem er viel und lang gesprochen hatte," erzählt der Text weiter, „konnte Katharina, von einer glühenden Flamme reiner Liebe erfasst, ihn nicht mehr anhören. Sie sprang mit solcher Heftigkeit auf, dass sie wie von Sinnen schien, und sagte: ‚Wenn ich glaubte, dass euer Gewand die Macht hätte, würde ich es Euch, wenn ich es sonst nicht bekommen könnte, ohne Bedenken mit Gewalt vom Leibe reißen. Mag sein, dass Ihr ein verdienstlicheres Leben führt als ich. Darauf kommt es mir nicht an. Aber dass ich Ihn nicht so sehr lieben könnte als Ihr, werdet Ihr mir auf keine Weise beibringen.' Und dies sagte sie mit soviel Nachdruck und Begeisterung, dass ihr Haar sich löste und über die Schultern niederfiel. Sie war gewaltig und wie außer sich in ihrer Hingerissenheit und doch ganz Anmut und Würde: ‚Durch nichts kann Liebe gehemmt werden, und wenn sie durch irgend etwas gehemmt wird, ist sie nicht reine und klare Gottesliebe'. Nach Hause zurückgekehrt und allein mit ihrem Herrn, rief sie aus: ‚O Liebe, wer soll mich hindern dich zu lieben? Wäre ich nicht nur verheiratet, sondern lebte ich in einem Soldatenlager, ich könnte in meiner Liebe nicht gestört werden. Wenn Welt oder Gatte die Liebe hindern könnten, was wäre dann die Liebe?'" [74]

Auf jeden Fall folgt aus dem „Vorrang" der Ehelosigkeit nicht, dass die Heiligkeit, zu der Eheleute berufen sind, „kleiner" ist und „billiger zu haben" wäre als die der ehelos lebenden Christen. Vielmehr muss man sagen: Die Jungfräulichkeit hat einen Vorrang gegenüber der Ehe und die Ehe gegenüber der Jungfräulichkeit. Beide stehen nicht in Konkurrenz, sondern gehören zusammen

Sicher wird die Kirche in den nächsten Jahrzehnten immer mehr heilige Eheleute entdecken und dem Volk Gottes als Vorbilder vor Augen stellen. Einer dieser künftigen Heiligen könnte Karl von Habsburg, der letzte Kaiser und König Österreich-Ungarns sein. Die Beschreibungen seines Lebens, insbesondere die Zeit seines Todeskampfes, zeigen in ergreifender Weise, wie zärtlich er seine Frau geliebt hat und wie glücklich seine Ehe war. Unmittelbar vor seinem Tod sagte er noch zur Kaiserin: „Ich liebe dich unendlich!" Dann versuchte er noch zu beten, aber die Kaiserin flehte ihn an, seine Kräfte zu schonen: „Bitte nicht beten. Der Heiland ist hier und hält dich in seinen Armen. Überlass dich ganz Ihm." „Ja", flüsterte er, „in den Armen des Heilands. Und ich mit Dir, Du und ich und die lieben Kinder..." Die allerletzten Worte des Sterbenden werden so überliefert: „Jesus komm! Mein Jesus, wie du willst... Jesus!" Auch hier: die tiefe Einheit der Liebe zu Jesus und der Liebe zu seiner Frau.

## 2. Die verschiedenen Wege der Heiligkeit

Mit Nachdruck lehrt das Zweite Vatikanische Konzil [75]: Jeder Mensch muss sich „nach seinen eigenen Gaben und Gnaden" auf den Weg der Heiligkeit, auf den Weg der vollkommenen Liebe machen.
Für die Eheleute wiederholt der Text: Sie müssen ihren „eigenen Weg" (*propriam viam*) gehen! Das heißt: Sie sollen nicht versuchen, kleine und halbe Mönche oder Nonnen zu sein, sondern sie sollen sein, was sie sind: Eheleute, die „in treuer Liebe das ganze Leben hindurch einander in der Gnade Halt und Stütze sind und die von Gott gerne empfangenen Kinder mit den christlichen Lehren und den Tugenden des Evangeliums erfüllen" [76].
Können sie von Ordenschristen lernen? Sicher, so wie ja auch Ordenschristen von den verheirateten Christen lernen können, vor allem durch den Blick auf das Charisma des jeweils anderen. Vom anderen etwas lernen ist eine Sache, und zwar eine gute, den Weg des anderen aber gehen zu wollen, obwohl er nicht der eigene ist, eine andere, und zwar eine schlechte!
Ganz so neu ist diese Lehre freilich nicht und man darf getrost hinzufügen: Gott sei Dank! In einer klassischen Weise hat das schon der heilige Franz von Sales, ein französischer Bischof des 16. Jahrhunderts – also längst vor dem in diesem Punkt so genial-hellsichtigen Gründer des „Opus Dei" Escrica de Belaguer – gewusst und gelehrt:
„Die Frömmigkeit", heißt es am Anfang seiner berühmten „Phi-

lothea“, „muss anders geübt werden vom Adeligen, anders vom Handwerker, Knecht oder Fürsten, anders von der Witwe, dem Mädchen, der Verheirateten. Mehr noch: Die Übung der Frömmigkeit muss auch noch der Kraft, der Beschäftigung und den Pflichten eines jeden angepasst sein.“ Der Heilige erläutert: „Wäre es denn in Ordnung, wenn ein Bischof einsam leben wollte wie ein Kartäuser? Oder wenn Verheiratete sich so wenig um Geld kümmerten wie die Kapuziner? Kann ein Handwerker den ganzen Tag in der Kirche verbringen, wie die Mönche es tun? Dürfen andererseits Mönche aus beschaulichen Orden jedermann zur Verfügung stehen, wie es der Bischof muss?“ Die Fragen stellen, heißt, die Antwort wissen: „Eine solche Frömmigkeit wäre doch lächerlich, ungeordnet, ja unerträglich.“[77]

Daraus folgt: Eheleute sollen nach Heiligkeit streben, aber in ihrer Ehe, und dabei ist es kein Hindernis, wenn es eine glückliche Ehe ist! Niemand wird leugnen wollen, dass das Kreuz einer unglücklichen Ehe der Weg zur Heiligkeit sein kann und soll. Aber falsch wäre es zu schließen, die erfüllte, beglückende eheliche Liebe wäre ein Hindernis!

Dazu gibt es eine wunderbare – hier ist dieses Wort „wunderbar“ wirklich angemessen! – Antwort des heiligen Thomas von Aquin. Er stellt nämlich einmal die Frage, ob die Ehe wirklich ein Sakrament ist, und macht sich selbst den Einwand: Die Sakramente haben doch ihre Wirksamkeit aus dem Leiden Christi. Durch die Ehe werde der Mensch aber nicht zum Leiden Christi hingeführt „conformatur“, sondern sie ist ganz im Gegenteil eine Quelle der Freude „delectatio“. Thomas widerlegt dieses Bedenken: Die Ehe macht zwar nicht dem Leiden Christi ähnlich, aber sie bewirkt jene „Liebe, mit der Christus für die Kirche gelitten hat, um sie sich als Braut zu vermählen“ [78].

Da aber, wie Thomas ebenfalls im Kontext mit der Frage nach der Ehe sagt, der Wert eines menschlichen Aktes nicht davon abhängt, ob er „schwer“ ist, sondern letztlich nur von der Liebe, mit der er vollbracht wird [79], folgt: Es ist die gelebte, erfüllte, beglückende eheliche Liebe der Weg, den die verheirateten Christen als ihren spezifischen Weg zur Heiligkeit ansehen sollten. Dass diese Liebe auch das Kreuz einschließt und geradezu die Form des Kreuzes annehmen kann, ist damit nicht bestritten.

## 3. Die Gnade Christi führt die eheliche Liebe zur Vollendung

Die Liebe ist eine natürliche Gabe, sie gehört zur Schöpfung, und es gibt auch mehr oder weniger unreligiöse Menschen, die in der Ehe wirklich glücklich geworden sind. Ein schönes Beispiel dafür ist der Kabarettist Karl Farkas, der über seine Ehe sagt: „In den 44 Jahren unserer Ehe sind meine Frau und ich einander nie überdrüssig geworden. Ich möchte fast sagen, wir beide sind im Lauf der Jahre wie eine Person geworden. Das geht soweit, dass auch ich mich nicht wohl fühle, wenn meine Frau sich nicht wohl fühlt. Wir wissen voneinander immer genau, wie der andere denkt, fühlt, handelt. Daher kennen wir auch unsere Schwächen genau und können ihnen ausweichen. Aber das Schönste ist vielleicht: Wir wissen beide, dass wir in dem anderen einen Menschen gefunden haben, auf den wir uns immer 100% verlassen können."
Dennoch ist es gut, sich vor Augen zu halten: Auch eine „nur natürliche" Ehe ist ein Heilsweg. Denn im Eheversprechen liegt auf jeden Fall „eine Haltung tiefen Gehorsams vor dem Willen Gottes, die es ohne seine Gnade nicht geben könnte." Daher befinden sich, so Johannes Paul II., solche Eheleute „auf einem wirklichen Heilsweg" [80].
Ohne diese Wahrheit zu schmälern, öffnen der Glaube und das Sakrament eine neue Dimension. Es gibt einen schleichenden Irrtum bezüglich der Liebe in der Ehe: als ob der Geist des Evangeliums die ehelich-sexuelle Liebe abschwächen, langweiliger, schwieriger machen, gleichsam „einbremsen" würde!
Wer so denkt, hat nichts vom Geist der katholischen Kirche verstanden! Denn einer der großen katholischen Grundsätze lautet: Die Gnade zerstört die Natur nicht, sondern heilt und vollendet sie!
Bezogen auf die Ehe heißt das: Durch den Geist Christi wird die Liebe nicht nur nicht abgeschwächt, sondern von Elementen des

Egoismus gereinigt und sie wird schöner, kraftvoller, beglückender, auch in der sexuellen Umarmung der Liebe, was ebenfalls schon bei Thomas von Aquin nachzulesen ist [81]. Eine christliche Ehe hält besser als eine heidnische, sie ist inniger, sie bringt mehr Freude, und die „getaufte" eheliche Liebe kann sich ein Heide eigentlich gar nicht vorstellen.
Wenn die Erfahrung zeigt, dass manche „heidnische" Ehen besser und glücklicher sind als „christliche", dann ist damit die These von der glücklicheren christlichen Ehe nicht widerlegt, sondern dann zeigt das nur: Manche „christliche" Ehe ist nicht, was sie zu sein behauptet, und auch manche „heidnische" Ehe steht viel mehr unter dem Einfluss der Gnade, als man das von außen meint zu wissen. Im übrigen setzt die Gnade auch bei der Ehe die Natur voraus, so dass schon deswegen gilt: Ein letztes Urteil ist uns Menschen auch über die eheliche Liebe nicht möglich.
So bleibt es dabei: Die Ehe mit Christus ist besser als die Ehe ohne Christus, ja sie kommt nur durch Christus zu jener Vollendung, die Gott ihr zugedacht hat.
Dabei bedarf es auch der Mitwirkung des Menschen selbst. Praktisch anschaulich macht das wiederum der heilige Franz von Sales. Denn nachdem er Frau Brulart, so heißt die Dame, erklärt hat, wie sie das Gebot der Gottes- und Nächstenliebe im allgemeinen erfüllen kann und soll, fährt er fort:

> „Bei all dem aber achten Sie sorgsam darauf, dass Ihr Herr Gemahl ... nicht Anstoß daran nimmt, wenn Sie zu lange in der Kirche verweilen, sich zu lange zurückziehen und es in Sorge um Ihren Haushalt fehlen lassen... Sie sollen nicht nur fromm sein und die Frömmigkeit lieben, sondern Sie sollen sie auch jedermann liebenswert machen. Das tun Sie aber, wenn sie anderen nützlich und angehm wird. Die Kranken werden Ihre Frömmigkeit lieben, wenn sie dadurch liebevollen Trost empfangen; Ihre Familie, wenn sie erkennt, dass Sie dadurch viel mehr auf ihr Wohl bedacht sind, milder in geschäftlichen Dingen, gütiger im Tadel; Ihr Herr Gemahl, wenn er sieht, dass Sie mit wachsender Frömmigkeit umso herzlicher ihm gegenüber und zärtlicher in

der Zuneigung zu ihm sind“ [82]. Auch anderen gegenüber besteht er darauf: Wahre Frömmigkeit ist angenehm und freundlich für die Umgebung. Einer verheirateten Frau schreibt er: „Machen Sie Ihre Frömmigkeit den anderen, vor allem aber Ihrem Mann anziehend und leben Sie freudig deshalb, weil Sie diesen Lebensweg eingeschlagen haben“ [83].

Die eheliche Liebe ist ein Gott gewollter Weg der Heiligkeit, aber die Botschaft des Evangeliums relativiert sie auch: Sie gehört zur Weltzeit, die vorübergeht [84]. Das bedeutet: Sie ist nicht so wichtig, wie das Ungläubige behaupten und damit wird sie befreit von dem Erwartungsdruck, dem sie nicht standhalten kann: Auch die glücklichste Ehe braucht nicht „das ganze Glück“ eines Menschen zu sein, weil im Zentrum allen christlichen Lebens Christus steht. Sie darf sein, was sie ist: Liebe in dieser Welt, Quelle großen Glücks im irdischen Leben und damit auch ein Fenster, durch das der Mensch umrißhaft-ahnend die „Hochzeit des Lammes“ sehen und verstehen kann.

## 4. Eheliche Heiligkeit und Glück

Es mag auch heilige Ehepaare geben, die ihre Ehe durch besondere Umstände als belastend empfinden, aber sonst gilt: Heilige Ehen sind glückliche Ehen! Denn die Gnade vollendet die Natur und die Ehe ist ihrer Natur nach auf das Glück hingeordnet.
Viele Frauen und Männer in der Geschichte beweisen das, auf ihre Weise auch heilige, unverheiratete Paare wie Johanna von Chantal und Franz von Sales, allen voran aber Maria und Josef. Sie lebten zwar enthaltsam wegen der besonderen Berufung Mariens, aber sie waren in Liebe verbunden, so tief, dass Josef sogar den schlechthin unvorstellbare Sonderweg Mariens glauben und annehmen konnte, einschließlich des Verzichtes auf sexuelle Beziehungen. Anzunehmen, sie wären „unglücklich verheiratet“ gewesen, wäre abwegig. Im Gegenteil, wenn die Liebe es ist, die den Grad des Glückes bestimmt, waren Maria und Josef ein ganz und gar glückliches Ehe-

paar. Das schließt übrigens nicht aus, dass es Missverständnisse zwischen ihnen gab, die die Liebe selbst nicht trüben konnten, vergleichbar jenem Nicht-Verstehen zwischen dem 12-jährigen Jesus im Tempel und seinen Eltern.
Ehen werden im Himmel geschlossen, darum fallen so viele Eheleute aus allen Wolken, sagt J. N. Nestroy in einem seiner Lustspiele. Es ist wohl eine der besonderen Gaben Gottes an manche der Seinen, sie vor diesem „Sturz aus den Wolken" zu bewahren und sie in diesem „Vor-Himmel" der Liebe verweilen zu lassen. Die Ehelosigkeit um des Himmelreiches willen, lehrt die Kirche, ist eine Vorwegnahme des ewigen Lebens, weil die eheliche Lebensform dort überholt sein wird. Aber die Ehe ist auf ihre Weise auch eine andere solche Vorwegnahme des Himmels, und zwar wegen der Liebe: Das Leben bei Gott ist seinem Wesen nach unendliches Glück als Folge der zu ihrer Erfüllung gekommenen Liebe. Darum ist die Ehe ein zwar nur schwacher Abglanz, aber doch ein wahrer Abglanz der ewigen Seligkeit.

**5. Sehnsucht nach Heiligkeit in der Ehe**

Heiligkeit trotz sexueller Liebe in einer glücklichen Ehe? Selbstverständlich, sagt die Kirche, aber es war auch früher schon nötig, es ausdrücklich zu betonen. Vielleicht gehört es zu den wichtigen Zeichen der Zeit, dass heute, nach dem Zweiten Vatikanischen Konzil, diese Wahrheit mehr und mehr selbstverständlich wird. Das heißt: Sie berührt und motiviert Menschen sich mit der ganzen Hingabe ihres Herzens für Gott zu entscheiden und in der ehelichen Liebe ihre persönliche Art zu entdecken, diese Liebe zu leben. Hier ein Zeugnis:

> „Schon als Kind hatte ich den Wunsch einmal zu heiraten. Ich fand unser Familienleben sehr schön und wollte selbst auch eine eigene Familie gründen. Besonders fasziniert hat mich immer das ‚Mutter-sein'. Ich kann mich noch erinnern, als ich im Alter von fünf Jahren meine Mutter gefragt hatte: ‚Mama, wie ist das

für Dich, dass Du Mama bist? Das muss doch wunderbar sein! Ich bin Dein Kind. Das ist schön für mich. Aber es muss doch noch viel schöner für Dich sein, dass du meine Mama sein darfst?!' Meine Mutter war wohl über meine ungewöhnliche Frage überrascht.

Als Jugendliche überlegte ich etwas ängstlich, ob es vielleicht Gottes Wille sei, dass ich Klosterschwester werde. Ich fand das konkrete Ordensleben nicht sehr anziehend für mich und wollte eigentlich nie in ein Kloster eintreten. Ich verspürte jedoch oft den tiefen Wunsch, mich Gott ganz hinzugeben. Ich hatte Gott schon in jungen Jahren sehr tief in meinem Leben erfahren und das Glück, ganz IHM zu gehören, übte eine unbeschreibliche Anziehungskraft auf mich aus. Ich wollte unbedingt heilig werden und dachte, dass es dabei wohl besser sei, jungfräulich zu leben. So trug ich einige Zeit den Gedanken in mir, auf die Ehe, die ich immer wunderbar fand, aus Liebe zu Gott zu verzichten. Da jedoch der Wunsch mit einem geliebten Menschen mein Leben zu teilen und mich gemeinsam mit ihm Gott anzuvertrauen, immer mehr wuchs und ich einfach beides ersehnte – eine eigene Familie zu gründen *und* ein heiliges Leben zu führen – so begann ich ca. ab dem 20. Lebensjahr nach einem gläubigen Mann zu suchen und für ihn zu beten. Doch sollte ich noch lernen, in der Geduld zu wachsen ...

Über die Jahre lernte ich einige junge gläubige Männer kennen und war jeweils sehr kurz mit ihnen befreundet; aber eben immer nur sehr kurz, da ich mich nie richtig wohl fühlte und nicht das dauerhafte Gefühl hatte, dass wir zusammenpassen würden. So war ich die meiste Zeit sozusagen ‚Single'. Das fiel mir nicht immer leicht. Einige meiner Freundinnen heirateten. Ich freute mich sehr darüber, aber ich fragte oft den lieben Gott: ‚Und was ist mit mir? Hast Du mich vergessen?' Ich fand es auch schwierig genug gläubige Männer kennen zu lernen. Ich ersehnte aus tiefsten Herzen einen gläubigen Mann, mit dem ich das, was mir am wichtigsten im Leben war, teilen konnte. Ich dachte oft, dass Gott eigentlich immer ein Wunder wirkt, wenn die Richtigen zusammenfinden. Leider ertappte ich mich manchmal dabei ungedul-

dig oder sogar ein bisschen unglücklich zu werden, weil die Zukunft so ungewiss vor mir lag. Ich wusste jedoch, dass ich nichts erzwingen durfte und dass es wichtig ist, trotz mancher unerfüllten Wünsche glücklich zu sein, das Leben dankbar – so wie es ist – anzunehmen und sich gelassen Gottes Führung anzuvertrauen. So übergab ich Gott immer wieder meine Wünsche und machte mir oft bewusst, dass selbst eine gute Ehe nicht das letzte und wichtigste Ziel auf Erden ist. Der Gedanke, dass die Menschen im Himmel nicht mehr heiraten, sondern wie die Engel im Himmel sind, tröstete mich oft. Häufig dachte ich daran, dass das Wichtigste auf der Erde doch die Liebe zu Gott und zu den Menschen ist. So waren all die „Single-Jahre" letztlich sehr erfüllt und wunderschön. Ich konnte viele Dinge tun, die ich als Ehefrau und Mutter nie alle zusammen hätte tun können: Neben meinem Beruf als Pastoralassistentin in der Krankenhausseelsorge, den ich sehr liebe, organisierte ich Reisen mit Jugendlichen nach Medjugorje, leitete einen Gebetskreis, gründete eine Anbetungsgruppe, war im Musikteam engagiert. ... So versuchte ich, Gott meine Zeit zu schenken.
Meinen dreißigsten Geburtstag werde ich nicht vergessen. Ich wusste damals immer noch nicht, ob und welchen Mann Gott mir schenken wollte. Mir war bewusst, dass ich immer älter werde und nun auf den ‚Vierziger' zugehe. Doch statt eines eventuell aufkommenden Panikgefühls verbrachte ich diesen Tag in ganz großer Freude. Ich fuhr damals mit dem Rad bei Sonnenschein durch blühende Bäume, sang dabei und konnte Gott nur für mein ganzes Leben danken. Ich dachte: ‚Oh, Gott, wenn ich jetzt sterben würde – auch mit meinem noch immer unerfüllten Wunsch – so könnte ich Dir doch nur danken. Du hast mir alles geschenkt, was ich brauche: mein Leben, meine Familie, gute Freunde, meinen Beruf und vor allem, dass ich Dich kennen darf; das ist das Schönste!' Kurze Zeit später – während einer Novene zum Heiligen Josef – verliebte ich mich ganz unerwartet in einen meiner besten oder sogar meinen besten Freund aus Deutschland. Wir hatten uns vor fünf Jahren auf einer Hochzeit von guten Freunden kennen gelernt, fuhren ungefähr zweimal im Jahr miteinan-

der nach Medjugorje, saßen sogar meist im Autobus nebeneinander, haben uns oft zu verschiedenen Anlässen getroffen, viel miteinander geredet und telefoniert, unsere Gedanken ausgetauscht, sind miteinander wandern gegangen. ... Ich schätzte ihn immer sehr, zog ihn aber als möglichen Ehemann nie so richtig in Erwägung. Das lag wohl daran, dass ich eine zu enge Vorstellung von meinem zukünftigen Ehemann hatte. Es war sicher das Gebet, das mich von meinen Festlegungen befreite. Plötzlich öffnete sich mein Herz für Eric und mir wurde bewusst, was für einen treuen Freund ich in ihm schon viele Jahre lang gefunden hatte. Wir haben uns immer gut verstanden; er war immer für mich da; ich konnte mit ihm über alles reden; mit ihm so herzlich lachen; ich fühlte mich in seiner Gegenwart immer wohl; er hat mich immer aufgebaut und im Guten und im Glauben unterstützt ... Es war eine ganz große Freude für mich, als ich in ihm den geliebten Menschen erkennen durfte mit dem ich mein Leben teilen wollte. Und da unsere Liebe auf Gegenseitigkeit beruhte und wir uns beide von Gott zusammengeführt fühlten, heirateten wir am 13. Mai dieses Jahres. Da ich mir immer vorgenommen hatte, all jene, die noch auf der Suche nach einem gläubigen Partner sind, auch dann nicht zu vergessen, wenn ich ihn selbst gefunden habe, betete ich während unserer Trauungsmesse sehr intensiv für sie alle. Ich bin mir sicher, dass Gott mit jedem Menschen seinen eigenen Liebesplan hat und alle – ob verheiratet oder unverheiratet – glücklich machen möchte. Ich vertraue aber auch darauf, dass Gott noch viele gläubige Menschen zusammenführen wird und uns viele gute und heilige Ehen und Familien schenken möchte.“[85]

Im Oktober 2001 hat Johannes Paul II. das römische Ehepaar Luigi (1880-1951) und Maria (1884-1965) Beltrame Quattrochi, die fünfzig Jahre lang verheiratet waren und vier Kinder großgezogen haben, selig gesprochen. Der Grund: Sie haben „ein gewöhnliches Leben“ der Liebe und des Dienstes am Leben „in außergewöhnlicher Weise“ gelebt. Die Kirche lehrt nicht nur, sie gibt lebendige Vorbilder.

# XVIII.

## Ehe als Sakrament

Man muss nicht an Gott glauben um einen anderen Menschen lieben und heiraten zu können. Liebe, Geschlechtlichkeit, Heiraten und Kinder bekommen – das alles gehört zum normalen, menschlichen Leben. Vom Glauben her betrachtet ist die Ehe dennoch mehr als nur „etwas ganz Natürliches“: Nach der Lehre der katholischen Kirche ist die Ehe ein Sakrament, das heißt ein geheimnisvolles, wirksames Zeichen für die Liebe Gottes zu uns Menschen.
Fragt man nun: „Was an der Ehe ist denn so zeichenhaft?“, so lautet die Antwort:
So wie sich Mann und Frau in der Ehe unlösbar miteinander verbinden, so hat sich Jesus Christus mit der Kirche, das heißt mit den Menschen unlösbar verbunden. Wenn man also vom unsichtbaren Gott treffend – so, dass die Rede die Wirklichkeit wirklich „trifft“ – reden will, sucht man sich am besten ein glückliches Ehepaar mit seinen Kindern und sagt:
So ähnlich wie die Liebe dieser beiden müsst ihr euch die Liebe von Jesus Christus zu uns Menschen vorstellen! Dann liegt ihr richtig! Denn sowohl in der Ehe als auch in der Beziehung Jesu Christi zu den Menschen geht es um die Liebe, um die Entscheidung für den anderen, um Treue und Hingabe, um neues Leben. Zudem ist diese Liebe fruchtbar, sie öffnet sich auf neues Leben: Mann und Frau sind nicht nur in der Liebe verbunden, sondern durch die Umarmung ihrer Liebe werden sie Eltern und bekommen Kinder. Ähnlich pflanzt sich die Kirche fort, indem sie Menschen zum Glauben führt und sie durch die Taufe mit Christus verbindet. Dabei gleichen sie einem Zweig, der lebt, weil er einem Weinstock (so redet Christus von sich selbst) oder einem Ölbaum (Paulus verwendet das Bild hinsichtlich des von Gott erwählten jüdischen Volkes) eingepfropft ist und dadurch von ihm die Kraft bekommt.
Die Kirche geht einen Schritt weiter: Gott hat die Ehe erschaffen, damit wir uns das Geheimnis Christus–Kirche besser vorstellen kön-

nen. Die Ehe ist also nicht zufällig ein gutes Anschauungsmaterial, sondern dahinter steht eine bewusste Absicht Gottes!
Auch die kirchlich gerühmte Ehelosigkeit kann nur als eine Form der Liebe richtig verstanden und gelebt werden. Alles andere wäre eine Verarmung des menschlichen Lebens und eine Verkrüppelung der Person, die mit einem „Gott wohlgefälligen Opfer“ nicht das geringste zu tun hätte!
Das „Zeichen Ehe“ ist aber kein leeres Zeichen, sondern bringt dem Menschen das näher, was es darstellt: die Liebe Gottes. Ein Schild, das den Bäcker anzeigt, kann man nicht essen, sondern es verweist nur auf den Ort, wo man Brot bekommen kann. Ein Lebensmittelpaket hingegen, das man dem Hungernden gibt, ist nicht nur eine Ankündigung der Hilfe, sondern es ist bereits Hilfe. So ist es auch mit der Ehe: Sie sagt nicht nur etwas von der Liebe Gottes zu uns Menschen, sondern sie ist ein Stück davon, ein Geschenk von Ihm an uns. Thomas von Aquin sagt: Das Ehesakrament vermittelt den Ehepartnern etwas von der Liebe, mit der Christus für seine Kirche gelitten hat.
Allerdings, diese Hilfe wirkt nicht magisch, sondern ist immer auch Hilfe zur Selbsthilfe. Das heißt: Wir müssen auch unsere eigenen Kräfte, unsere Klugheit, unsere Sensibilität, unsere Liebe einsetzen, dann wird Er uns auf Seine geheimnisvolle Weise helfen, damit wir nicht scheitern. Gott entmündigt den Menschen niemals, weder im Bösen noch im Guten! Aber richtig gelebt hat das Sakrament der Ehe – wie alle Sakramente – auch eine heilende Kraft bezüglich der Wunden, die ein Mensch vielleicht empfangen oder auch sich selbst zugezogen hat. Immer aber macht die Gnade das Menschliche, das sie vorfindet, noch schöner und hebt es über das natürlich Mögliche hinaus.

# XIX.

## Wie heiratet man kirchlich?

Es gibt Menschen, die nur deswegen in die Kirche kommen, weil es dort feierlicher ist als am Standesamt.
Solche Hochzeiten kann die Kirche nicht gutheißen. Wer in der Kirche heiraten will, sollte sich bewusst sein, dass es dabei um mehr geht als um einen schönen äußeren Rahmen. Heiraten ist eine große Entscheidung vor dem Angesicht Gottes, eine Entscheidung, die der Mensch nicht mehr rückgängig machen kann: Denn „was Gott verbunden hat, soll der Mensch nicht trennen“, sagt Jesus.
Welche Voraussetzungen müssen die Paare mitbringen, die kirchlich heiraten wollen? Die Antwort ist eigentlich sehr einfach: Sie müssen katholische Christen sein und wirklich eine Ehe schließen wollen, und zwar in dem Sinn, in dem die Kirche „Ehe“ versteht. Das bedeutet Folgendes:

### 1. Kirchliche Trauung ist nur für Mitglieder der Kirche möglich

Normalerweise müssen beide Partner getaufte Katholiken sein. Wenn dies bei einem der Partner nicht der Fall sein sollte, brauchen sie eine besondere Erlaubnis.

### 2. Beide Partner müssen ehefähig sein

Beide Partner müssen in der Lage sein, eine Ehe einzugehen. Das heißt, es muss geklärt werden, dass der gültigen und erlaubten Eheschließung nichts im Wege steht.

### 3. Das Problem der Scheidung und der Zweitehen

Eine gültige und gelebte – der Fachausdruck heißt: „vollzogene“ – Ehe von Christen kann aus keinem Grund aufgelöst werden, nur durch den Tod. Dieser Grundsatz der katholischen Kirche lässt erkennen, in welchen Fällen auch die Kirche eine wirkliche oder scheinbare Zweitehe anerkennt:

- Erstens kann die Kirche jene Ehen auflösen, bei denen es niemals eine eheliche Gemeinschaft gab, also „nicht vollzogene Ehen“ [86].
- Zweitens sind nur Ehen absolut unauflöslich, die unter Christen geschlossen wurden. Anders ist es bei der Ehe von zwei Ungetauften. Wenn einer von ihnen katholisch wird und der andere die Ehe nicht mehr aufrechterhalten will, kann diese Ehe „zugunsten des Glaubens“ aufgelöst werden. Weil dieser Fall von Paulus besprochen wird (1 Kor 7,12), spricht man vom „paulinischen Privileg“.
- Drittens kennt die Kirche die Ehe-Annulierung. Gemeint ist folgendes: Es kommt vor, dass Menschen heiraten, aber ohne mit „Ehe“ das zu meinen und zu wollen, was die Kirche darunter versteht. Zum Beispiel: Eine Ehepaar schließt Kinder grundsätzlich aus, ein anderes plant eine „offene“ Ehe, also ohne Treuebindung, bei wieder einem anderen Ehepaar ist der Mann oder die Frau unfähig zur sexuellen Vereinigung. Wenn solche und einige andere Ehehindernisse im Rahmen eines „Eheprozesses“ bewiesen werden können, erklärt die Kirche: Diese Ehe hat nie bestanden, daher waren die beiden Menschen in den Augen der Kirche nie wirklich „verheiratet“ – und können daher ganz normal „wieder“ heiraten. Diese Ehe ist dann eigentlich die „erste“ Ehe.

Nur ein Fachmann kann im Einzelfall sagen, ob nach den gültigen Ehegesetzen der Kirche eine Annullierung in Frage kommen könnte oder nicht. Steht nach einer Scheidung das Problem einer zweiten Eheschließung an, sollte man sich daher beim Kirchengericht erkundigen. Ob eine Annullierung möglich ist, sollte zwar jeweils geprüft werden, aber man darf sich keine Illusionen machen: Oft ist sie unmöglich, und daraus folgt das heute so häufige, schmerzliche Ehehindernis einer gültigen, dann aber gescheiterten Ehe. Angesichts dessen, was Jesus über die Unauflöslichkeit der Ehe sagt, sieht sich die Kirche dann nicht befugt, einer kirchlichen Trauung zuzustimmen, solange der Partner aus der ersten Ehe noch lebt.

Wohlbemerkt: Es kann Gründe geben, die eine Trennung und damit eine staatliche Scheidung als richtig oder sogar notwendig erscheinen lassen. Das dornige, unlösbare Problem liegt in der Zweitehe! Denn der Wunsch vieler Geschiedener, es nochmals zu versuchen, ist gut zu begreifen.

Der heutige Mensch kennt die staatlich zugelassene Scheidung. Natürlich anerkennt die Kirche deren Rechtsfolgen und weiß auch, dass eine Trennung in manchen Fällen unvermeidbar ist oder einen der Partner als Schicksal trifft, dem gegenüber er machtlos ist. Für diese Situationen ist es nicht nur erlaubt, sondern notwendig, dass der Staat Gesetze erlässt um zusätzliche Ungerechtigkeiten zu verhindern.

Aber weil eine gültige Ehe in den Augen Gottes unauflöslich ist, ist sie auch in den Augen der Kirche unauflöslich. Derjenige, der staatlich geschieden ist, bleibt für die Kirche „verheiratet“, trotz der äußeren Trennung. Darum sieht sich die Kirche gezwungen, eine neuerliche Trauung zu verweigern, solange der vermeintlich geschiedene Partner noch lebt. Wer dann aber doch zum Standesamt geht und wenigstens dort „heiratet“, ist nicht wirklich verheiratet und kann deshalb leider nicht zu den Sakramenten gehen. Das tut zwar weh, ist aber weder eine „Verurteilung“ noch eine „Diskriminierung“ oder gar ein Ausschluss aus der Kirche. Schwerwiegende religiöse Gründe sprechen dagegen, und wer sie demütig respektiert, ist enger mit Gott verbunden als derjenige, der sich auf eigene Faust darüber hinwegsetzt. Mit „Barmherzigkeit“ oder „Unbarmherzigkeit“ hat die Beantwortung der Frage, ob Wiederverheiratete zu den Sakramenten gehen können, nichts zu tun. Entscheidend ist einzig und allein die Theologie der Eucharistie im Verhältnis zum Sakrament der Ehe. Es handelt sich um eine Frage des Glaubens, nicht der Barmherzigkeit. Man darf beruhigt annehmen: Der Papst ist genauso barmherzig wie seine Kritiker und man sollte ihm einfach genau zuhören, was er den Betroffenen sagt: Erstens lädt er sie ein am kirchlichen Leben teilzunehmen und dadurch „von Tag zu Tag die

Gnade Gottes auf sich herabzurufen." Umgekehrt ermahnt er die Kirche, also alle anderen Christen, für die wiederverheirateten Geschiedenen zu „beten, ihnen Mut zu machen, sich ihnen als barmherzige Mutter zu erweisen und sie so im Glauben und in der Hoffnung zu stärken."[87] Von „Verurteilung", wie manche behaupten, ist wirklich keine Spur vorhanden!
Zweitens gilt allerdings dennoch: „Die Kirche bekräftigt jedoch ihre auf die Heilige Schrift gestützte Praxis, wiederverheiratete Geschiedene nicht zum eucharistischen Mahl zuzulassen." Das ist der heiß umstrittene Punkt! Aber es ist wichtig, die doppelte Begründung des Papstes zu hören:
„Ihr Lebensstand und ihre Lebensverhältnisse stehen in objektivem Widerspruch zu jenem Bund der Liebe zwischen Christus und der Kirche, den die Eucharistie sichtbar und gegenwärtig macht."
Diesen Grund zu vermitteln ist nicht ganz einfach, und doch ist er der wichtigste: Auf der einen Seite ist nämlich die Ehe ein sinnenfälliges Bild der unsichtbaren Einheit von Christus und seiner Kirche. Auf der anderen Seite ist die Kommunion das Sakrament der Einswerdung Christi mit seiner Kirche. Daraus ergibt sich: Die zerbrochene Ehe ist nicht nur eine Tragödie für die beiden Betroffenen, ihr Bruch lässt in tragischer Verkehrung denken, auch die Einheit von Christus und seiner Kirche könnte brechen. Wenn die beiden dann zur Kommunion gehen, ist das in sich widersprüchlich: Ihr Leben leugnet die Einheit von Christus und Kirche, ihr Sakramentenempfang scheint sie zu bejahen, Leben und Sakrament stimmen nicht überein.
„Darüber hinaus gibt es noch einen besonderen Grund pastoraler Natur: Ließe man solche Menschen zur Eucharistie zu, bewirkte dies bei den Gläubigen hinsichtlich der Lehre der Kirche über die Unauflöslichkeit der Ehe Irrtum und Verwirrung."
Der zweite vom Papst genannte Grund ist leicht zu begreifen. Hinzuzufügen ist nur: Die eucharistische Enthaltsamkeit im Glauben und Gehorsam gegenüber der kirchlichen Autorität ist ein Dienst an der Kirche, sie hilft den anderen, die Einheit Christi mit der Kirche und die Unauflöslichkeit der Ehe besser zu verstehen.
Die bekannte Schriftstellerin G. Fussenegger war eine Betroffene,

sie hat ohne Sakrament der Ehe mit einem Mann gelebt. Gefragt, wie es ihr dabei mit den kirchlichen Gesetzen ergangen sei, antwortet sie freimütig: „Leicht ist mir das alles nicht gefallen. Ich habe schwer mit mir gekämpft und gerungen. Da meine zweite Ehe nur standesamtlich geschlossen war, war ich sehr lange von den Sakramenten ausgeschlossen. Das habe ich als tief schmerzlich empfunden, doch es war ein Schmerz, der, so glaube ich, auch sehr fruchtbar für mich geworden ist. Nur so ist mir die ganze Kostbarkeit der Eucharistie bewusst geworden. Ich kann es nicht bedauern, dass ich in jener Zeit oft bittere Tränen vergossen haben. Genau genommen war ich beschenkt durch das Verbot."[88]

## 4. Das sogenannte „Brautexamen"

Für das Gelingen und die Gültigkeit der Ehe ist es wichtig, dass die beiden Partner wirklich das wollen, was die Kirche mit dem Begriff „Ehe" meint. Vor allem drei Punkte sind es, die daher im sogenannten „Brautexamen" geklärt und dann von dem ehewilligen Paar unterschrieben werden müssen:

*a. Die Unauflöslichkeit der Ehe: „bis der Tod euch scheidet".*
Die Kirche versteht unter der Ehe eine Lebensgemeinschaft „bis der Tod euch scheidet". Nur diejenigen, die wirklich eine unauflösliche Verbindung eingehen wollen, können und sollen kirchlich heiraten.

*b. Die „Einheit" der Ehe statt jeder „offenen Ehe"*
Die Kirche kennt keine „offenen Ehen", in denen es eine sexuelle Freiheit gegenüber außenstehenden Personen gibt, und zwar auch dann nicht, wenn die Ehepartner dies einvernehmlich ausgemacht hätten.
Die Kirche besteht darauf: Ehe ist der alle anderen ausschließende Bund eines Mannes und einer Frau.
In manchen Entwicklungsländern bedeutet dies auch ein Nein zur Polygamie und der damit gegebenen Entwürdigung der Frau. Wie

bestehende Strukturen im Sinn der christlichen Ehe verändert werden können, ohne dass es dabei zu menschlichen Tragödien kommt, ist dann freilich eine Aufgabe, die viel Klugheit und Geduld erfordert. Aber das Ziel, nämlich die Einehe mit der gleichen Würde von Frau und Mann, steht außer Streit.

*c. Die Bereitschaft zum Kind*

Grundsätzlich muss jedes Ehepaar offen und bereit sein Kinder zu bekommen. Natürlich, bei manchen Ehen steht von vornherein fest, dass keine Kinder mehr kommen können oder Kinder höchstwahrscheinlich schwer behindert wären und daher nicht gezeugt werden sollten. Ungültig ist eine Ehe aber dann, wenn die Partner oder auch nur einer von ihnen sagen: Für uns kommen Kinder nie und nimmer in Frage. Wie viele Kinder das einzelne Paar allerdings haben oder nicht haben soll, müssen die Partner vor ihrem Gewissen selbst entscheiden.

## 5. Die religiöse Einstellung zur Ehe

Die Kirche empfiehlt den Gläubigen dringend, nicht nur rechtlich gültig zu heiraten, sondern sich in jeder Hinsicht auf die Ehe gut vorzubereiten. Insbesondere sollten die Partner gerade zu diesem Anlass – wieder einmal – beichten gehen und dann auch die heilige Kommunion empfangen. Denn Gott stellt seine Hilfe nicht zu wie die Post ein Paket. Nur jene Paare, die beten und nach dem Evangelium zu leben suchen, werden die Erfahrung machen, dass Gott bei ihnen ist.

## 6. Konfessionsverschiedene Ehen

Eine besondere Fragestellung ergibt sich für Mischehen. Denn erstens muss sich das Paar einig werden, wie sie ihre ehelichen Beziehungen gestalten und bekanntlich geben die verschiedenen Konfessionen vor allem, was die Verhütung betrifft, unterschiedliche Antworten; und zweitens geht es um das religiöse Familienleben und die Erziehung der Kinder in einer der beiden Religionen.

- Was die ehelichen Beziehungen betrifft, ist das Problem naturgemäß nicht auf Mischehen beschränkt, sondern stellt sich jedem Paar mit unterschiedlichen Auffassungen. Dennoch dürfte sich diese Frage besonders leicht in gemischt-konfessionellen Ehen ergeben: Der katholische Partner versucht nach der kirchlichen Lehre zu leben, der Protestant hingegen hat gelernt, es sei nichts gegen Verhütung einzuwenden. Was ist dann zu tun?
- Es liegt in der Natur der sexuellen Begegnung: Sie bedarf besonderer Feinfühligkeit um den Partner in seinem Intimbereich nicht zu verletzen. Jedes „Überreden“ oder gar irgendein „Druck“ wird die Liebe auf Dauer belasten.
  Als Regel gilt: Der „liberalere“ Partner sollte um des Gewissens seines Partners willen aus Liebe zu ihm bzw. ihr nachgeben und das heißt auf seine besonderen Wünsche verzichten.
  „Liberal“ kann dabei zweierlei heißen:
  Einmal eine Haltung, die die Lehre der Kirche in heiklen Fragen wie Empfängnisregelung oder auch anderen „Formen“ des Verkehrs nicht akzeptiert. Die Liebe fordert angesichts solchen Dissens Verzicht von demjenigen, der meint, seine Wünsche seien legitim. Ist der Betreffende dazu nicht bereit, ist guter Rat teuer: Ein objektiv sündhaftes Nachgeben oder ein Den-anderen-Gewähren-lassen ohne eigenes sündhaftes Verhalten, ist keine Lösung, weil die sexuelle Begegnung durch diese sexuelle Rücksichtslosigkeit von innen her krank ist, das heißt nicht sein kann, was ihre Bestimmung wäre: Vereinigung der Liebe zu sein. Nachgiebigkeit kann eine Zeit lang die Fassade aufrecht halten, retten wird sie die Ehe nicht.
  Liberal“ kann man auch eine normale katholische Haltung im Vergleich zu einer engen, prüden Einstellung nennen. Auch im diesem Fall sollte der „Stärkere“ nachgeben, dem anderen Zeit lassen, überlegen, wie er ihn oder sie überzeugen kann. Das geduldige Ausharren in einer solchen Situation ist

ohne Zweifel ein Kreuz und eine wirkliche Prüfung. Schließlich kann, wie Paulus sagt, die sexuelle Verweigerung gefährlich für die eheliche Treue werden: „Entzieht euch einander nicht, außer im gegenseitigen Einverständnis und nur eine Zeitlang um für das Gebet frei zu sein. Dann kommt wieder zusammen, damit euch der Satan nicht in Versuchung führt, wenn ihr euch nicht enthalten könnt.“ (1 Kor 7,5)

- Die andere und eigentliche Frage der „Mischehen“ betrifft den Umgang mit dem Glauben des anderen und dann die Kindererziehung. Freilich, viele „Mischehen“ haben kein Problem, weil entweder beide oder einer der beiden religiös gleichgültig sind. Paradoxerweise entsteht das Problem gerade im „Idealfall“, dann nämlich, wenn beide von ihrer Religion überzeugt sind und gewillt ihr entsprechend zu leben.
  „Die Wahrheit wird euch freimachen“, heißt ein Wort der Bibel und die Wahrheit, die hier besonders gefragt ist, ist die Ehrfurcht vor der Überzeugung des anderen. In der Praxis des Alltags wird das auch bedeuten, gemeinsam zu beten und gemeinsam zum Gottesdienst auch des anderen zu gehen, soweit dies möglich ist. Gerade der Respekt vor dem anderen gebietet dabei, auch Grenzen wie z.B. das Verbot des Kommunion-Empfangs von Protestanten in katholischen Kirchen einzuhalten. Dazu kommt ein Element, das heute gerne übersehen wird: Die Liebe zum anderen einerseits und die Liebe zum eigenen Glauben andererseits münden unvermeidbar in den Wunsch, der andere möge zu eben dieser Wahrheit gelangen, die man im eigenen Glauben empfangen zu haben glaubt.
  Die doppelte Liebe – zum Partner und zur Kirche – vorausgesetzt, müsste es zu Gesprächen der Eheleute über den Glauben kommen. Aber die Erfahrung zeigt, dass in vielen Ehen solche aus den verschiedensten Gründen nicht möglich sind. Sehr oft wird sich daher die Sehnsucht nach der Einheit mit dem Partner auch im Glauben auf das Gebet für ihn beschränken müssen.

Ein besonders eindrucksvolles Beispiel für eine Ehe, die durch die Konversion des Mannes vorübergehend zu einer „Mischehe" wurde, ist die Geschichte von Scott und Kimberly Hahn: Beide waren evangelikal orientierte Presbyterianer, leidenschaftliche Theologen und beide waren beseelt von der Bereitschaft und dem Wunsch Gott zu dienen. Als aber er zur katholischen Kirche konvertierte, führte dieser Schritt des Mannes die Ehe in die Krise: „Ich habe mich noch nie so tief verraten gefühlt in meinem ganzen Leben, noch sie so tief verlassen!", beschrieb sie im Rückblick auf diese Zeit ihre Gefühle. Die Osternacht, in der ihr Mann in die katholische Kirche aufgenommen wurde, war für sie „die schlimmste Nacht ihres Lebens". Eine schmerzhafte geistige Trennung der Ehepartner war die Folge. Aber Gott führte auch die Frau, und zwar durch den presbyterianischen Vater, der seiner Tochter das folgende Gebet empfahl: „Herr, ich will gehen, wohin du willst, dass ich gehen soll; ich will tun, was du willst, dass ich tun soll; ich will sagen, was du willst, dass ich sagen soll, ich will loslassen, was du willst, dass ich loslassen soll." Ihre Antwort war Abwehr: „Ich habe Angst, dass, wenn ich das Gebet bete, ich vielleicht katholisch werden muss. Aber ich will nie und nimmer römisch-katholisch werden." Ihr Vater antwortete mit großer, wahrhaft ökumenischer Weisheit: Nein, das bedeutet das Gebet nicht! Es bedeutet aber, „dass Jesus entweder der Herr deines ganzen Lebens ist oder dass er überhaupt nicht dein Herr ist. Du sollst Gott nicht sagen, wohin du gehen willst und wohin nicht. Du sollst nur sagen, dass du dich ihm ergibst. Das macht mir am meisten Sorgen, weit mehr, als wenn du römisch-katholisch würdest. Sonst könnte es sein, dass du dein Herz vor dem Herrn verhärtest. Wenn du das Gebet nicht beten kannst, dann bitte solange um die Gnade das Gebet beten zu können, bis du es kannst. Öffne ihm dein Herz – du kannst ihm vertrauen." Sie betete – und auch sie wurde katholisch. Wieder war es ihr Vater, der vor der Aufnahme in die Kirche die richtigen Worte für seine Tochter fand: „Was könntest Du Jesus mit gutem Gewissen sagen?" Sie: „Ich würde aus ganzem Herzen sagen: Jesus, ich habe dich unter großen Opfern geliebt und ich war dir gehorsam in allem, was ich verstanden habe. Ich folge dir geradewegs in die katholische Kirche." Darauf ihr Vater: „Wenn du das sagen würdest, dann musst du das auch tun.“[89] Jedem Ehepaar, besonders jedem konfessions-verschiedenen Ehepaar und erst recht jedem Paar, das in Schwierigkeiten steckt, kann man dieses Gebet und diese Haltung empfehlen: Der Umweg über Gott durch die Hingabe an seinen Willen ist oft der gerade Weg zu einer wirklichen Lösung einer Krise, in dieser und in vielen anderen Situationen des Lebens.

# XX.

## Die Ehelosigkeit um des Himmelreiches willen

Eheleute sind ein Zeichen, ein Anschauungs-Unterricht für die Liebe Christi zu seiner Kirche. Umgekehrt enthält auch die Ehelosigkeit ein Zeichen für alle anderen Christen:
Sie ist die Botschaft, dass Gott allein das Herz des Menschen erfüllen kann und dass ein wirkliches Leben für und mit und auf Gott hin möglich ist.
Damit unterscheidet sich christliche Ehelosigkeit klar und unverwechselbar von bloßem Junggesellentum oder dem säuerlichen Leben eines ältlichen „Fräuleins", das, wie A. Heller es einmal formulierte, „sich über die Versuchungen hinweg ihre Unschuld gerettet hatte und nur zu spät begriff, dass sie mit den Versuchungen auch ihrem Glück widerstand" [90]. Dass damit weder Frauen noch Männer, die auf Grund irgendwelcher unglücklicher Umstände nicht heiraten konnten, abgewertet oder lächerlich gemacht werden dürfen, versteht sich von selbst. Die Rede ist hier nur von Haltungen, auf Grund derer sich jemand der Liebe stolz oder prüde verweigert. Ganz anders der Ehelose „um des Himmelreiches willen". Er lebt sein Leben aus diesem von Jesus angegebenen Motiv, also wegen des „Himmelreiches"! Er „verbrennt die Schiffe hinter sich" und zeigt den anderen, wie sehr er sich der Verheißungen Gottes sicher ist.
Es ist wie bei dem Gleichnis Jesu vom Schatz im Acker: Solange die Umwelt nur den Acker sieht, schüttelt sie den Kopf, wenn jemand sein ganzes Vermögen hergibt, um ihn zu erwerben. Wenn er es aber tut und nicht offenkundig verrückt ist, werden die Leute wie von selbst sagen: Was mag es mit diesem Acker für eine Bewandtnis haben?
Das Allerwichtigste, das jeder Christ über die Ehelosigkeit um des Himmelreiches willen wissen sollte, ist das: Ehelosigkeit als solche ist kein Wert. Wer niemand liebt, liebt deswegen noch lange nicht Gott! Auch das Leben ohne Ehe ist nur möglich und nur sinnvoll,

wenn man es als Leben aus und für die Liebe versteht. Ohne Liebe wäre es eine Verkrüppelung und Verarmung der Betroffenen – und ist es leider auch bei manchen! Besonders peinlich, wenn sich Menschen, die diesen Weg zu gehen begonnen haben, dann durch Ersatzhandlungen „trösten“!

Den innersten Kern der christlichen Ehelosigkeit hat Augustinus auf den Punkt gebracht mit dem Satz: Wie sehr müssen wir den lieben, um dessentwillen wir auf die Liebe verzichtet haben!

# XXI.

## Aufklärung und Sexualerziehung

Wer kennt sie nicht:

- die Tochter des hochgebildeten Ehepaares, das bei der ersten Menstruation meint, sich beim Turnen verletzt zu haben;
- die junge Frau Doktor, die sich angesichts der nahenden Hochzeit denkt, ihr Mann werde schon wissen, wie „es“ geht;
- die Schauspielerin, die Angst hat vor einer Schwangerschaft, weil sie ein Kollege von hinten auf den Hals geküsst hat;
- die Väter und Mütter, die verlegen von „Bienen“ oder anderen Tieren versuchen zu erzählen, weil sie nicht wissen, wie man ein versteiftes Glied, die Scheide oder die sexuelle Vereinigung benennen soll und weil es ihnen einfach peinlich ist, davon zu reden;
- der junge Mann, der viel von der „Liebe“ gehört und im Biologie-Unterricht aufmerksam die Vererbungs-Lehre studiert hat, aber immer noch nicht weiß, wie die ihm bekannten Keimzellen „eigentlich zusammenkommen können“.

Man muss nur ältere Leute fragen, dann kommen solche und ähnliche Geschichten. Heute lacht man darüber und nicht alles war so tragisch, wie manche behaupten. Dennoch, die versagende Aufklärung war und ist ein Übel, und hat auch Leid über viele Menschen gebracht. Daher die Frage: Wie soll man Kinder aufklären, wenn man sowohl das prüde Verstummen von einst vermeiden als auch der Verführung zum Hedonismus von heute das „richtige“ Erziehungsprogramm entgegensetzen will? Folgende Gesichtspunkte sind aus der Sicht der Kirche zu beachten:
Die ersten Erzieher der Kinder sind die Eltern, nicht irgendwelche andere Autoritäten. Das ist so, weil es von Gott so eingerichtet ist, und nicht, weil irgendein Parlament es so bestimmt hätte. Es ist wich-

tig, dass die Eltern sich dessen bewusst sind. Der Staat hat kein Recht, die Eltern zu entmündigen und ihnen ihre Rechte zu nehmen, schon gar nicht in dem sensiblen Bereich der Erziehung der Kinder im Intimbereich der Sexualität.

Selbstverständlich sollen Kinder eine gute, sachliche Information über die Sexualorgane und die Abläufe bei der sexuellen Vereinigung und Zeugung erhalten. Da viele Eltern die biologischen Zusammenhänge nicht so genau wissen, fällt diese Vermittlung zumindest ergänzend in die Kompetenz der Schule. So gesehen kann und soll es auch schulische Sexualerziehung geben. Dabei wird man von den Lehrern sehr wohl verlangen dürfen, diesen Unterricht mit normalen menschlichen Wertvorstellungen über Liebe, Ehe, Treue etc. zu verbinden.

Das Wichtigste ist die Erziehung zur Liebe und mit ihr steht und fällt jede wirklich menschliche Sexualerziehung: „Die Familie ist die erste und grundlegende Schule sozialen Verhaltens. Als Liebesgemeinschaft findet sie im Sichverschenken das Gesetz, das sie leitet und wachsen lässt. Die Selbsthingabe, welche die Liebe der Ehegatten zueinander prägt, bietet sich auch als Modell und Norm für jene selbstlose Hingabe an, die sich in den Beziehungen zwischen den Geschwistern und zwischen den verschiedenen Generationen verwirklichen soll, die in der Familie zusammenleben ... Die Erziehung zur Liebe als Hingabe seiner selbst ist auch die unerlässliche Voraussetzung für die Eltern in ihrer Aufgabe, den Kindern eine klare und taktvolle Geschlechtserziehung zu vermitteln.“ Und etwas weiter unten schreibt der Papst den wahrhaft bedeutungsschweren Satz: Die tiefste Bedeutung der Sexualität besteht darin, „dass sie die Person zur Hingabe ihrer selbst in der Liebe führt.“[91]

Fragt man nach den Methoden einer solchermaßen gewichteten Sexualerziehung, können diese, dem Thema angemessen, nicht Schul- und Lerntechniken sein. Die Liebe gehört zu jenem Bereich des Menschlichen, über den man zwar nachdenken und viel sagen kann, den man aber nicht „lernen“ kann, sondern vor allem – und eigentlich sogar nur – durch Anschauung und Erfahrung versteht. Zur Erkenntnis der Werte, sagt der große Philosoph D. v. Hildebrand, kommt man nicht durch Belehrung. Der Weg dorthin ist ein anderer: Man muss den Schüler „in den Lichtkreis des Wertes" führen. Biblisch gesprochen: Man muss es machen wie der Apostel Andreas, der seinem Bruder zunächst vom Messias erzählt, aber seine Frage nach ihm dadurch beantwortet, dass er ihn gleichsam bei der Hand nimmt und zu Jesus führt: Komm und sieh!

Daraus folgt: Die beste Sexualerziehung ist das Erlebnis Liebender. Auch Kinder vor der Geschlechtsreife verstehen, wenn sie Zeugen der Liebe werden. Das gilt auch für literarische oder filmische Eindrücke, die dem jungen Menschen zeigen: So ist die Liebe. Kurz gesagt: Eine gute Aufführung von „Romeo und Julia" ist wertvoller für die Sexualerziehung als viele andere, theoretische Bemühungen und Unterrichtseinheiten.

Die Kinder müssen natürlich auch die konkreten Normen einer Liebesethik in Fragen der Sexualität gesagt und vor allem erklärt bekommen: angefangen vom Sinn der Keuschheit und Scham über den Umgang mit sexuellen Antrieben aller Art bis hin zu Einzelfragen wie Empfängnisverhütung, eheliche Pflicht und Zärtlichkeit bei der ehelichen Umarmung.

Bei all dem müssen sie, im Geist des Psalm 119, wissen: „Sexualmoral" der Kirche ist nichts anderes als die Summe der Gebote Gottes auf dem Gebiet der Sexualität und diese Gebote sind nicht nur nicht Hindernisse der Liebe, sondern sie dienen ihr und bringen sie zur Vollendung.

Wenn diese Grundsätze außer Streit gestellt sind, dann kann man auf ihnen weiterbauen und mit Hilfe von Psychologen und Pädagogen die Einzelheiten überlegen, wie man Kinder, altersgemäß und individuell jedem Kind angepasst, hinführt zur Liebe.

# XXII.

## Abweichungen der sexuellen Orientierung und Sünde

Orale, anale und manuelle sexuelle Stimulation sind so wenig Körpersprache der Liebe wie irgendwelche unartikulierte Laute als Sprache gelten können. Dass sie darüber hinaus steril sind, versteht sich von selbst. Dasselbe gilt für andere, merkwürdige und abartige sexuelle Reizungen.

Es lässt sich nicht bestreiten: Es gibt „sexuelle Orientierungen“, die man als irgendwie krank und abnormal bezeichnen muss. Bezüglich der Homosexualität allerdings pflegt man dagegen einzuwenden, dass die Amerikanische Gesellschaft für Psychiatrie in den 70er Jahren diese doch von der Liste der Krankheiten gestrichen habe. Dazu ist freilich anzumerken: Man weiß, unter welchem Druck diese angeblich wissenschaftliche Entscheidung zustande kam!

Zu sagen, es gibt krankhafte sexuelle Neigungen, heißt nicht, dass es in jeder Hinsicht einfach wäre, die Grenzlinie zwischen gesund und krank zu benennen: Selbstbefriedigung wird für „normal“ gehalten, entspricht aber ebenso wenig wie manch andere sexuelle Verhaltensweisen dem gottgewollten Sinn der Sexualität.

Zu unterscheiden ist zudem zwischen unbedeutenden Fehlneigungen, die den Betroffenen ab und zu belästigen, und solchen, die seine ganze Existenz oder die anderer Menschen bedrohen. Manche sexuelle Irrläufer treten nur zeitweise auf oder in bestimmten Situationen (in Kasernen, in Gefängnissen ...) – und verschwinden, wenn der Betroffene ins normale Leben zurückkehrt. Folgende Erkenntnisse und Grundsätze sind zu beachten:

– Die wissenschaftlichen Theorien zum Entstehen der Homosexualität (und erst recht bezüglich anderer sexueller Neigungen) sind nicht einheitlich. Fest steht nur: Es gibt keinen Beweis dafür, dass Homosexualität genetisch bedingt, also vererbt wäre. „Niemand wird homosexuell geboren“ (R. Cohen). Darum ist es falsch, von einer „Veranlagung“ zu sprechen. Leider ist den Übersetzern des deutschen Katechismus diesbezüglich ein Fehler unterlaufen.[92]

- So unterschiedlich die einzelnen Schicksale sein mögen, so weiß man doch mit Sicherheit: Es gibt auch Verführung und es gibt, was Christa Meves die „Homosexualisierung“ der Gesellschaft nennt. Die Hinwendung zur Homosexualität hat, in den Augen gläubiger Menschen, sicher auch mit dem Abfall von Gott zu tun (wie Paulus in Röm 1,18ff sagt), auch wenn (wie beim Leiden!) nicht der jeweils einzelne daran schuldig ist und das Wie dieses Zusammenhangs für uns nicht durchschaubar ist.
- Wer eine unnatürliche sexuelle Tendenz in sich wahrnimmt, soll daran denken, dass es den vollkommenen, ganz und gar normalen Menschen nicht gibt. Jeder hat seine Probleme, der eine die, der andere jene. Aber er soll bei der Wahrheit bleiben: Sowohl das Tabuisieren der Probleme als auch die krampfhafte Rede von einer Variante der „Normalität“ lassen ihn mit seinem Problem allein.
- Es ist keine „Diskriminierung“, wenn man in aller Sachlichkeit eine bestimmte sexuelle Orientierung als „abnormal“ oder „krank“ bezeichnet. Auch eine Hasenscharte ist nicht „normal“, obwohl sie es im statistischen Sinn sehr wohl ist, insofern es eine Hasenscharte gibt.
- Menschen mit sexuellen „Missbildungen“ sind Menschen mit der gleichen Würde und der gleichen Berufung von Gott wie jeder andere. Gerade weil ihre sexuelle Abweichung zweitrangig ist, kann man auch von ihr reden. Dass man Ausdrücke, die nach dem heutigen Sprachempfinden beleidigend sind (pervers, Missgeburt ...), zu unterlassen hat, versteht sich von selbst.
- Zu unterscheiden ist zwischen sexuellen Neigungen und sexuellen Handlungen. Nur das Tun trennt von Gott – mit „sexuellen Neigungen“, denen zum Trotz der Betroffene ein sexuell enthaltsames, „keusches“ Leben führt, kann er ein Heiliger werden, auch wenn diese Neigungen „abnormal“ sind. Es ist die spezifische Aufgabe der Kirche, den Betroffenen dabei zu helfen: durch ihre Lehre und durch ihre Sakramente. Ein eindrucksvolles Beispiel solcher Seelsorge sind die „Courage“-Selbsthilfe-

Gruppen, die der amerikanische Priester J. Harvey gegründet hat und seit vielen Jahren betreut.[93]

- Welche Neigungen auch immer einer in sich vorfindet, es bleibt ihm die Verantwortung für die Art, wie er damit umgeht. Wer behauptet, die Menschen seien unfähig, ihre – normalen oder abnormalen – sexuellen Wünsche und Neigungen zu steuern, spricht dem Menschen das eigentlich Menschliche ab, nämlich die Freiheit, und leugnet die Gnade Gottes.
- Eine besondere Situation entsteht freilich dann, wenn sich die sexuellen Wünsche eines Menschen auf kriminelle Ziele richten wie Lust am Quälen, auf den Missbrauch von Kindern oder sogar deren Ermordung. Die Entdeckung von grauenhaften Videos, auf denen echte Vergewaltigungen, Folter und Mord an Frauen und Kindern gezeigt werden und die offenkundig ihren „Markt" haben, belegen die Gegenwelt einer solchen diabolischen Erscheinungsform von Sexualität. Filme wie „M – eine Stadt sucht ihren Mörder" (Fritz Lang) oder der Bericht von U. Fröhling[94] belegen das Gemeinte. Ein Mensch, der von solchen Fantasien und Wünschen bedrängt wird (und dabei nicht nur einen vorübergehenden Kitzel empfindet), ist verpflichtet sich Hilfe zu holen, wenn auch nur die geringste Gefahr besteht, er könnte der Versuchung eines Tages erliegen.
- Eine Streitfrage pflegt es zu sein, ob Homosexualität heilbar ist. Ihre Beantwortung fällt in die Zuständigkeit der Therapeuten. Tatsächlich berichten etliche Therapeuten (allen voran G. van den Aardweg) von der Möglichkeit, Homosexuelle zu heilen. Umgekehrt gibt es Betroffene, die ihr Geheilt-worden-sein bezeugen – wie etwa R. Cohen.[95] Allerdings gilt dies mit der Einschränkung: Der Betroffene muß wollen, und sogar dann erweisen sich viele Fälle als therapie-resistent (wie bei anderen Krankheiten auch).

# XXIII.

## „Ehe“ – auch für Homosexuelle?

Die Familie wird in Frage gestellt. Die einen sagen, es gebe auch „andere Formen“ des Zusammenlebens, die anerkannt werden sollten, andere finden, der Begriff „Familie“ sei unklar, und wieder andere behaupten, Familie sei überhaupt überholt und am Ende. Nur in dem Streit über die Frage, ob auch Homosexuelle „heiraten“ können und dürfen, scheint Ehe und Familie als Ideal wieder außer Streit zu sein.
Es ist wichtig, den Begriff und das, was gemeint ist, zu klären gemäß dem weisen Wort von Konfuzius, der gesagt haben soll: Wenn ich die Regierungsgewalt hätte, würde ich „die Sprache verbessern. Denn wenn die Sprache nicht stimmt, ist das, was gesagt wird, nicht mehr das, was gemeint ist. Man dulde keine Willkür in den Worten.“

### 1. Was ist „Familie“?

Wahr ist: Wir sprechen von „Familie“ auch in einem weiteren Sinn des Wortes und reden von der „Menschheitsfamilie“, von einer „Ordensfamilie“. Ebenso versteht man das Gemeinte, wenn sich Mitarbeiter einer Firma als eine Art „Familie“ verstehen: Sie wollen damit ihr Zusammengehörigkeits-Gefühl zum Ausdruck bringen – wie in einer Familie. Auch spricht man von Kernfamilie, Großfamilie, Kleinfamilie oder manchmal von einer Teilfamilie.
Aber alle diese Redeweisen machen die eigentliche Familie nicht nur nicht fragwürdig, sondern im Gegenteil, sie setzen voraus, dass jeder Mensch weiß, was Familie im eigentlichen Sinn ist, und beziehen sich auf dieses Wissen.
Wenn Menschen hingegen nur irgendwie „zusammenleben“, ist das in keiner Weise eine „alternative“ Lebensform zur Familie. Auch in Gefängnissen, in Kasernen, in Heimen, in Hotels leben Menschen „zusammen“ – aber deswegen sind sie keine Familie, so wünschenswert auch da „familiäre“ Umgangsformen sind oder wären.

Wenn jemand, mit bedeutungsschwerem Ton in der Stimme, behauptet, es gäbe schließlich auch „andere Formen des Zusammenlebens", genügt es, ihn zu fragen, was er konkret meine, er solle doch Beispiele nennen. Die Erfahrung zeigt: Genannt werden immer nur die Homosexuellen, manchmal noch Wohngemeinschaften, kaum einmal polygame Verhältnisse – und sonst, was könnte denn, wenigstens theoretisch, noch gemeint sein?
Aber sogar wenn man sagt, dies seien eben „alternative Formen" – was soll daraus folgen? Die Benennung mag sein, wie sie will, Wörter ändern so wenig die Realität wie Etiketten den Inhalt der Flasche. Wenn aber heute jemand behauptet, der Familien-Begriff sei unklar, der möge behinderte Heimkinder fragen – auch sie wissen, was eine Familie ist und wonach sie sich sehnen! Sie werden unbeholfen, aber der Sache nach richtig dasselbe sagen wie der Papst: „Die von der Liebe begründete und beseelte Familie ist eine Gemeinschaft von Personen: des Ehemanns und der Ehefrau, der Eltern und der Kinder, der Verwandten. Ihre erste Aufgabe ist es, die Wirklichkeit ihrer Einheit treu zu leben in dem ständigen Bemühen, eine echte Gemeinschaft von Personen zu bilden" [96].
Mit einem Wort: Die Rede von den „alternativen Lebensformen" ist ein großer Bluff, der nur möglich ist, solange man darauf verzichtet nachzufragen, was denn wirklich gemeint sein könnte. Er dient nur einem Ziel:
Die Familie um gesellschaftspolitisch linker Ziele willen madig zu machen.

## 2. Ist Familie überholt?

Diese Behauptung ist ebenso absurd und ohne Bedeutung wie der Versuch der radikalen Feministinnen, den Unterschied von Mann und Frau auf eine frei gewählte „Rolle" herunterzuspielen und nur die unveränderbaren biologischen Fakten Hoden, Eierstöcke ... zähneknirschend anzuerkennen. Es ist ein Kampf gegen Windmühlen. Solange es Menschen gibt, werden Frauen und Männer leben, sie werden sich verlieben, heiraten und Kinder bekommen.

Chesterton hat die Sache treffend auf den Punkt gebracht: Wer sagt, die Ehe passt nicht in die heutige Zeit, gleicht einem, der sagt, die Köpfe der Menschen von heute passen nicht zu den Hutfrmen, die heute modern sind.

### 3. „Privilegierung“ der Familie?

In einem Rechtsstaat kann es keine grundlosen Privilegien geben, weil niemand „gleicher“ ist als der andere. Wenn aber jemandem dennoch ein Recht oder ein Vorteil zugeordnet wird, die andere nicht beanspruchen können, dann nur in Hinblick auf eine besondere Leistung, auf eine besondere Verpflichtung oder auf eine besondere Belastung des Empfängers, die das Privileg als gerechtfertigt erscheinen lassen.

Nun aber leistet die Familie unvergleichlich viel: Durch die Kinder sichert sie die Zukunft einschließlich der Pensionen, sie gibt den Mitgliedern in hohem MaßeSicherheit und Halt und sie ist der Ort, an dem die Identität eines Volkes lebendig bleibt.

Darum soll der Staat die Familie anerkennen als die Zelle der Gesellschaft. Wohlbemerkt: Die „Anerkennung“ der Person gilt jedem Menschen, gleichgültig, in welcher Lebensform er lebt.

Hier ist aber die Rede von der „Anerkennung“, die der Staat der Lebensform als solcher gewähren sollte. Aber diese „Anerkennung“ gebührt nur der Familie, weil es keine andere gibt, die vergleichbare Leistungen für das Gemeinwohl erbringt. Auch „andere Lebensformen“ der Familie „gleichzustellen“, wäre ungerecht aus dem einfachen Grund, weil sie eben „anders“ sind! Das sollte den Gesetzgeber freilich nicht hindern, auch in Bezug auf andere, nicht familiäre Beziehungen von Menschen Gesetze zu machen, um Härtefälle hintanhalten, wie sie zum Beispiel bei unverheirateten Paaren leicht vorkommen können: Einer von beiden stirbt ohne Testament – sollen dann die Verwandten des Toten schlechthin alles erben? Auch dann, wenn der Lebensgefährte den Partner jahrelang gepflegt hat? Muss der Zurückgebliebene die Wohnung räumen? Mit Recht wird der Gesetzgeber für solche Fälle eine angemessene Regelung suchen.

Aber diese sollte deutlich „unter" jener liegen, die für die Familie gilt. „Unter" heißt: Diese Rechte sollten viel geringer sein als die eines Menschen, der, im Unterschied zum bloßen Lebensgefährten, durch sein eheliches Jawort die volle Verantwortung für den Partner übernommen hat.

### 4. Homosexuelle Ehen?

*Anmerkung: Die folgenden Gedanken habe ich, vor Jahren, in einem Artikel in „Die Presse" (Wien) dargelegt. Am Tag des Erscheinens der Zeitung geschah etwas Einmaliges in meinem Leben: Kardinal König persönlich rief mich an und dankte mir dafür. Auf meine Frage hin, ob ich diese seine Zustimmung erwähnen dürfe, antwortete er: Ja, das dürfen Sie! Nicht aus Eitelkeit, sondern um den Leser geneigter zu machen sich auf meine Argumente einzulassen, erwähne ich dieses Ereignis.*

In manchen Ländern können homophil veranlagte Menschen bereits „heiraten", in anderen wird die „Schwulen-Ehe" vor allem von den Betroffenen vehement gefordert.
Entsprechende Berichte über solche „Hochzeitsfeiern" am Fernsehen lösen bei vielen Menschen zwar immer noch Kopfschütteln aus, aber es ist leider wahrscheinlich, dass man im Namen des – falsch verstandenen – Gleichheits-Grundsatzes in so manchem Land Gesetze in eben diesem Sinn verabschieden wird! Die Forderung nach der Ehe von Homosexuellen wobei die Lesben mitgemeint sind ist dabei nur die auffallendste, spektakulärste Einzelheit eines Kampfes, der sich gegen *jede* Form der „Diskriminierung" der Homosexuellen wendet und deren Rechte als „unterdrückte Minderheit" man erstreiten will. Voraussetzung ist dabei die These, Homosexualität sei nur eine *andere* und seltenere, aber in keiner Hinsicht *schlechtere* Form sexueller Ausrichtung als Heterosexualität. Von „Krankheit" oder gar einer „Perversion" zu sprechen, wäre schon, sagt man, die erste Diskriminierung und der Anfang jeder weiteren.
Bedenkt man, wie oft in der Geschichte Homosexuelle unter ihrer sexuellen Orientierung zu leiden hatten und mit welcher Brutalität

sie z. B. in der NS-Zeit verfolgt wurden, wird man zugeben müssen: Um der betroffenen Menschen willen muss man das Anliegen ernstnehmen und nur eine differenzierte Antwort kann der Komplexität der Frage genügen.

Zunächst die grundsätzliche Frage: Was ist Sexualität? Bei der Beantwortung dieser Fragen ist die Menschheit zwar auch einige Um- und Irrwege gegangen, aber letztlich hat sich weltweit die jüdisch-christliche Antwort durchgesetzt: Die Sexualität ist die fruchtbare Körpersprache der Liebe zwischen Mann und Frau und hat ihren eigentlichen Platz in der Ehe.

Auf diesem Hintergrund erscheint Homosexualität allerdings nicht nur als harmlose Variante der Natur, sondern als etwas Krankhaftes, eine Art Karikatur dessen, was die sexuelle Beziehung eines Mannes und einer Frau sein sollte. Niemand kann bestreiten, dass homosexuelle Beziehungen steril sind, auf der biologischen Ebene die Sexualität aber ihren ersten Sinn in der Fortpflanzung hat. Außerdem lässt die Struktur des menschlichen Leibes eine wirkliche Liebes-Vereinigung zweier gleichgeschlechtlicher Körper nicht zu: Man kann sie „wollen“, aber nicht vollziehen. Aber, wendet man ein, warum sollen die sexuellen Akte zwischen homosexuell verlangenden Menschen nicht, „ebenso“ wie bei den heterosexuellen Beziehungen, Ausdruck der Liebe sein?

Die Frage verweist auf einen geheimnisvollen Aspekt des menschlichen Leibes: Die „Grammatik“ der Körpersprache lässt sich nicht willkürlich umdefinieren. Nicht jeder sexuelle Akt lässt eine Beseelung durch die Liebe zu und nicht einmal die natürliche Vereinigung ist mit Naturnotwendigkeit Ausdruck der Liebe. Gegenseitige Hilfe zur sexuellen Befriedigung ist etwas anderes als Vereinigung in Liebe. Das heißt konkret: Analverkehr oder irgendeine andere sexuelle, unnatürliche Handlung wird durch kein Wollen und kein sexuelles Verlangen zum körperlichen Ausdruck von Liebe, weder bei heterosexuell noch bei homosexuell orientierten Menschen, auch nicht, wenn sie sich lieben. Der verkrampfte Versuch, die Wirklichkeit der Ideologie zu unterwerfen, hat sich in der Geschichte der Menschheit noch immer als fatal und leidbringend erwiesen. Erst von diesen Voraussetzungen her lässt sich dann auch sinnvoll einer-

seits über die Berechtigung von Strafbestimmungen gegen die Propagierung von Homosexualität und gegen ein Hineinziehen von Jugendlichen in homosexuelle Praktiken, andererseits die gesetzliche Ehe von Homosexuellen diskutieren.
Ebenso lässt sich über den Vorwurf, Homosexuelle würden heute „noch immer diskriminiert", erst dann reden, wenn man weiß, was Homosexualität ist und wenn man sich über den Begriff „Diskriminierung" klargeworden ist. Da der Begriff in jedem Fall etwas Unrechtmäßiges bezeichnet, sollte man sich von leeren Beteuerungen, man dürfe Homosexuelle nicht „diskriminieren", ab- und der eigentlichen Frage zuwenden, *wodurch* sie denn „diskriminiert" werden. Denn dass man niemand und darum auch Homosexuelle nicht „diskriminieren" dürfe, versteht sich von selbst. Die Frage ist vielmehr: Wer diskriminiert wodurch Homosexuelle? Der Gesetzgeber? Die Kirche mit ihrer Moral? Sind es diejenigen, die Homosexuelle für irgendwie „fehlorientiert" halten? Vielleicht auch derjenige, der seine Kinder einem homosexuellen Erzieher nicht anvertrauen will? Oder sind Homosexuelle diskriminiert, weil sie nicht „heiraten dürfen"?
Wollte man diese Fragen mit Ja beantworten, würde das bedeuten, dass man die oben skizzierten Wahrheiten nicht aussprechen und auch keine Folgerungen aus ihnen ziehen darf. In Bezug auf die aktuelle Frage nach der „Schwulen-Ehe" soll das Problem weiter geklärt werden.

### 5. Gründe für eine „Ehe" von Homosexuellen

Die Forderung nach der Ehe von Homosexuellen wird von vielen als Ausdruck besonderer Toleranz gewertet, und sie scheint vor allem drei gute Gründe für sich in Anspruch nehmen zu können:

- Da ist erstens das grundsätzliche Anliegen der Rechtsgleichheit zu nennen. Wenn alle Menschen wirklich „gleich" behandelt werden, so wird argumentiert, müssten Homosexuelle doch ebenfalls heiraten dürfen – nach Maßgabe ihrer Möglichkeiten, aber eben doch!

- Eine homosexuelle Ehe scheint sich auch zu empfehlen in Hinblick auf empirische Untersuchungen, die beweisen, was man sich eigentlich ohnehin denken kann: dass nämlich homosexuelle Promiskuität mehr Probleme aufwirft als stabile Beziehungen von Homosexuellen. Daher, so folgert man, sollten diese gefördert werden, und zwar durch Eheschließung.
- Von AIDS leitet sich ein drittes Argument ab: Flüchtige Beziehungen enthalten ein viel größeres Ansteckungsrisiko als Treue in der Ehe, und das gilt erst recht für die Risikogruppe der Homosexuellen. Homosexuellen-Ehe als AIDS-Vorsorge würde nicht nur großes menschliches Leid vermeiden helfen, sondern der Allgemeinheit auch viel Geld ersparen.

## 6. Homosexuelle Ehe – ein Widerspruch

Wer über die Ehe Homosexueller redet, muss vorweg sagen, was er mit „Ehe" eigentlich meint: Denn mit „Ehe" kann die spezifische Verbindung von Mann und Frau gemeint sein oder auch nur jenes Bündel von Rechtsfolgen, das bisher wegen der besonderen Wertschätzung der Familie nur den Ehepartnern zugebilligt wurde.
Die Rechtsfolgen einer Eheschließung kann man außerdem einteilen in solche, die man auch ohne Eheschließung durch einen rechtsgültigen Vertrag beim Notar erwerben kann, und andere, die der Gesetzgeber der Ehe vorbehalten hat. Auf Grund dieser Voraussetzungen ist zu sagen:

### *a. Homosexuelle können nicht heiraten, weil sie es nicht können*

Ehe als Verbindung von Mann und Frau ist Homosexuellen nicht möglich, weil sie eben nicht Mann und Frau sind. Nicht ein religiösweltanschaulicher oder juristischer Grund ist es, der gegen „homosexuelle Ehen" spricht, sondern die Wirklichkeit, wie sie eben ist, die eine „Ehe" von Homosexuellen als widersprüchlich und unmöglich erweist. Wenn eine Regierung auf die Idee käme, das Recht auf Schwangerschaft und Gebären auch für Männer gesetzlich festzu-

schreiben, würde dennoch nie und nimmer ein Kind von einem Mann empfangen werden!
So auch hier: Das Parlament kann zwar beschließen, das Zusammenleben von Homosexuellen „der Ehe gleichzustellen“, aber an der Realität würde sich dadurch nichts ändern: Eine homosexuelle Beziehung ist und bleibt eine homosexuelle Beziehung, und kein Gesetz kann sie in eine Ehe verwandeln! Denn Ehe ist nun einmal die Gemeinschaft von Mann und Frau, hingeordnet auf die Zeugung und Erziehung von Kindern. Kein Parlament hat Macht über die Wirklichkeit. Richtig und Falsch, Gut und Böse vom „Meinen“ irgendwelcher Menschen abhängig machen zu wollen, hat schon Cicero einen „Wahnsinn“ genannt.
Mit anderen Worten: Homosexuelle können nicht heiraten, weil sie es nicht können! Darum ist es auch sinnlos zu fragen, ob man es ihnen erlauben sollte.
Übrigens „können“ sie aus ähnlichen Gründen auch nicht „Eltern“ sein und es wäre eine neue, abstruse Form von Gewalt gegen Kinder, Homosexuellen die Adoption zu ermöglichen oder sie gar aus ideologischen Gründen adoptionswilligen normalen Paaren mutwillig vorzureihen, wie es in den USA schon geschehen sein soll.
Abraham Lincoln habe, so wird erzählt, seine Mitarbeiter einmal gefragt: „Wie viel Beine hat ein Schaf, wenn man auch den Schwanz zu den Beinen rechnet?“ Als einer der Angesprochenen zaghaft „Fünf“ sagen wollte, unterbrach ihn Lincoln lebhaft: „Nein, auch wenn Sie den Schwanz ‚Bein‘ nennen, bleibt er ein Schwanz, und das Schaf hat nur vier Beine!“ Ebenso kann man Homosexuelle verheiratet nennen, und sie bleiben doch, was sie sind: Eheunfähige Homosexuelle!
Man mag aus noch zu diskutierenden Gründen homosexuell orientierten Menschen dieses oder jenes Recht einräumen, aber es ist nicht einzusehen, warum man plötzlich zwei so verschiedene „Dinge“ wie Ehe und homosexuelle Beziehung mit einem einzigen Begriff bezeichnen soll. Die Idee, auch homosexuelle Beziehungen „Ehe“ zu nennen, wäre nicht nur eine Verarmung der Sprache, sondern vor allem eine Quelle ständiger Verwirrung. Gegen Verwechslungen gibt es aber nur ein einziges Mittel: Man muss sorgfältig un-

terscheiden! Daher die Forderung: Verschiedene Dinge sollte man auch weiterhin mit verschiedenen Begriffen bezeichnen.

*b. Die gesellschafts-politische Sprengkraft „homosexueller Ehen“*

Homosexuelle „heiraten“ zu lassen, wäre nicht nur widersinnig, es wäre vor allem auch als ein Eingriff in die Grundlagen der Kultur von großer Tragweite. Denn wenn auch Homosexuelle „heiraten“ können, ist das, was die jüdisch-christliche Tradition und mit ihr der Gesetzgeber in den meisten Ländern der Welt als „Ehe“ bezeichnet, begrifflos geworden und aus der Benennbarkeit durch die Sprache verschwunden. Diese Verbannung aus der Sprache hätte eine Verbannung aus dem Bewusstsein – eine moderne „damnatio memoriae“ – zur Folge und wäre eine Art begriffliche Vertreibungspolitik: Die Ehe müsste aus ihrem Begriffshaus ausziehen, um es irgendwelchen Beziehungen sexueller Natur zu überlassen oder mindestens mit ihnen zu teilen – aber so, dass sie ihre Identität und Heimat verloren hätte.

Wie das Sprichwort sagt, setzt sich die Natur immer wieder durch und kommt, wenn man sie vor die Türe setzt, durch das Fenster zurück. Auch eine solch widersinnige Gesetzgebung würde nicht dazu führen, dass die Menschheit ausstirbt. Aber bei einer solchen geistig-gesellschaftlichen Umweltverschmutzung wäre es wie bei den materiellen Umweltproblemen: Erst Jahre später wird die Katastrophe sichtbar!

*c. Der Schaden für die Homosexuelle selbst*

Ein Gesetz, das Homosexuellen-”Ehen“ zulässt, schadet auch den Homosexuellen selbst, und zwar weil es die Verdrängung der Realität begünstigt statt ihr entgegenzuwirken. Wahrheit macht frei und so wäre es ein für die Betroffenen ein wichtiges „Coming out“, wenn sie zugeben könnten: Homosexualität ist eine Fehlentwicklung. Nur wenn man diese Wahrheit „herauskommen“ lässt, kann man richtig damit umgehen und sich bewusst werden, dass der Wert und die Würde eines Menschen nicht von seiner sexuellen Orientierung abhängen! Es gibt keine Homosexuellen, sondern nur Menschen, die neben vielen anderen guten und weniger guten Eigenschaften im sexuellen Bereich eine Störung mit sich tragen.

*d. Gesetzliche Absicherung von Homosexuellen Verbindungen?*

Damit sind „homosexuelle Ehen" als in sich unmöglich erwiesen, aber es bleibt die Frage nach der „gesetzlich geregelten Partnerschaft."

*– Rechtssicherheit für Homosexuelle durch Verträge*

Wenn die Forderung nach „Ehe von Homosexuellen" inhaltlich eigentlich nur darauf ausgerichtet ist, Homosexuellen in ihren Beziehungen eine tatsächlich wünschenswerte Rechtssicherheit zu geben, so lautet die Antwort: Viele Rechte – vom Erbrecht bis zum Recht auf einen Spitalsbesuch – können sich Menschen durch Verträge gegenseitig zuerkennen, und homosexuelle Menschen sollen all diese Möglichkeiten ausschöpfen – niemand will und niemand wird sie daran hindern. Wenn solche Verträge homosexuellen Menschen ein tatsächlich wünschenswertes Mehr an Stabilität verleihen und sie dadurch auch vor AIDS schützen, sind sie zu begrüßen.

*– Ehe-Privilegien für Homosexuelle?*

Eine ganz andere Frage ist es freilich, ob der Gesetzgeber den Homosexuellen die bisher den Ehepartnern vorbehaltenen Rechte zuerkennen soll.

Die Antwort darauf geht gerade von jener Prämisse aus, die von den Homosexuellen ins Feld geführt wird, nämlich dem Gleichheitsgrundsatz, und lautet: Wollte man homosexuelle Beziehungen der Ehe in Hinsicht auf die Rechtsfolgen „gleichstellen", hätte man Ungleiches „gleich" behandelt – und das ist gegen den Gleichheitsgrundsatz.

Es ist ja geradezu die Definition sozial-politischen Unrechts, wenn jemand oder eine Gruppe soziale Leistungen ohne Gegenleistung für sich in Anspruch nimmt. Ehe und Familie werden ja nicht besser gestellt um politisch schlau ersessener Privilegien willen, deren Begründung niemand mehr weiß, sondern wegen ihrer unersetzbaren Leistung für das Gemeinwohl – einer Leistung, die niemand sonst und schon gar nicht die Homosexuellen erbringen!

Ja, man soll Homosexuelle „gleichbehandeln", und das heißt, sie *anders* behandeln wie Ehepaare und sie *so* behandeln, wie alle anderen unverheirateten Bürger! Denn die – in vielen Ländern ohnehin ausgehöhlten – Ehe-und Familienvorteile kann nur der in Anspruch nehmen, der verheiratet ist, wobei der Gesetzgeber um des Gleichheitsprinzips willen kinderlose Ehepaare und kinderreiche Familien „ungleich" behandeln sollte. Da die Homosexuellen zur Eheschließung leider nicht in der Lage sind und außerdem durch ihre Instabilität und die höhere AIDS-Rate die Allgemeinheit ohnehin zusätzlich belasten, ist nicht einzusehen, warum ihnen der Staat Vorteile einräumen sollte, die er anderen Menschen, die aus irgendeinem Grund in einem Haushalt leben, nicht gibt. Soll er homosexuelle Menschen auf Kosten aller anderen allein dafür „belohnen", dass sie gleichgeschlechtliche Beziehungen pflegen? Dann hätten in einer empörend ungerechten Weise homosexuelle Paare Vorteile gegenüber anderen, die ohne sexuelle Motive zusammenleben, und das verstieße tatsächlich in höchstem Maße gegen den Gleichheitsgrundsatz, der doch besagt: Gleiches gleich und Ungleiches ungleich behandeln! Das gilt übrigens auch für die Frage des „gleichen" Jugendschutzalters für normal veranlagte Jugendliche und Homosexuelle: Tatsächlich sollte der Gesetzgeber Jugendliche vor homosexuellen Kontakten länger schützen als vor heterosexuellen, und Buben anders als Mädchen. Denn die homosexuelle Beziehung ist dem hetero-sexuellen Verkehr eben nicht gleichzusetzen und sollte daher auch nicht *gleich* behandelt werden. Das versteht man freilich nur dann, wenn man sich konkret vorstellt, was im einen und anderen Fall tatsächlich geschieht, bei Buben und bei Mädchen.

Eine „Gleichstellung der Homosexuellen", wie sie gefordert wird, wäre nicht eine „Gleichstellung", sondern eine durch nichts begründete Besserstellung! Dabei sollten vor allem die Homosexuellen selbst auch dies nicht übersehen: Unbegründete Privilegien rufen Aggressionen auf den Plan und könnten gerade im Zusammenhang mit Homosexualität in bestimmten Kreisen Reaktionen auslösen, die wahrhaftig niemand wünschen kann! Homosexuelle sollen alle Rechte haben wie alle anderen Bürger auch, aber nicht *weil* sie Homosexuelle sind, sondern, und das ist wichtig zu sagen, *unabhängig* davon! Heterosexuelle Menschen haben nicht „mehr Rechte" als Homosexuelle. Richtig ist vielmehr, dass sie etwas können, was Homosexuelle und manch andere Menschen bedauerlicherweise nicht können, nämlich heiraten. Es ist wie in anderen Bereichen auch: Blinde können nicht Auto fahren, aber nicht, weil sie „weniger Rechte" als Sehende haben, sondern weil sie es nicht können! Könnten die Homosexuellen dies anerkennen, wäre dies eine gute Basis, um die Frage der „Diskriminierung" von Homosexuellen in Ruhe und ohne Aggressionen mit ihnen zu überlegen und auszumerzen.

# XXIV.

# AIDS

AIDS, die Pest des 20. Jahrhunderts, ist in doppelter Hinsicht eine eigenartige Krankheit: einmal medizinisch gesehen, denn AIDS ist in gewissem Sinn keine Krankheit, sondern macht den Körper wehrlos gegen jedwede Krankheit. AIDS erregt die Gemüter aber aus einem anderen Grund: Die häufigste Übertragung der tödlichen Infektion geschieht durch homosexuellen Geschlechtsverkehr und durch Promiskuität, also durch zwei Verhaltensweisen, die die Kirche Sünde nennt. Auf der anderen Seite ist es klar, dass AIDS aussterben würde, wenn die Menschen auch nur einige Jahre nach der katholischen Moral leben würden.

Jene Ideologen, deren Sexualmoral durch AIDS gleichsam ad absurdum geführt worden ist, wollen nicht aufgeben. Darum versuchen sie einerseits nachzuweisen, dass AIDS keineswegs vor allem die Homosexuellen betrifft – „AIDS geht alle an", sagen sie –, andererseits wollen sie Homosexualität mit allen Mitteln gesellschaftsfähig machen. Daher stellen sie nicht das ansteckende Verhalten in Frage, sondern proklamieren „sicheren Sex" durch Kondome.

## 1. Was sagt die Kirche zu AIDS?

Aus ihrer grundsätzlichen Haltung ergibt sich die Antwort:

- Sie wünscht und hofft, dass die Ärzte auch diese Krankheit besiegen werden.
- Sie begleitet die Kranken und Sterbenden auf ihrem Leidensweg.
- Sie glaubt, dass alle Leiden dieser Welt mit der Sünde zusammenhängen.
- Sie ist überzeugt, dass jedes Leid, das ein Mensch als Kreuz annimmt, zum Heil der Welt beiträgt – also auch das Leiden der AIDS-Kranken.

- Sie lehnt eine oberflächliche Straftheorie – „Wie schwer muss die Sünde sein, wenn Gott ‚dafür' eine solche Strafe schickt?" – ab. Dass man *so* nicht denken darf, sagt Jesus klar in der Geschichte vom Blindgeborenen (Joh 9,1-12).
- Die Kirche hält homosexuelles Verhalten für eine Sünde, und zwar unabhängig davon, ob Menschen dadurch krank werden oder nicht.
- Sie glaubt, dass AIDS nur durch die Verantwortung und eine Verhaltensänderung der Menschen wirklich besiegt werden kann. Dies umso mehr, da Kondome in der Praxis keineswegs einen so guten Schutz darstellen wie die Werbung glauben macht. Auch wenn Kondome vordergründig einen gewissen Nutzen bringen, so ist ihre Propagierung sicherlich zum Scheitern verurteilt.

## 2. Was denkt die Kirche über Kondome?

In bestimmten Kreisen und von Medien-Leuten wird die Frage immer wieder und wieder gestellt, und zwar vor allem wegen AIDS, aber auch im Zusammenhang mit Bevölkerungs-Wachstum und Empfängnisverhütung. Geflissentlich fügt man hinzu: Ein Kondom wäre doch besser als eine Abtreibung und besser als eine tödliche Ansteckung?
Ob und in welchem Umfang auch Kondome gesundheitliche Risken bergen [97], müssen die Mediziner klären. Der Beitrag der Kirche lässt sich in zehn Antworten auf zehn Fragen darstellen:

*– Lässt es die Christen kalt, wenn Menschen an AIDS erkranken?*
Natürlich nicht! Durch ihre Lehre kämpft die Kirche gegen die Ausbreitung der Seuche, sie pflegt die Kranken und tröstet die Sterbenden.

*– Ist es eine Sünde, einen anderen dem Ansteckungsrisiko auszusetzen?*
Ja, denn es steht geschrieben: Du sollst nicht morden!

*– Darf man, wenn man Kondome benützt, außerehelichen oder homosexuellen Verkehr haben?*
Nein, beides ist eine Sünde, mit und ohne Kondom.

*– Hat Paul VI. Kondome in seiner Enzyklika „Humanae vitae" als Sünde verurteilt?*
Nein, Paul VI. hat von Empfängnisverhütung in der Ehe gesprochen, nicht von Kondomen und schon gar nicht über homosexuelle Beziehungen. Aber Paul VI. lehrt: Auch für gute Ziele wie eine vernünftige, von der Kirche für gut und richtig gehaltene Empfängnisregelung um der Familie oder um der Bevölkerungsentwicklung willen soll man keine schlechten Mittel wie Kondome oder andere Verhütungsmittel einsetzen. Übrigens hat sich gezeigt, dass gerade für Entwicklungsländer die Natürliche Empfängnisregelung besonders günstig ist, gerade auch für die Anerkennung der Frauen. Denn dabei ist der Mann gefordert, sich dem weiblichen Rhythmus unterzuordnen [98]!

*– Wenn jemand aber trotz des Gebotes Gottes sündigt, sollte er dabei das Risiko für sich und den Partner nicht wenigstens durch einen Kondom senken?*
Ja, wenigstens das. Aber die Kirche gibt keine Ratschläge, wie man gefahrloser sündigen kann.

*– Warum ist die Kirche dennoch gegen Kondome?*
Weil auch eine kleinere Sünde eine Sünde ist und weil das Kondom das Risiko nur reduziert, nicht aber Sicherheit bietet. Die Rede vom „safer sex" ist eine Irreführung. Es bleibt ein gewisses Risiko, das übrigens für Frauen deutlich höher ist als für den Mann.

*– Wenn das Kondom die Gefahr reduziert: Sollte man dann nicht doch dafür Werbung machen?*
Nein, denn eine Werbung für eine Ware, von deren Gebrauch man gleichzeitig warnen muss, ist ein Widerspruch: „Kauft Kondome, aber verzichtet auf das, wofür sie gemacht sind, weil sie nämlich unsicher sind."

*– Dürfen Eheleute, wenn einer der beiden AIDS-krank ist; Kondome benützen?*
Leider nein! Durch den häufigen Verkehr in der Ehe steigt das Risiko dramatisch an. Ein Versuch mit solchen Paaren in den USA musste abgebrochen werden: Nach etwa 15 Monaten waren bereits 10% der vorher Gesunden angesteckt.

*– Dürfen sich solche Ehepaare nicht mehr lieben?*
Doch, aber angesichts von AIDS fordert die Liebe den Verzicht auf die körperliche Liebe. „Liebe“, die dem anderen den Tod bringen kann, ist keine wahre Liebe.

*– Was soll man gegen AIDS tun?*
In Kenia wirbt sogar der Staat für voreheliche Enthaltsamkeit und eheliche Treue, um AIDS hintanzuhalten. Denn abgesehen von seltenen Unglücksfällen durch eine infizierte Blutkonserve ist man vor AIDS durch ein Leben nach den Geboten Gottes in absoluter Sicherheit.

# XXV.

## Überbevölkerung und Kirche

Glaubt man der öffentlichen Meinung, so ist die Welt von einer Menschen-Explosion ernsthaft bedroht und Explosionen sind gefährlich, das weiß man. Man muss etwas tun! Aber, so meinen zähneknirschend viele Gegner der Kirche und ratlos manche ihrer Freunde, der Papst widersetzt sich wieder einmal der Rettung der Welt, die zwar nicht leicht, aber doch möglich wäre – wenn er doch ein Einsehen hätte!

Die andere Sicht hingegen schaut so aus: Die angeblich so wohltätigen Programme der UNO, der Weltbank, von *Planned Parenthood* – einer Organisation, die ihre geistigen Wurzeln nachweislich in der NS-Rassenlehre hat – helfen den Menschen nicht nur nicht, sondern vergewaltigen ihre fundamentalen Rechte und lenken von den eigentlichen Problemen ab, die mit der Moral oder Unmoral empfängnisverhütender Mittel nur wenig zu tun haben.

Entschlossen, die prophetische Kritik der Kirche an den UNO-Programmen zu übergehen, stürzt man sich auf das ewige Reizthema der Kritik, auf das Nein zur „künstlichen" Empfängnisverhütung – so, als wäre hier der goldene Schlüssel zur Lösung aller Probleme versteckt, bewacht vom Papst wie dem Drachen im Märchen!

Aufgebrochen wird diese kurzschlüssige Sicht der Dinge durch jene Fragen, ohne deren – nur mit Hilfe mehrerer Wissenschaften mögliche – Beantwortung man über Überbevölkerung nicht reden sollte:

- Überbevölkerung setzt logisch einen Bezugspunkt voraus: In Bezug auf welchen Engpass ist Überbevölkerung zu definieren? „Über" in Bezug auf die Nahrungsmittel-Produktion wie Malthus glaubte? „Über" wegen der zu knappen Ressourcen wie der – inzwischen durch die Fakten vielfach wiederlegte – „Club of Rome" meinte? Oder „Über" in Anbetracht der Umweltschäden, die der giftige Schimmelpilz namens Mensch – so denken manche – der armen Erde antut?

- Wenn es die Überbevölkerung gibt: Wo gibt es sie, wo nicht, wo ist Unterbevölkerung das Problem? Sollten nicht die Europäer und Amerikaner, die an Unterbevölkerung leiden, vor allem von *ihrem* Problem, der Bevölkerungs-Implosion nämlich, reden und bezüglich der Überbevölkerung den Betroffenen zumindest das letzte Wort überlassen?
- Was sind die Ursachen der Überbevölkerung? Gibt es nur *eine* Ursache oder spielen dabei *viele* Faktoren eine Rolle? Wer hat Recht: die, die behaupten, Überbevölkerung führe zur Armut, oder jene, die sagen, es sei umgekehrt: Armut führt zur Überbevölkerung, und die einzig wirkungsvolle „Pille“ ist folgerichtig Entwicklung und Überwindung der Armut?
- Welche Mittel gegen Überbevölkerung gibt es? Bringen die, die man heute glaubt anwenden zu sollen, die gewünschten Resultate? Vermindern sie die Armut oder nur die Armen? Sind die Berichte von erzwungenen Abtreibungen z. B. aus China und ebensolchen Sterilisierungen in Indien auf 6 Millionen geschätzt! nur Pannen eines an sich guten Programms oder kommen sie aus der gleichen Ideologie wie der perverse – sogar in Dokumenten der UNO verwendete – Begriff der „sicheren Abtreibung“, der an eine für den Henker „sichere Hinrichtung“ erinnert?
- Auf welche Schichten werden die Programme der Bevölkerungs-Kontrolle angewandt: auf die weiße Oberschicht oder (nur?) auf die farbigen, armen Frauen? Ist es wahrscheinlich, dass die Industrienationen Milliarden Dollar nur aus Nächstenliebe ausgeben – die gleichen Reichen, die ihre Märkte den Entwicklungsländern trotz allen Lobes für die freie Marktwirtschaft nicht wirklich öffnen wollen? Freiheit für die eigenen Interessen ja, aber Freiheit auch für die der anderen? Welche Motive könnte die unerwartete Großzügigkeit der Reichen haben? Ist es nicht eigenartig, dass die angeblich so selbstlose Hilfe zum größten Teil in die Kassen der Verhütungsindustrie der reichen Länder zurückfließt? Es ist schwierig, einem Chirurgen zu vertrauen, der mit ständig wechselnder Argumentation zur Amputation rät, Inhaber der

einzigen Prothesenfabrik ist und dem Patienten droht jede andere Therapie einzustellen, wenn er sich nicht endlich den Fuß abschneiden lässt! Aber genau so verhalten sich die Reichen.

- Wer soll über die Kinderzahl entscheiden: die Familie oder Beamte einer zentralen Planstelle im Dunstkreis der UNO? In jeder Hinsicht hat sich Planwirtschaft als unbrauchbar und menschenfeindlich erwiesen – und jetzt soll sie im Intimbereich der Familie fröhliche Urstände feiern? Fröhlich für wen?

Natürlich, es gibt Gründe, die Kinderzahl zu beschränken. Die Kirche will nur nicht, dass die Eltern entmündigt und bevormundet werden von Menschen und Politikern, die weit weg sind, die konkreten Probleme der Leute gar nicht kennen können und die außerdem die den anderen aufgedrängten Mittel nicht schlucken müssen – weder sie noch ihre Frauen. „Über"-zählig scheinen eben immer nur die anderen zu sein, jedenfalls nie die Reichen und Weißen – oder wenn, dann nur jene Weiße, die sich dem Interesse der führenden Leute zu widersetzen wagen.
Dagegen könnte man sagen: Aber wie können die Leute mündig über die Kinderzahl entscheiden, wenn sie keine Verhütungsmittel kennen, geschweige denn sich diese leisten können? An dieser Frage scheiden sich die Geister! Aber wie immer man sie beurteilt, in dreifacher Weise kann die Kirche auf jeden Fall punkten: Die Natürliche Empfängnisregelung bereichert nicht schon wieder die Reichen und schafft keine wirtschaftlichen Abhängigkeiten; sie ist sicher nicht gesundheitsschädigend; sie ist eine frauen- und menschengerechte Form der Empfängnisregelung, weil sie die Unterordnung des sexuellen Verlangens vor allem der Männer unter die Gesetzmäßigkeit des weiblichen Zyklus verlangt und damit den sexuellen Macho zum Umdenken geradezu zwingt und der Frau gleichzeitig hilft, ihre Würde zu behaupten. Wenn aber jemand behauptet, die Natürliche Empfängnisregelung NER sei nicht machbar und nicht sicher genug, der kennt die Fakten nicht: Sogar das *British Medical Journal* bestätigt der katholischen Kirche, dass das Verfahren vor allem für die Dritte Welt ausgezeichnet ist.

Mit anderen Worten: Sogar wenn der Papst unrecht hätte mit seiner moralischen Ablehnung empfängnisverhütender Mittel, folgt nicht, dass die entsprechenden Programme der UNO für die Menschen gut sind – erst recht nicht, wenn sie so laufen, wie sie dies derzeit tun.

Aber frei nach Nestroy: Ein Meer von Vernunft ist machtlos gegen die Palisaden der Vorurteile. Über den Standpunkt der Kirche urteilen kann man erst dann, wenn man Antworten auf die gestellten Fragen – und einige andere dazu – zusammengetragen hat. Wer meint, dies sei leicht, weiß nicht, wovon er redet. Was Not tut, ist sachliches Reden über eine Frage, die uns allen auf die eine oder andere Weise unter den Nägeln brennt. Wenn wir aber wegschauen oder uns nur halbherzig informieren, dann machen wir uns mitschuldig an einer der größten und gefährlichsten Menschenrechtsverletzungen der Geschichte. Die europäischen Christen sollten aus der Erfahrung des 20. Jahrhunderts wissen, wie gefährlich es ist, falsche Ideologien und ihre Macher nicht ernst zu nehmen.

# XXVI.

# Abtreibung

## 1. Die heutige Lage

Abtreibung [99] ist so alt wie die Menschheit selbst: Frauen haben aus den verschiedensten Gründen versucht sich des ungewollten Kindes zu entledigen, und Ärzte haben dabei geholfen. Medizinisch betrachtet hat man in unserem Jahrhundert die Methoden verfeinert und zugleich haben sich die Grenzen zwischen Verhütung und Abtreibung – so groß der moralische Unterschied zwischen den beiden ist, wie auch Papst Johannes Paul II. klar feststellt [100] – verwischt. Das geben auch die Befürworter der Fristenlösung unmissverständlich zu. [101]
Bei manchen „Verhütungs“-Mitteln weiß man nur, dass „dann kein Kind kommt“, man weiß aber nicht, ob die Empfängnis =Verhütung oder die Einnistung des empfangenen Kindes =frühe Abtreibung verhindert wurde. Aber nicht nur die Technik des Tötens hat sich verändert, sondern, was viel schlimmer ist, die Bewertung und Haltung zur Abtreibung. Angefangen hat es vor Jahren mit der Propaganda im Hinblick auf tragische Einzelschicksalen wie: Debile Minderjährige wird vergewaltigt und bekommt ein Kind, das höchstwahrscheinlich wieder behindert sein wird ... Da müsse man doch „verstehen“...!
Dazu kamen „vernünftige“ Argumente: Besser wäre „helfen statt strafen“. Engelmacherinnen am Küchentisch könne doch niemand wünschen, das Strafrecht sei praktisch ohne Wirkung, und da wäre es doch besser, unter geordneten Umständen abtreiben zu lassen. Nur so könne man die hohen Dunkelziffern abbauen. Inzwischen weiß man von B. Nathanson, einem „Abtreibungs-Saulus“, der inzwischen ein „Anti-Abtreibungs-Paulus“ geworden ist: Was die Zahlen anlangt, hat man in den USA schamlos gelogen um die legale Abtreibung durchzusetzen! Vorläufig aber ist die Schlacht verloren. Viele Staaten haben unter dem Druck der öffentlichen Meinung

die Abtreibung unter bestimmten Bedingungen legalisiert. Gleichzeitig treibt das Grauen die scheußlichsten Blüten:

- Aus China kommen Berichte über Zwangsabtreibungen und darüber, dass menschliche Embryonen als Leckerbissen feilgeboten werden.[102]
- Mit Hilfe der pränatalen Diagnostik entledigt man sich in Europa und anderswo aller Kinder, die in Verdacht stehen, die Qualitätsnorm „gesund" nicht hinreichend zu erfüllen.
- Embryonales Gewebe wird verwendet, um Cremen herzustellen und neue Medikamente zu entwickeln. Ein neuer Kannibalismus, sagen Lebensrechtler!
- Die internationale Forschung mit menschlichen Embryonen geht weiter, und „schützende" Gesetze werden so angelegt, dass sie den nötigen Forschungsfreiraum sicherstellen.
- Auch die scheinbar dem Leben dienende künstliche Befruchtung weiß nichts von der Heiligkeit des Lebens: Embryonen, deren man nicht mehr bedarf, werden entsorgt, und, wenn sich bei einer künstlichen Befruchtung zu viele Embryonen einnisten, werden diejenigen, die überzählig sind, selektiv vergiftet.
- Die Großmächte der Welt üben auf der Welt-Bevölkerungs-Konferenz von Kairo (1994) Druck aus, um das „Recht" auf „sichere" Abtreibung auch im „Rest" der Welt durchzusetzen. Dass die Nationalsozialisten, gegen die sich die gesamte zivilisierte Welt mit Recht empörte, dieselben Programme den slawischen Völkern zu ihrem „eigenen Wohl" mit Hilfe der fast gleichen „guten Gründen" einreden und auferlegen wollten, interessiert keinen dieser politischen Schreibtischtäter.
- Unter feministischen Druck übernimmt die breite Öffentlichkeit die Meinung, es sei ein Menschenrecht der Frau, „frei" entscheiden zu können, und die Umwelt habe diese ihre Entscheidung zu „respektieren".
- In den USA treibt man noch während des Geburtsvorganges ab, indem man das Hirn des Kindes absaugt. Nur außerhalb des Mutterleibes steht es unter dem Schutz des Gesetzes!

Die grausige Liste ließe sich fast beliebig fortsetzen. Der zweite Holocaust des 20. Jahrhunderts – auch Johannes Paul II. hat diesen Vergleich gewagt! – hat längst ungeheure Dimensionen angenommen. Im Unterschied zur ersten Mordorgie verheimlichen die „Täter“ nicht das, was sie tun – sie tun es ja legal und gleichsam in aller Öffentlichkeit –, sondern es ist ihnen gelungen, das bisher gültige Gewissens-Urteil „Abtreibung ist objektiv die Ermordung eines Kindes“ in den Herzen vieler Menschen zu ersetzen durch: „nicht sehr schön, aber manchmal nötig und der freien Entscheidung der Frau unterliegend.“

Aufgabe des Staates ist bzw. wäre es, das Leben aller Menschen unter den Schutz seines Gesetzes zu stellen und die Ungeborenen nicht willkürlich davon auszunehmen. Das Lebensrecht von bestimmten „Qualitäten“ abhängig zu machen ist eine Schiene, die konsequent zu Ende gedacht nach Auschwitz führt. Wer heute vom Staat eine Wiedereinführung des gesetzlichen Schutzes der Ungeborenen fordert, wird als „Extremist“ eingestuft. Ein solcher ist freilich auch Johannes Paul II., der anlässlich des fünften Jahrestages der Veröffentlichung von „Evangelium vitae“ den Kampf gegen jene Gesetze verlangte, die Töten zulassen. Man sollte sich nicht beirren lassen! Das Ziel, die Fristenlösung zu Fall zu bringen, ist im Augenblick politisch nicht durchzusetzen, das ist wahr. Aber was heißt das schon! Auch das „Tausendjährige Reich“ ist untergegangen, der eiserne Vorhang ist gefallen – warum soll nicht jene große Umkehr möglich sein, die zur Abschaffung der Fristenlösung führen wird? Dann wird es zwar immer noch Abtreibungen geben wie viele andere Untaten auch, aber erstens weniger, und zweitens wird es dann wieder selbstverständlich sein, „dass in allen Ländern der Welt, die man die gesitteten nennt, die Gesetze der Menschen und der Religionen“ Abtreibungen verbieten, wie der sicher als „Nicht-Extremist“ einzustufende Joseph Roth treffend formuliert hat.[103] Die Rückkehr von der Nicht-Anerkennung dieses Rechtes zu seiner Anerkennung begründet den Ehrentitel „Rechtsstaat“ im Vollsinn der Wortes – für „gesittete Länder“.

## 2. Der Kampf gegen Abtreibung

Die einzig wirklich nennenswerte Kraft, die sich diesem Sog des Tötens entgegenstellt, ist die katholische Kirche und ihre Verbündeten, und zwar durch ihren dreifachen Dienst der Wahrheit, des Heilens und des Helfens.

*a. Der Dienst an der Wahrheit*
Auch wenn sich die Gegner vorläufig immer nur die Ohren zuhalten wie die Leute bei der Steinigung des Stephanus, die Kirche muss, gelegen oder ungelegen, die Wahrheit sagen:

- die Wahrheit darüber, wann „der" Mensch, also die Person, die „Ich" sagen wird, beginnt (nicht: „menschliches Leben", denn „menschliches Leben ist auch eine menschliche Samenzelle, auch ein menschliches, noch lebendes Organ, auch eine Zellkultur aus menschlichen Zellen).
- die Wahrheit über die unantastbare Heiligkeit des Lebens jedes Menschen von Anfang an und unabhängig von seiner Qualität.

Die Verteidigung der Abtreibung als „gutes Recht der Frauen" oder sogar als Pflicht, wenn das Kind „unerwünscht" ist, setzt immer bei einem der beiden Punkte ein: Man behauptet, „das", was in der Frau heranwachse, sei noch gar kein Mensch oder man bestreitet die Unantastbarkeit des unschuldigen, menschlichen Lebens und unterwirft es einem Abwägungs-Urteil, das eben auch zu seinen Ungunsten ausgehen kann: dann nämlich, wenn der betreffende Mensch irgendwelche Mängel hat und, sozusagen, die geforderte Zahl an Qualitätspunkten nicht erfüllen kann.

*– die Wahrheit über der Menschen, der für Gott geschaffen ist.*
Wie kann man sich so irren? Johannes Paul II. erinnert in seiner Lebens-Enzyklika an das, was das Konzil gesagt hat: Der Mensch wird sich selbst „durch das Vergessen Gottes unverständlich". Aus einem Ebenbild Gottes wird der Mensch zu einem Lebewesen un-

ter vielen anderen, zu einer „Sache“, über die man verfügen kann [104]. Die Abtreibungs-Epidemie der heutigen Welt ist eine Folge ihrer Gottvergessenheit, sie gehört zu jener eisigen Kälte, die entsteht, wenn sich, nach einem grandiosen Bild F. Nietzsches, die Erde von ihrer Sonne, nämlich Gott, loskettet und in das tote All des Atheismus treibt.
Darum hilft in diesem Kampf zwischen Tod und Leben nichts so sehr wie der Glaube an Christus, der gekommen ist, damit wir das Leben in Fülle haben (vgl. Joh 10,10) [105].

- die Wahrheit über das Gebot Gottes, das da lautet: Es ist niemals erlaubt, einen unschuldigen Menschen direkt zu töten [106]. Das ist die genaue Umschreibung des Fünften Gebotes.
- die Wahrheit über das, was Abtreibung wirklich ist. Man weiß, wie geschickt die dunkle, grauenhafte Seite der Abtreibung in der heutigen Medienwelt tabuisiert wird [107].
- die Wahrheit über Abtreibung im Licht der Gebote Gottes: Objektiv handelt es sich bei der bewussten Tötung eines Unschuldigen um Mord und darum ist Abtreibung eine schwere Sünde [108]. Dabei ist die subjektive Schuld oft sehr unterschiedlich verteilt, manchmal ganz anders als man glaubt. Denn nicht selten ist, wie Johannes Paul II. sagt, Abtreibung – vor allem nach sexueller Gewalt – „eher ein Verbrechen, das dem Mann und der Mitwirkung des Umfeldes anzulasten ist, als eine den Frauen aufzuerlegende Schuld“ [109].
- die Wahrheit über die schlimmen Folgen der Abtreibung, die die Frau zum zweiten Opfer machen. Dabei sind die Frauen, die unter den Folgen der Abtreibung (in der Fachsprache PAS = Post-Abortion-Syndrom genannt) leiden, die eigentlich Gesunden, und jene, die Abtreibung ohne erkennbare Reaktion „wegstecken“, sind viel schlimmer krank, weil ihre Seele verhärtet ist und ihr Gewissen erblindet: Wenn jemand eine Verletzung nicht einmal mehr spürt, müssen die Nervenbahnen zerstört sein – die Wunde ist besonders schlimm! Wie stark verblendende Ideologien sein können, zeigt auch die nicht geführte Diskussion über die medizinischen Folgen der che-

mischen Empfängnis-Verhütung: Nur ab und zu gelangen Berichte – bis hin zu Todesfällen in Folge der Pillen-Einnahme – in die Öffentlichkeit, aber dann tritt wieder Stillschweigen ein, Konsequenzen werden nicht erwogen.

– die Wahrheit darüber, welche Welt-Gefahr die Globalisierung der Abtreibung bedeutet. Mutter Teresa hat immer wieder gesagt, „dass der Hauptzerstörer des Friedens in der Welt von heute die Abtreibung ist.“ Ihre Logik ist unwiderlegbar: „Wenn eine Mutter ihr eigenes Kind töten kann, was hält dich und mich davon ab uns gegenseitig zu töten?“

Was die Kirche zur Abtreibung sagt, hat Johannes Paul II. in kraftvollen Worten, die an die sonst Dogmen vorbehaltene Kirchensprache erinnern, folgendermaßen zusammengefasst:

> „Mit der Autorität, die Christus Petrus und seinen Nachfolgern übertragen hat, erkläre ich deshalb in Gemeinschaft mit den Bischöfen – die mehrfach die Abtreibung verurteilt und, obwohl sie über die Welt verstreut sind, bei der eingangs erwähnten Konsultation dieser Lehre einhellig zugestimmt haben –, dass die direkte, das heißt als Ziel oder Mittel gewollte Abtreibung immer ein schweres sittliches Vergehen darstellt, nämlich die vorsätzliche Tötung eines unschuldigen Menschen. Diese Lehre ist auf dem Naturrecht und auf dem geschriebenen Wort Gottes begründet, von der Tradition der Kirche überliefert und vom ordentlichen und allgemeinen Lehramt der Kirche gelehrt. Kein Umstand, kein Zweck, kein Gesetz wird jemals eine Handlung für die Welt statthaft machen können, die in sich unerlaubt ist, weil sie dem Gesetz Gottes widerspricht, das jedem Menschen ins Herz geschrieben, mit Hilfe der Vernunft selbst erkennbar und von der Kirche verkündet worden ist.“[110]

*b. Der Dienst des Heilens – wenn abgetrieben worden ist*

Sogar die Atheistin Simone de Beauvoir weiß: „Wie viele Frauen werden von der Erinnerung an das Kind gequält, das es nicht gab?“ Das Leiden nach der Abtreibung „trifft“ die ganze Frau, darum bedarf die Heilung von PAS auch des Zusammenwirkens von Priestern, Ärzten und Psychologen. Vorrangige Aufgabe der Kirche ist es dabei, den Frauen und auch den mitschuldigen Ärzten oder Männern die Vergebung der Sünden nicht nur zu predigen, sondern zu vermitteln, vor allem durch das Sakrament der Beichte. Je schneller es ihr gelingt, dieses Sakrament zurückzugewinnen, umso besser kann sie ihren besonderen Beitrag für die Heilung der Abtreibungs-Wunden leisten. Die Kirche soll den Frauen sagen:

- „Kommt her, wir wollen sehen, wer von uns Recht hat, spricht der Herr. Wären eure Sünden auch rot wie Scharlach, sie sollen weiß werden wie Schnee. Wären sie rot wie Purpur, sie sollen weiß werden wie Wolle.“ (Jes 1,18)
- „Selbst wenn eine Frau ihr Kind vergessen würde, Ich vergesse dich nicht. Sieh her, ich habe dich eingezeichnet in meine Hände.“ (Jes 49,15-16)
- Eure Kinder sind bei Gott, sie beten für euch – so sagt es Marthe Robin, die große Mystikerin des 20. Jahrhunderts). Denn das Kind darf sich sagen: „Wenn mich auch Vater und Mutter verlassen, der Herr nimmt mich auf.“ (Ps 27,10)

*c. Der Dienst der Hilfe – das Anbot in der Krise*

Die Kirche muss alles daransetzen, gefährdeten Frauen die nötige Hilfe anzubieten: durch Beratung und seelische Stützung, aber auch durch materielle Angebote aller Art. Dieses Bemühen zu retten soll nichts auslassen: Demonstrationen, öffentliche Kundgebungen, persönliche Gespräche und Ermutigungen, Geldzuwendungen, Bereitstellung von Wohnraum, Aufnehmen in eine Familien-Gemeinschaft ... was immer eben gerade nötig und Thema ist. Niemand soll sich ausnehmen. So wichtig Institutionen sind, ohne die persönliche Beziehung vor allem von Frau zu Frau erreichen die „Rettungsringe“ jene nicht, die verzweifelt nach ihnen Ausschau halten. Wenn eine Frau die Krise durchsteht und sich für das Kind entscheidet, dann ist die Arbeit nicht zu Ende, sondern beginnt erst recht mit der Frage, was nötig ist, damit die Frau das Kind in einer angemessenen Weise bekommen und erziehen kann.

Besonders wichtig ist es, dabei das Angebot der Pflegefamilien wahrzunehmen. Denn diese ermöglichen der Frau in aller Ruhe zu entscheiden, und zwar, das ist hier wichtig, ohne dass das Kind, „inzwischen" im Heim untergebracht, die Zeit des Wartens mit seelischen Entbehrungen „bezahlen" muss.

## 3. Die Botschaft des Papstes an die Frauen, die abgetrieben haben

Abtreibung ist Mord, aber paradoxerweise ist es dennoch falsch, die Frauen als „Mörderinnen" zu verurteilen (viel eher wohl die Ärzte, die sich dazu hergeben, obwohl man letztlich über keinen Menschen, was immer er getan hat, ein letztes Urteil fällen kann und darf).
Die Worte, die Johannes Paul II. an die Frauen, die abgetrieben haben, richtet, spiegeln in der besten Art und Weise, wie die Kirche zu ihnen steht und was sie ihnen sagen möchte:

> „Die Kirche weiß, wie viele Bedingtheiten auf eurer Entscheidung Einfluss genommen haben können, und sie bezweifelt nicht, dass es sich in vielen Fällen um eine leidvolle, vielleicht dramatische Entscheidung gehandelt hat. Die Wunde in euerem Herzen ist wahrscheinlich noch nicht vernarbt. Was geschehen ist, war und bleibt in der Tat zutiefst unrecht. Lasst euch jedoch nicht von Mutlosigkeit ergreifen und gebt die Hoffnung nicht auf. Sucht vielmehr das Geschehene zu verstehen und interpretiert es in seiner Wahrheit. Falls ihr es noch nicht getan habt, öffnet euch voll Demut und Vertrauen der Reue; der Vater allen Erbarmens erwartet auch euch, um euch im Sakrament der Versöhnung seine Vergebung und seinen Frieden anzubieten. Ihr werdet merken, dass nichts verloren ist, und werdet auch euer Kind um Vergebung bitten können, das jetzt im Herrn lebt. Mit Hilfe des Rates und der Nähe befreundeter Menschen werdet ihr durch euer erlittenes Zeugnis zu den beredtesten Verfechterinnen des Rechts aller auf Leben zählen können. Durch euren Einsatz für das Leben, der eventuell von der Geburt neuer Geschöpfe gekrönt und

mit der Aufnahme und Aufmerksamkeit gegenüber dem ausgeübt wird, der der Nähe am meisten bedarf, werdet ihr eine neue Betrachtungsweise des menschlichen Lebens schaffen".[111]

## 4. Verhinderung von Abtreibung durch Verhütung?

„Es wird häufig behauptet, die sichere und allen zugänglich gemachte Empfängnisverhütung sei das wirksamste Mittel gegen die Abtreibung. Sodann wird die katholische Kirche beschuldigt, de facto der Abtreibung Vorschub zu leisten, weil sie weiter hartnäckig die moralische Unerlaubtheit der Empfängnisverhütung lehrt." So gibt Johannes Paul II. in *„Evangelium vitae"* einen gängigen Einwand gegen die Kirche wieder, und auch seine Gegner müssen zugeben: Ja, genau das ist unser Vorwurf, er hat gut zugehört, er weiß, was wir sagen!
Und – ist er richtig? Oder vielleicht doch nicht? Natürlich ist es wahr, dass man ein ungezeugtes Kind nicht abtreiben kann, und das versteht jedes Kind! Aber da der Mensch aus Leib und Seele besteht, ist auch sein sexuelles Verhalten nicht nur Sache der Biologie. Dass das von vielen gut gemeinte Rezept: „Verhüten statt Abtreiben" nicht greift, ist zunächst einmal ein Faktum, das die Statistik beweist: Während der Einsatz von Verhütungs-Mitteln steigt und steigt und die Abtreibungszahlen in umgekehrter Richtung fallen und fallen müssten, sagt die Erfahrung: Nein, so ist es nicht, verblüffender Weise sogar im Gegenteil: Dem Mehr an Verhütungs-Mitteln entspricht ein Mehr von Abtreibungen. Juda Bury, die keineswegs die katholische Sicht vertritt, stellt fest: „Es gibt einen überwältigenden Beweis, dass im Gegensatz zu dem, was man erwarten möchte, die Verfügbarkeit der empfängnisverhütenden Mittel zu einem Anstieg der Abtreibungsrate führt."[112] Auch der berühmte A. Kinsey hat diese Beobachtung gemacht: Diejenigen, die abtreiben, sind hauptsächlich diejenigen, die Verhütung praktizieren.[113] Das wichtigste Zeugnis in dieser Richtung stammt von M. Pott, ehemaliger medizinischer Direktor von *„International Planned Parenthood"* (IPPF), und dazu muss man wissen: Diese Organisation

ist weltweit führend in der Propaganda für Verhütung und Abtreibung, geleitet von teils rassistischen und teils wirtschaftlichen Motiven. Dieser M. Pott nun sagt: „Wenn sich die Menschen der Verhütung zuwenden, fällt die Abtreibungsrate nicht, sondern sie steigt an.“[114]

Freilich, es gibt einige weniger Länder, wo es angeblich nicht so ist. Angeblich, denn erstens könnte eine allzu brutale Sterilisierungs-Kampagne ausnahmsweise wirklich die Abtreibungszahlen sinken lassen und zweitens muss man kritisch überprüfen, was als Abtreibung gerechnet und was nicht als Abtreibung gewertet wird z. B: die „Pille danach“ und auch die „richtige“ Abtreibungs-Pille Mifegyne. Aber weltweit lässt sich nachweisen: Dem Mehr an Verhütungs-Mitteln entspricht ein Mehr von Abtreibungen und daraus ergibt sich die Frage: Warum ist das so, warum geht die scheinbar so einfache Rechnung: „Mehr Verhütung – weniger Abtreibung“ nicht wirklich auf? Um der Gerechtigkeit willen sei der Antwort vorausgeschickt: Es gibt zweifellos katholische und andere Ehepaare, die zwar meinen, verhüten zu sollen und zu dürfen, die aber niemals abtreiben würden. Sie sind froh sich durch Verhütung jeder Versuchung zur Abtreibung zu entziehen. Bei denen stimmt es in etwa: Wenn sie verhüten „dürfen“, werden sie nicht abtreiben, wahrscheinlich auch dann nicht, wenn die Verhütung versagt.

Anders verhält es sich bei den vielen Menschen, die mit einer radikal hedonistischen Einstellung an die Sexualität herangehen: Ihr „sexuelles Leben“ steht in erster Linie im Dienst ihrer Lust, und auf diese „Wollust“ hätte man früher gesagt sind alle sexuellen Praktiken hingeordnet. Sie gehen mit ihren sexuellen Begierden wie mit einem Genussmittel um und anerkennen folgerichtig nur solche Grenzen, die sich aus irgendwelchen Nachteilen ergeben, die ein bestimmtes sexuelles Tun für sie ergeben könnte. Solche „Nachteile“ sind vor allem gesundheitliche Risken Geschlechtskrankheiten, AIDS, Verletzungen ..., strafrechtliche Konsequenzen bei Gewaltanwendung oder Missbrauch von Kindern oder eben unerwünschte Schwangerschaften. Bis auf das eine oder andere Mal in ihrem Leben, wenn sie sich Nachwuchs wünschen bzw. ihn „herbeifordern“, sehen sie im Kind ein Störelement, eine Art Feind ihrer Lust.

Auch wenn diese Menschen ein Kind „wollen“, entsteht nicht selten der Eindruck: Auch das Kind soll einer Befriedigung dienen, es ist nicht mehr Geschenk von Gott, sondern etwas, was bestimmte Bedürfnisse abdeckt – und wehe ihm, wenn es die Vorstellungen der Eltern entweder durch körperliche Mängel oder durch irgendein Versagen in der Leistung oder durch einen anderen, eigenen Lebensentwurf durchkreuzt.
Der hedonistischen Grundeinstellung entsprechend wird auch der sexuelle Partner wie ein Geschäftsfreund behandelt: Man hat zu ihm oder ihr sexuelle Beziehungen, solange sie sich „rechnen“, entscheidend ist letztlich der eigene Vorteil. Sexuelle Befriedigung wird zur Handelsware, über deren Vor- und Nachteile maßgeschneiderte Talkshows und Erotik-Messen informieren, und bieten für jeden Geschmack etwas. Ob hetero oder schwul, ob jemand Fetische „liebt“ oder sich eine „strenge Erziehung“ wünscht – über den Geschmack kann man bekanntlich nicht streiten, jeder soll auf seine Rechnung kommen. Ich erinnere mich an die bekümmerte Mutter eines jungen Mannes mit sadomasochistischen Neigungen, die verschiedene Fachleute Psychologen, Psychiater ... um Hilfe bat – aber mit wem immer sie sprach, der angebotenen „Therapie“ hätte sie sich unterziehen sollen, nicht der Sohn mit seinen – nur in ihren Augen – abwegigen Wünschen!
Jedenfalls, die Idee, in der Geschlechtlichkeit könnte ein höherer, göttlicher Sinn enthalten sein, hat in dieser Vorstellung von Sexualität natürlich keinen Platz und muss belächelt werden.
Im Widerstreit zwischen einer unbedingt zu vermeidenden Zeugung und ihrer Lustbefriedigung setzen solche Menschen Verhütungsmittel ein. Wenn nun die Verhütung, der erste Schutzring, der ihre lebensfeindliche Lust gegen das störende Eindringen von Kindern absichern soll, versagt, greifen sie zur Vernichtung der ungebetenen Gäste und das vielleicht bedauerliche, jetzt aber notwendige Mittel ist die medizinisch „sichere“ und frei zugängliche Abtreibung.
Mit einem Wort: Aus der Perspektive des trotzig behaupteten „Menschenrechts auf Lust“, das durch Kinder so nachhaltig beeinträchtigt würde, bilden Verhütung und Abtreibung trotz ihrer Unterschiedlichkeit eine Einheit. Denn „das Leben, das aus der sexuellen

Begegnung hervorgehen könnte, wird so zum Feind, das absolut vermieden werden muss, und die Abtreibung zur einzig möglichen Antwort und Lösung bei einer misslungenen Empfängnisverhütung“.[115]

Natürlich, Verhütung ist nicht Töten, und das gilt auch auf der moralischen Ebene. Aber trotz dieses Unterschieds sind Verhütung und Abtreibung „Früchte ein und derselben Pflanze“, sie stehen „sehr oft in enger Beziehung zueinander“. Das auf den ersten Blick nicht sichtbare Band zwischen Verhütung und Abtreibung besteht in der Haltung: jener Mentalität nämlich, die ein Kind nicht will, die Sexualität nicht der Liebe, sondern ausschließlich der Lust unterordnet, die keine höhere Verantwortung anerkennt und erst recht nicht an einen Gott glaubt, der Lebende und Tote richten wird.

Der Kreis schließt sich, wenn man die Art und Weise der links-ideologischen Sexualerziehung bedenkt, die wenigstens in diesem Bereich die Kinder möglichst früh dem Einfluss der Eltern entziehen will, um sie nach ihren hedonistischen Vorstellungen zu formen. Dazu wird eine doppelte Strategie eingesetzt: Auf der einen Seite macht man die Familie schlecht und suggeriert der Öffentlichkeit: Die meisten Eltern sind unfähig mit Kindern über ihre Sexualität zu sprechen. Zudem wird behauptet, der sexuelle Missbrauch von Kindern finde vor allem in der Familie statt. Auf der anderen Seite steht die naheliegende Folgerung: Die Organe des Wohlfahrtsstaates werden das Versäumnis der Eltern sehr gut ausgleichen und außerdem sind sie besonders geeignet, die Kinder vor den sexuellen Übergriffen ihrer Anverwandten zu schützen. Völlig unerwähnt bleibt dabei: Eine fehlende Sexualerziehung ist immer noch besser als die bewusste Verführung zur hedonistischen Lebensweise. Außerdem ist es eine Dreistigkeit der besonderen Art, „die Familie“ unausgesprochen zur Haupttäterin des Kindesmissbrauchs zu stempeln. Ebenso könnte man aus der Tatsache, dass die meisten Menschen im Bett sterben, folgern, Betten seien die Todesursache Nr. 1 in der Welt. Nicht die Familie, sondern die beschriebene hedonistische Einstellung zur Sexualität ist die primäre Ursache von sexuellem Kindesmissbrauch und wiederum ist sie es, die zum schlimmsten Kindesmissbrauch, nämlich zur Tötung der Kinder durch Abtreibung führt. Darum hat der Papst völlig Recht: Die falsche, nur an der Lust orientierte Sexual-"Erziehung" – die in Wirklichkeit eine anerkannte Form der Verführung ist! – ist eine Hauptursache der Abtreibung. Im Evangelium heißt es: „Wer einen von diesen Kleinen, die an mich glauben, zum Bösen verführt, für den wäre es besser, wenn er mit einem Mühlstein um den Hals ins Meer geworfen würde." (Mk 9,42) Wie man weiß, will die Kirche keinen linken Sexualideologen oder Händler in Sachen Sex wortwörtlich so behandelt wissen – aber sie will, dass man über dieses ernste Jesus-Wort nachdenkt und „umdenkt". Es zu ignorieren, hat verheerende Folgen, für die Opfer und für die Täter.

# XXVII.

# Gewalt gegen Frauen

Das, was Ausdruck höchster Liebe sein sollte, mit Gewalt und Brutalität zu tun, ist eine Ungeheuerlichkeit und lässt sich durch keine „Tradition“ rechtfertigen oder als Kavaliers-Delikt verharmlosen. Dieses Urteil bedarf keiner Erläuterung. Was aber veranlasst Männer, gegen Frauen Gewalt einzusetzen?
Die Gründe sind verschieden: Gewalt gegen Frauen entspringt im einen Fall einer perversen Lust, im anderen Fall ist sie der Versuch dadurch über Minderwertigkeitsgefühle hinwegzukommen und sich selbst zu bestätigen, und manche Männer betrachten Frauen wie Wild, das sie zur Strecke bringen, und ihr „Nein“ als persönliche Beleidigung, die sie notfalls mit Gewalt auslöschen müssen. Manch andere Gewalt gegen Frauen entspringt Traditionen, die man nur als strukturelle Sünde bezeichnen kann und als solche bekämpfen muss.

## 1. Vergewaltigung

Abgesehen von sadistischen Gewaltakten im engeren Sinn des Wortes ist die Vergewaltigung die verbreiteteste Form spezifisch sexuell motivierter Gewalt gegen Frauen. Abgesehen von schon genannten Motiven wird sie auch eingesetzt zur Erniedrigung von Feinden, gegen eine ganze Volksgruppe oder gegen eine andere Religionsgemeinschaft. Man kennt, um jüngste Beispiele zu nennen, die Berichte aus Bosnien und Bangladesh. Nicht selten trifft in diesen Ländern das Opfer ein zweites Unglück: Die Ehemänner, selbst in einer Macho-Haltung befangen, verstoßen ihre vergewaltigten Frau!
Im Licht des Glaubens gesehen, ist dazu vor allem folgendes sagen:

- Vergewaltigung ist eine der schlimmsten Sünden, die es gibt. Auch in der Ehe gibt es kein Recht auf sexuelle Gewalt. Das zeigt nochmals drastisch, dass es auch in der Ehe sündhafte Formen sexuellen Verlangens gibt.

- Die vergewaltigte Frau verliert nicht ihre Würde vor Gott, sie ist nicht „beschmutzt“ oder irgendwie weniger kostbar.
- Wird die Frau schwanger, hat das Kind ein heiliges Lebensrecht und die Idee, man könne ihr durch ein zweites Trauma, nämlich durch eine Abtreibung, „helfen“, ist oberflächlich betrachtet zwar verständlich, in Wirklichkeit aber absurd und unannehmbar.
- Frauen, die die Hölle einer oder mehrerer Vergewaltigungen durchlitten haben, sind schwer traumatisiert und bedürfen der Hilfe auf allen Ebenen.
- Wie aber sogar in solchen Situationen der Glaube eine von keiner Psychologie erreichbare Antwort geben kann, zeigt der folgende Brief, den 1994 eine vergewaltige Novizin an ihre Oberin geschrieben hat:
  „Liebe Mutter Generaloberin, ich bin Lucia V., eine der Novizinnen, die serbische Milizionäre vergewaltigt haben. Ich schreibe Ihnen am zweiten Tag, nachdem mir und meinen Mitschwestern T. und S. dies passiert ist. Bitte haben Sie Verständnis, wenn ich unseren Fall nicht in Details schildere. Das sind so schreckliche Lebenserfahrungen, die man keinem mitteilen kann, sondern allein tragen muss. Einzig und allein der liebe Gott kann einem beistehen. Meine Tragödie besteht nicht nur in der Erniedrigung, die mir als Frau widerfahren ist. Es ist auch nicht die unheilbare Ehrenbeleidigung meiner existentiellen Wahl, die mich bedrückt, sondern vielmehr der Gedanke fähig zu werden, im Rahmen meines Glaubens diesen Vorfall einzubauen, den derjenige zuließ, den ich immer für meinen göttlichen Bräutigam halten werde. Einige Tage vor dem schrecklichen Vorfall las ich ‚Die Dialoge der Karmelitinnen‘ von Bernanos und dabei fiel mir ein den Herrn zu bitten, dass auch ich als Märtyrerin sterben möge. Er nahm mich beim Wort, aber auf welche Art und Weise! Jetzt bin ich versunken in ängstlicher innerer Finsternis. Er vernichtete meinen Lebensplan, den ich für den endgültigen und für mich

beglückendsten gehalten habe. Nur mühsam erhob ich mich, während Sr. Jozefine mich stützte. Aus dem Augustinerinnenkloster, das neben unserem steht, erklang das Läuten zur Sext. So machte ich das Kreuzzeichen und sprach im Geiste den liturgischen Hymnus: ‚In dieser Stunde bezahlt Christus das Lösegeld für unser Heil auf Golgotha, das wahre Osterlamm.'
Ehrwürdige Mutter, was sind mein Leid und meine Schändung, die ich am eigenen Leib erfahren habe, gegenüber ihm, dem ich tausendmal versprach, dass ich mein Leben für ihn hingeben will? Sehr langsam sprach ich: ‚Dein Wille geschehe, besonders jetzt, auch wenn ich keine andere Sicherheit habe als die, dass Du, Herr, mit mir bist.'
Mutter, ich schreibe Ihnen nicht deshalb, damit sie mich trösten sollen, sondern damit Sie mir helfen dem Herrgott deshalb zu danken, dass er mich mit eingeschlossen hat in die Tausende von Landsmänninnen, die geschändet und gezwungen wurden, Mutter zu werden, was sie sich nicht gewünscht haben. Meine Demütigung schließt sich ihren Demütigungen an, weil ich nichts anderes habe, was ich für eine Versöhnung der Sünden, begangen von namenlosen Gewalttätern, und für die Versöhnung der verfeindeten Nationen opfern könnte. Ich nehme mein Leid an und übergebe es der Barmherzigkeit Gottes. In den letzten Monaten weinte ich mir alle Tränen für meine zwei ermordeten Brüder aus, die Opfer derselben Angreifer wurden. Es wäre mir überhaupt nicht eingefallen, dass es noch ein weit größeres Leid geben könnte. An die Pforte unseres Klosters haben täglich Hunderte ausgehungerter und vor Kälte zitternder Menschen mit Verzweiflung in den Augen angeklopft. Ich erinnere mich, wie vor einer Woche ein 18-jähriges Mädchen zu mir sagte: ‚Ihr Glücklichen, die ihr euch einen Ort gewählt habt, wohin Böses nicht kommen kann.' Sie hatte den Rosenkranz in der Hand, und leise fügte sie hinzu: ‚Ihr wisst ja nicht, was Erniedrigung bei der Vergewaltigung bedeutet.' Lange habe ich darüber nachgedacht und kam zu der Schlussfolgerung, dass

wir bisher doch von den schwersten Leiden, die uns unsere Landsleute erzählten, verschont geblieben sind und fühlte mich dadurch etwas beschämt, dass ich davon ausgeschlossen war. Jetzt bin ich eine von ihnen, eine von so vielen namenlosen Frauen meines Volkes mit einem gedemütigten Leib und mit einer ausgeplünderten Seele. Der Herr ließ mich als Ordensfrau in ihr ‚Geheimnis' der Schändung dringen um die teuflische Macht des Bösen zu begreifen. Ich weiß, dass sie vom heutigen Tag meinen Worten der Ermutigung und des Trostes glauben können, weil meine Geschichte auch ihre Geschichte ist. Gott hat mich ausgewählt (er möge mir diese Anmaßung verzeihen), damit ich die am meisten erniedrigten Menschen unseres Volkes zur Morgendämmerung der erlösten Freiheit führe. Sie dürfen nicht zweifeln an der Ehrlichkeit meiner Worte, weil ich wie sie von der Abscheulichkeitsgrenze komme. Ich erinnere mich, als ich in Rom die Universität besuchte, hat ein Professor uns die Worte des Dichters A. Mislovic zitiert: ‚Du darfst nicht sterben, weil Du Dir gewählt hast an der Seite des Tages zu stehen.' In jener Nacht, in der mich die Serben eine ganze Nacht peinigten, wieder-holte ich mir diese Worte, die mir wie Balsam für meine Seele erschienen, und zwar zu dem Zeitpunkt meiner größten Verzweiflung. Jetzt ist alles vorbei, und wenn ich zurückdenke, habe ich den Eindruck, dass ich nur einen schrecklichen Traum hatte.

Alles ist vergangen, Mutter, und trotzdem beginnt erst alles. Im Telefongespräch haben Sie mir tröstende Worte gesagt, für die ich Ihnen mein ganzes Leben dankbar sein werde, aber dann haben Sie mir die klare Frage gestellt: ‚Was wirst Du mit dem Leben tun, dass Dir gewaltsam in Deinen Schoß gelegt wurde?' Ich spürte, ehrwürdige Mutter, wie Ihnen bei dieser Frage die Stimme zitterte. Ich hielt es nicht für gut, sofort die Frage zu beantworten. Nicht deshalb, weil ich darüber nicht nachgedacht habe, wie ich mich entscheiden soll, sondern damit ich nicht Ihre eventuellen Pläne mit mir beeinflusse. Ich habe mich schon entschieden: Wenn ich Mut-

ter sein werde, dann wird das Kind mir und keinem anderen gehören. Ich weiß, dass ich es anderen Leuten anvertrauen könnte, aber es hat Anspruch auf meine mütterliche Liebe, obwohl ich es weder erwartete noch verlangte. Eine Pflanze darf man nicht mit der Wurzel ausreißen. Das Getreidekörnchen, das in die Furche fiel, soll dort aufwachsen, wohin es der geheimnisvolle, wenngleich verbrecherische Sämann geworfen hat. Ich werde meine Ordensberufung eben auf eine ganz andere Weise verwirklichen. Von meiner Kongregation verlange ich nichts, sie hat mir schon alles gegeben. Ich bin dankbar für die Solidarität, die mir die Mitschwestern erwiesen haben: sie überhäuften mich in diesen Tagen mit zärtlichen Aufmerksamkeiten, insbesondere damit, dass sie mich nicht mehr ausfragten. Mit meinem Kind werde ich weggehen. Ich weiß nicht, wohin. Aber Gott, der plötzlich meine größte Freude gebrochen hat, wird mir den Weg zeigen, auf dem ich Seinen Willen erfüllen werde. Ich werde arm sein und mich mit meiner alten Schürze umgürten. Ich werde mir wieder Holzschuhe anziehen, die bei uns die Frauen im Alltag tragen, und werde mit meiner Mutter in unsere tiefen Wälder gehen um friedlich arbeiten und leben zu können. Jemand muss doch die Kette des Hasses zu brechen beginnen, der unser Land so entstellt. Und dem Kind, das kommen wird, werde ich die Liebe und nur Liebe lehren. Obwohl aus Gewalt geboren, soll es neben mir bezeugen, dass der Mensch nur durch Verzeihung groß sein wird.
Ihre Ihnen ergebene Lucie V."

## 2. Gewalt gegen Frauen als Struktur der Sünde

*a. Schlagen der Frauen als Männerrecht?*
Gewalt gegen Frauen gründet oft auch in Vorstellungen und Gebräuchen von Völkern, zum Beispiel in der Annahme, dass Männer das Recht und bei „Ungehorsam" sogar die Pflicht haben, ihre Frau zu schlagen. So etwa erzählt Augustinus über seine Mutter Monika folgendes: „Es gab viele Frauen, die sanftmütigere Männer hatten,

und doch die Spuren von Schlägen, sogar durch die Entstellung ihres Gesichts, aufwiesen. Wenn diese dann im Gespräch mit den Freundinnen ihre Männer bezichtigten, bezichtigte meine Mutter ihre Zungen und fügte, scheinbar scherzend, die ernste Ermahnung hinzu: von dem Augenblick an, da man ihnen den sogenannten Ehepakt vorgelesen habe, hätten sie darauf achten müssen, dass sie durch dieses Instrument zu Dienerinnen geworden seien. Daher dürften sie, ihrer Stellung eingedenk, sich nicht gegen ihre Männer erheben" [116]. Bei aller Verehrung für die heiligen Monika: Der Bericht ihres Sohnes setzt ein, an heutigen Einsichten gemessen, falsches Autoritätsverhältnis zwischen Mann und Frau voraus und scheint davon sogar ein gewisses Recht der Männer abzuleiten, ihre Frauen zu schlagen. Es ist eines der vielen Verdienste von Papst Johannes Paul II., solchen pseudo-christlichen Lehren einmal für immer das Heimatrecht in der Kirche entzogen und sie entlarvt zu haben als das, was sie sind: zur strukturellen Sünde „geronnene" Irrtümer – aus der Sünde kommend und stets neue Sünden hervorbringend!

*b. Strukturelle Gewalt gegen Frauen und Mädchenbeschneidung*

Es gibt viele Formen struktureller Gewalt gegen Frauen, zum Beispiel Polygamie oder Gesetze, die Frauen geradezu entmündigen und sie dafür bestrafen, sich gegen Gewalt gewehrt zu haben – in manchen islamischen Ländern bis heute noch!

Ein anderes, schreckliches Beispiel erzählte mir vor kurzem P. Husslein, ein bekannter Wiener Frauenarzt: Er arbeitete in einem arabischen Land. Im Verlauf einer Operation sah er sich genötigt, die Gebärmutter einer seiner Patientinnen zu entfernen um der Frau das Leben zu retten. Als ihr Mann dies erfuhr, wurde er wütend und meinte, er hätte ihren Tod vorgezogen, weil sie jetzt, unfruchtbar, ohnehin unnütz geworden sei.

Eine andere, besonders makabre und grauenhafte Form von Gewalt gegen Frauen ist die Mädchenbeschneidung. In Europa ist das zwar, Gott sei Dank, kein Thema, aber erstens könnte es durch Wanderbewegungen „eingeschleppt" werden und zweitens überschreiten Menschenrechtsfragen grundsätzlich jede Grenze. Wie aktuell es aber in der heutigen Welt ist, zeigt folgendes Ereignis:

1997 zeigte auch das Österreichische Fernsehen in den Abendnachrichten einen triumphierenden Ägypter, der seiner Freude über einen „Sieg auf der ganzen Linie“ zum Ausdruck brachte, weil das in Ägypten bestehende Verbot der Mädchen-Beschneidung von einem höheren Gerichtshof wieder aufgehoben worden war – und das ausgerechnet in Kairo, also in jener Stadt, in der die Internationale Staatengemeinschaft, zur großen Bevölkerungs-Konferenz versammelt, drei Jahre zuvor einstimmig eben dieses Verbot gefordert hatte!

Auch wenn die Herkunft des grausamen Brauches nicht wirklich geklärt ist, eines ist sicher: Im Hintergrund stehen eine verwirrte Vorstellung von weiblicher Sexualität und eine brutale Männer-Einstellung. Freilich, die Gründe dieser Tradition sind so radikal dem kollektiven Vergessen anheim gefallen, dass die verstümmelten Mütter selbst es sind, die ihre Töchter auf Grund ihrer „verstümmelten“ Überzeugung wieder verstümmeln lassen!

Für die Mädchen bedeutet es aber: Sie alle durchleiden unvorstellbar traumatische Minuten und werden, wenn sie die Prozedur überleben, an den Folgen ein ganzes Frauenleben lang zu leiden haben. Nach Schätzungen werden jedes Jahr wieder rund zwei Millionen Mädchen in 28 afrikanischen und arabischen Ländern beschnitten! Während man in Europa die Sprache vergewaltigt, um nur ja alle einseitig-männlichen Formen auszumerzen und jede „sexuelle Belästigung“ mit Strafgesetzen bedrohen will, geht in vielen Ländern ganz andere Gewalt gegen Frauen weiter und weiter – aber die öffentliche Meinung schweigt! Aber so wie Witwen-Verbrennungen oder das Skalpieren von Feinden müssen alle Formen solcher Gewalt gegen Frauen und jeden anderen Menschen von der Weltgemeinschaft geächtet werden, damit sie eines Tages nur noch Vergangenheit sind. Christen haben allen Grund, solche Kämpfe mitzutragen.

### *c. Unrecht an Frauen durch falsche Moralvorstellungen*

Wie sich falsche Moralvorstellungen verheerend auswirken können, zeigt eine Geschichte, die ich einem ägyptischen Arzt verdanke: Nicht selten, so erzählte er mir, kämen unverheiratete, aber schwangere

Frauen zum Facharzt mit einer doppelten Bitte: Er möge das Kind abtreiben und anschließend ihre Jungfräulichkeit „wiederherstellen". Es gäbe sogar Geistliche, die das Vorgehen „erlaubt" hätten! Dazu kann man nur sagen: Welche Verblendung, wenn ein Christ, wer er auch sei, meint, irgendeine weltliche oder geistliche Instanz könne das Gebot Gottes außer Kraft setzen und eine Sünde „erlauben".

Was aber die Motivation im Hintergrund solchen Handelns betrifft: Männer verurteilen Frauen, die nicht mehr jungfräulich sind, und ein uneheliches Kind ist eine solche Schande, dass es den Frauen als das kleinere Übel erscheint, es zu töten statt auszutragen.

Leider muss man einräumen: Ganz ähnliche Übertreibungen gab es auch in Europa: Aus Ungarn kenne ich die Geschichte eines Mädchens, die – etwa vor 50 Jahren – wegen ihrer unehelichen Schwangerschaft öffentlich bloßgestellt und aus der Kirche gewiesen wurde: Verzweifelt stürzte sie sich in den Dorfbrunnen und wurde dort erst nach Wochen entdeckt. Verhängnisvoll sind dabei mehrere, schwer sündhafte Irrtümer, die sich in besonders hinterhältiger Weise als Liebe zum Gebot Gottes – das tatsächlich Enthaltsamkeit vor der Ehe fordert – tarnen: Erstens traf die ganze „Strenge" dieses pseudo-moralischen Eifers in der Regel nur die Mädchen, nicht die Männer, denen man vieles oder alles nachsah: Doppelmoral im klassischen Sinn des Wortes! Zweitens maßte sich die jeweilige Umgebung ein Urteil über die ledigen Mütter an, das niemandem zusteht, und man tat so, als ob es bei dieser Sünde keine Reue und Vergebung vor Gott geben könne. Drittens drängten diejenigen, die scheinbar das Gebot Gottes verteidigten, die betroffenen Frauen zu einer viel größeren Sünde als vorehelicher Verkehr jemals sein kann, nämlich zur Tötung ihres Kindes. Und viertens ist der solchem Verhalten zugrunde liegende Ehrbegriff eine Frucht der Eitelkeit und nicht der Liebe zum Gebot Gottes.

# XXVIII.

## Feminismus – ein Zeichen der Zeit

Zu allen Zeiten wurde die Frau „in ihrer Würde verkannt, in ihren Vorzügen entstellt, oft ausgegrenzt und sogar versklavt." Der, der so redet, ist Johannes Paul II., er weiß um die historische Schuld auch „zahlreicher Söhne der Kirche" gegenüber den Frauen und fordert die ganze Kirche auf, die Trauer über dieses Unrecht mitzutragen und natürlich alles zu tun um es auszumerzen [117].

### 1. Frauendiskriminierung in der Geschichte der Kirche

Frauen wurden in praktisch allen Kulturen und Religionen auf die eine oder andere Weise benachteiligt und unterdrückt, übrigens gerade auch von den „Aufklärern" des 18. Jahrhunderts.
Das ändert freilich nichts an der historischen Schuld auch der Christen. Denn auch in ihren Reihen verfestigten sich männlicher Stolz, männliche Bequemlichkeit und männliche Lust am Beherrschen zur strukturellen Sünde der Frauen-Diskriminierung. Mitursache der dazugehörigen Verblendung der Gewissen waren einerseits der jeweilige Zeitgeist, andererseits „wörtliche" Bibelauslegungen, die die Herrschaft der Männer über die Frauen als Naturnotwendigkeit, als Willen Gottes oder, im Hinblick auf den Sündenfall („Eva hat zuerst gesündigt und den Mann verführt!"), als gerechte Strafe erscheinen ließen. Tatsächlich gibt es „gefährliche" Bibelstellen, deren falsche Auslegung oder Übersetzung leicht zum Leiden von Frauen werden kann und oft auch wurden: „Der Mann wird über dich herrschen", sagt Gott in der Geschichte vom Sündenfall zur Frau und viele Ausleger haben aus dem „wird" ein „soll" gemacht, aus der Feststellung einen Befehl: „Er soll über dich herrschen".
Der Papst zögert nicht von einem „berechtigten Widerstand" gegen diese frauenfeindliche Auslegung zu reden und richtig zu stellen: Die hier genannte Herrschaft des Mannes entspricht nicht der gött-

lichen Ordnung, sondern ist Folge der Sünde, die es zu überwinden gilt [118]. Jedwede Frauen-Diskriminierung steht im Widerspruch zur Lehre des Evangeliums und zum Geist der katholischen Kirche.

## 2. Die Entwicklung des Feminismus

Gegen die Benachteiligung und Unterdrückung der Frauen wandte sich zunächst die Frauenbewegung. Johannes Paul II. würdigt die Leistung dieser Frauengeneration als einen „großartigen Befreiungsprozeß" [119]. Aber in den 60-er Jahren wurde die Frauenbewegung vom heutigen „Feminismus" mit seinen verschiedenen Strömungen abgelöst.

*a. Der anti-christliche, marxistisch inspirierte Gleichheits-Feminismus*
Auf die Frage, welchen Geschlechtes sein Kind sei, antwortete ein Mann: „Das wird es später selbst entscheiden!" Soll das ein Witz sein? Mitnichten, die Geschichte stand in einer US-Zeitung und entspricht genau der Ideologie jenes Feminismus, der den Marxismus auf die Beziehung von Mann und Frau überträgt: Das Proletariat sind die Frauen, die Männer die Ausbeuter, die durch die Familie herrschen. Ihnen muss man die Reproduktionsmittel durch das Recht auf Verhütung und Abtreibung entreißen. Daraus entsteht die geschlechtslose „Gleichheit" der Geschlechter, sodass jeder die „Rolle" wählen kann, Frau oder Mann, die er zu spielen gedenkt. Lächerlich und widernatürlich? Denken Feministinnen etwa an die Verstümmelung von Buben und Mädchen um sie sozusagen geschlechtslos zu machen? Nein, aber man unterscheidet zwischen dem biologischen „Geschlecht" eines Menschen („Sexualität") und dem gesellschaftlichen „Geschlecht" (im Englischen „gender" genannt). Dieses „Gender"-Geschlecht bestehe, sagt man, aus nur „gesellschaftlich konstruierten Rollen", in die die Kinder hineinerzogen werden – eben in die Rolle des Mannes oder der Frau. Man beruft sich dafür auf den berühmten Satz von Simone de Beauvoir: „Man kommt nicht als Frau zur Welt, man wird es"[120]. Von daher auch das

merkwürdig intensive Interesse der Feministinnen an der Homosexualität, denn da scheint der Traum in Erfüllung gegangen zu sein. Den feministischen „Ideen-Knoten“, das „Geschlecht“ eines Menschen sei nur eine künstlich anerzogene „Rolle“, die jemand spielt, schlägt die Amerikanerin Dale O'Leary mit einem einzigen Satz entzwei: „Ich spiele nicht die Rolle einer Mutter, ich bin eine Mutter!“ Und doch, wie stark diese Ideologie ist, zeigt die Tatsache, dass auf der Welt-Frauenkonferenz in Peking die Anerkennung der „Bestimmung der individuellen sexuellen Identität“ als Menschenrecht eingefordert wurde. Dass die Ideologinnen dieses Feminismus in der katholischen Kirche ihren Erzfeind sehen, lässt sich ebenso begreifen, wie dass dabei die wirklichen Interessen der Frauen auf der Strecke bleiben.

*b. Der frauen-zentrierte Feminismus*

Während die beschriebene Richtung des Feminismus die Frauen den Männern angleichen will und die Männer den Frauen, glorifiziert der frauen-zentrierte Feminismus alles, was weiblich ist. Wie dabei gedacht wird, lässt sich gut an Hand der Lehre von Christa Mulack, einer führenden Vertreterin dieser Richtung, zeigen. Nach ihrer Überzeugung ist die Frau dem Mann in vieler Hinsicht überlegen: Sie kann Kinder gebären, sie hat eine höhere Lebenserwartung und ist widerstandsfähiger. Auf seelischer Ebene sind Frauen sensibler und intuitiver, befähigt, die Welt ganzheitlich wahrzunehmen. Im Umgang mit anderen erweisen sich Frauen als friedfertiger, rücksichtsvoller und bereiter, mit anderen zusammenzuarbeiten. Gleichwertigkeit von Mann und Frau? Keineswegs, sagt Ch. Mulack, Frauen sind den Männern überlegen, und hält den Mann überhaupt für eine Abweichung vom weiblichen Grundgeschlecht der Menschheit. Typisch für diesen Feminismus ist auch die Behauptung, die Hauptquelle des Erkennens sei die „weibliche Erfahrung“, die Männer natürlich nicht haben und daher auch nicht widerlegen können. Ja, sogar dem Gespräch von Männern und Frauen ist damit die notwendige gemeinsame Grundlage entzogen.

*c. Die feministische „Theologie"*

Inzwischen ist auch eine „feministische Theologie" entstanden. Natürlich ist es gut, wenn die Frage nach der Frau im Licht des Glaubens betrachtet wird, und ebenso erfreulich ist es, dass heute auch Frauen Theologie lehren, nicht nur Männer. So verstanden ist „feministische Theologie" nur zu begrüßen.

Ein anderes Bild ergibt sich aber, wenn man auf jene Ansichten schaut, die heute im Namen einer „feministischen" Theologie vertreten werden. Denn, abgesehen von rühmlichen Ausnahmen, treibt solche Theologie nicht selten wilde Blüten: 1976 wurde in Boston eine „Erste Nationalkonferenz für Frauenspiritualität" abgehalten mit Slogans wie: „Die Göttin lebt" und „Weiblich sein ist göttlich". Die Konferenz empfahl den Frauen, sie sollten zu Hause einen Altar mit einem Spiegel aufstellen, um ständig erinnert zu werden, dass sie die Göttin seien [121]. Statt über Gott nachzudenken, behaupten solche Feministinnen, das christliche Gottesbild sei ein Instrument der Frauen-Unterdrückung und lehnen es daher radikal ab. Bei vielen „feministischen Theologinnen" weiß man einfach nicht mehr, warum sie auf der Bezeichnung „Theologie" bestehen, da sie offenkundig den Glauben längst verloren haben [122].

## 3. Der neue Feminismus nach Johannes Paul II.

Die Kritik an diesen radikalen Feminismen darf keineswegs zur Ablehnung des berechtigten Anliegens führen, das die Kirche anerkennt:

„Die Stunde kommt, die Stunde ist schon da, in der sich die Berufung der Frau voll entfaltet, die Stunde, in der die Frau in der Gesellschaft einen Einfluss, eine Ausstrahlung, eine bisher noch nie erreichte Stellung erlangt" – so die Väter des Zweiten Vatikanischen Konzils [123].

Was also ist zu tun? Den widerchristlichen und damit auch frauenfeindlichen „Feminismen" müssen die Christen die wahre Botschaft des Evangeliums für die Frau gegenüberstellen und sie müssen sich darum bemühen, dass es nicht bei bloßen schönen Worten bleibt.

Es gilt, einen wahren, authentischen, katholischen „neuen Feminismus“ zu entwickeln und in die gesellschaftlichen und kirchlichen Strukturen hinein umzusetzen – Johannes Paul II. hat genau das gefordert [124]! Frauen sollen sich in allen Bereichen als Frauen, mit ihrem besonderen Charisma, einbringen können, ohne Anleihe bei den Männern.

Richtig verstanden, sollten Katholiken ebenso selbstverständlich Feministen in diesem Sinne sein, wie sie für den Schutz der Ungeborenen eintreten sollten. Die eine Haltung gilt als Merkmal der „engagiert-kritischen“ Katholiken, die andere als „typisch konservativ“. Wahr ist vielmehr: Der Katholik, der seinen Glauben wirklich kennt, steht für beides. Nur die Wahrheit ist im Interesse der Betroffenen. Darum kämpft der, der gegen Abtreibung auftritt, zugleich für die Interessen der Frauen.

# XIX.

## Die Anerkennung der sexuellen Liebe – eine Sternstunde des 20. Jahrhunderts

Oft wird behauptet, die Kirche lehne eigentlich bis zum heutigen Tag alles, was mit Sexualität zu tun hat, ab, sie halte sexuelle Verfehlungen für die größten aller Sünden und kämpfe, wo immer sie könne, gegen die sexuelle Lust. Eine zweifache Antwort ist nötig:

### 1. Irrtum und Wahrheit in der Kirche

So wie es in der heiligen Kirche Sünde gibt und sie aus Sündern besteht, so verhält es sich auch mit Wahrheit und Irrtum in der Kirche.

Es gibt den Irrtum in der Kirche aller Zeiten in der Form, dass einzelne Christen oder auch bestimmte Gruppen in der Kirche falsche Dinge denken, glauben, verteidigen oder sogar für kirchliche Lehre halten. Man braucht nur kirchliche Publikationen lesen und sich in Diskussionen mit anderen Christen einlassen um diese Art des Irrtums festzustellen, auch wenn die eigentliche Lehre der Kirche für den kundigen, wirklich mündigen Christen keinerlei Zweifel mehr unterliegt. Es gab und gibt aber auch Irrtümer in der Kirche, weil sich das kirchliche Lehramt mit einem bestimmten Fragekreis nicht oder zu wenig auseinandergesetzt hat. In einem solchen Vakuum der Lehre können naturgemäß leicht Irrtümer entstehen und der einzelne Christ ist mehr oder weniger auf sich selbst gestellt.

Die große, einzigartige Stärke der Kirche besteht aber darin: Wenn Fragen sehr drängend geworden sind – und die Anstöße kommen, zur Beschämung der Christen sei es gesagt, manchmal von außen –, lenkt die Kirche sozusagen den Lichtstrahl ihrer geheimnisvollen Erkenntniskraft dem Thema zu und gibt die befreiende, wegweisende Antwort. Sie tut dies einerseits mit Hilfe philosophischer und theologischer Anstrengung, andererseits weiß sie sich dabei beschützt und geführt vom Geist der Wahrheit, den ihr Jesus versprochen hat. Angewandt auf das Thema Liebe, Ehe und Familie kann man sagen: In der 2000-jährigen Geschichte der Kirche findet man zu diesem Lebensbereich viel Gutes und Klarstellungen, die für die Menschen hilfreich waren. Daneben aber begegnet man dummen, falschen und viel Leid verursachenden Auffassungen. Wohlbemerkt: Irrtümer mit zum Teil verhängnisvollen Folgen kamen von allen möglichen Menschen und Gruppen der Gesellschaft, von Philosophen, Häretikern, Dichtern und Ärzten, keineswegs nur von Christen und Theologen der Kirche. Ein tragisches Beispiel dafür ist das, was Mediziner des 18. Jahrhunderts über die Selbstbefriedigung lehrten und welche Hysterie daraus in der Aufklärungszeit entstand.

Manchmal wurden solche Irrtümer von großen Menschen, z. B. Augustinus, vertreten, was sie aus leicht verständlichen Gründen doppelt gefährlich machte.

Umgekehrt werden der Kirche manchmal Irrtümer unterstellt, die es „so" nicht und schon gar nicht „zweitausend Jahre hindurch" gegeben hat: Hat, um ein Beispiel zu nennen, die Kirche „nur" die Fortpflanzung als gültiges Motiv für die eheliche Umarmung gelehrt? Nein, wahr ist nur, dass sie die Sexualität in erster Linie von ihrem biologischen Ziel, also der Zeugung her gesehen hat. Aber immer wusste man auch um die Liebe und das lässt sich leicht belegen: Man kann, so sagt schon der Katechismus des Konzils von Trient, die gegenseitige Liebe im christlichen Sinn den Hauptgrund und den eigentlichen Sinn der Ehe nennen – das ist „sehr wahr und richtig", bemerkt dazu Pius XI.[125]

Das erste Kapitel in dem Abschnitt, den der heilige Franz von Sales in seiner *Philothea* für Eheleute schreibt, gilt ihrer Liebe, und auch in der Zeit der hl. Birgitta versteht man das Ein-Fleisch-Werden der Eheleute als „Liebeshingabe".[126]

Der heutige Mensch neigt dazu die Unterweisung der Kirche im Licht jener großen Prüderie des 19. und des beginnenden 20. Jahrhunderts zu beurteilen. Aber jeder, der sich einmal mit Geschichte beschäftigt hat, weiß, wie vieler Studien es bedarf und welcher Behutsamkeit um ein gerechtes geschichtliches Urteil zu fällen.

## 2. Der Durchbruch im 20. Jahrhundert: Die Überwindung der Sexualmoral durch ein Ethos der Liebe

Viel wichtiger ist es zu fragen, wie es heute um die kirchliche Lehre über die eheliche Liebe bestellt ist, und da kann man dem heutigen Menschen eine gute Nachricht geben: Getragen zunächst von wenigen prophetischen Stimmen – wie Hildebrand und Adam –, kam am Anfang dieses Jahrhunderts in der katholischen Kirche ein Prozess der Besinnung auf das Wesen der Ehe, der Liebe, der Sexualität in Gang, der vom 2. Vatikanischen Konzil unwiderruflich bestätigt wurde. Mag vorher noch die eine oder andere Frage nach dem, was nun die eigentliche Lehre der Kirche sei, unbeantwortet und offen geblieben sein: Von nun an kann es eigentlich kein „Zurück" in bestimmte Irrtümer der Leibverachtung geben.

Nicht genug damit: Gestützt auf die Konzilstexte und die Beiträge Pauls VI. hat Johannes Paul II. die katholische Lehre über die menschliche Liebe in einer geradezu atemberaubenden Weise weiter entfaltet, neu beleuchtet und durch eine sorgfältige Betrachtung der biblischen Texte – von der Genesis über das Hohelied bis hin zur Bergpredigt – so vertieft, dass man sagen kann: Diese katholische Lehrentwicklung stellt alles in den Schatten, was es auf diesem Gebiet in den zwanzig Jahrhunderten Kirchengeschichte bisher gegeben hat.

Abgesehen von so manchen Entgleisungen im Lauf der Kirchengeschichte braucht man sich nur auf die Suche nach denen zu machen, die am ehesten als Kronzeugen der echt christlichen Lehre gelten dürfen: Man vergleiche die schönsten und ausgewogensten ihrer Texte mit dem, was der jetzige Papst zu diesem Thema zu sagen hat, und man wird erkennen: Wir sind Zeitzeugen einer von Gott geschenkten Stunde des geistigen Durchbruchs – vergleichbar anderen bedeutenden Lehrentwicklungen, die die Geschichte der Kirche geprägt und verändert haben. Man kann ohne schmeichlerische Übertreibung sagen: Noch nie hat das Lehramt der Kirche in so differenzierter, einfühlsamer Weise über die eheliche Liebe, über die eheliche Umarmung und ihre „einzigartige, ja außerordentliche Bedeutung" (Johannes Paul II.) für Mann und Frau gesprochen, wie dies in den letzten Jahrzehnten der Fall war.

## Schlussbemerkung

Zwei elementare Einwände erheben sich gegen die hier vorgetragene Lehre von der Liebe:
Erstens wird es vielen Menschen so gehen wie Augustinus bei den Ermahnungen seiner Mutter. Denn, heißt es in seinen „Bekenntnissen", „sie verlangte, ich erinnere mich noch gut, es war bei einem Gespräch unter vier Augen, dass sie mich mit großer Sorge mahnte ja keine Unzucht zu treiben und vor allem keines anderen Frau zum Ehebruch zu verführen. Solche Mahnungen kamen mir weibisch vor und ich hätte mich geschämt sie zu befolgen"[127].
Ähnliche Gefühle bewegten wohl den Statthalter Felix in der Apostelgeschichte (vgl. Apg 24,24): In dem Augenblick, in dem Paulus von der christlichen Ehemoral anfängt zu reden, winkt er ab – das Thema stellt ihn so in Frage, dass er das Gespräch abrupt abbricht. Solchen Menschen gegenüber gibt es – wie bei allen ethischen Fragen – nur einen Verbündeten: ihr eigenes Gewissen in Verbindung mit ihrer eigenen Erfahrung. Vielleicht „erfüllte sich" auch in ihrem Leben einmal „jene Seligkeit, die nur einmal im Leben dem Menschenherz beschieden ist" [128].
Dann wissen sie, was Liebe ist und was Liebe sein könnte und daher auch sein sollte, und dass die Kirche nur das ausspricht, was sie in ihrem Tiefsten selbst wissen.
Der zweite Einwand betrifft die Möglichkeit ein solches Ideal zu leben. Einmal, als Jesus über die Ehe sprach, sagten die Apostel bedrückt: Wenn die Ehe solche Anforderungen an den Menschen stellt, dann wäre es wohl besser, gar nicht zu heiraten. Auch an einer anderen Stelle scheint ihnen, dass Gott sie überfordert: Wenn das, was Jesus sagt, wahr ist – wer kann dann noch gerettet werden? Darauf antwortet Jesus: „Für Menschen ist das unmöglich, für Gott aber ist alles möglich." Das biblische Bild von Liebe, Ehe und Familie ist tatsächlich ein hohes – manche werden sagen: ein allzu hohes, lebensfernes und unmögliches – Ideal. Das ist zwar richtig, aber doch nicht die ganze Wahrheit. Zu bedenken ist zweierlei:

- Alles, was Jesus sagt, und nicht nur seine Worte zum Thema Ehe, scheint die Kräfte des Menschen zu übersteigen. Aber ein Stern, der uns den Weg zeigt, ist auch dann für das Leben wichtig, wenn er selbst unerreichbar sein sollte. Das gilt übrigens für alle Gebote der Bergpredigt und nicht nur für die eheliche Liebe.
- Auch wenn wir immer ein Stück weit Sünder bleiben, so gibt uns Gott doch die Kraft, im Wesentlichen nach dem Gesetz der Liebe zu leben. Allerdings: Ein bloß guter Willen genügt nicht. Nicht zufällig redet die Bibel an vielen Stellen von der „Sklaverei" der Sünde. So wie sich der Sklave in einer zwanghaften Situation befindet, so ist auch der Mensch den bösen Mächten gegenüber unterlegen, solange er nur auf seine Kräfte angewiesen ist. Man kann einem Querschnittgelähmten die Technik des Kletterns erklären und er wird sie verstehen – aber klettern kann er deswegen noch lange nicht! So ist es auch mit der Liebe: Das Verstehen dieses christlichen Ideals allein ist zu wenig. Ein Augustinus-Gebet abwandelnd, könnte man sagen: Liebe verlangst du – gib, was du verlangst, dann verlange, was du willst!

Der Mensch braucht die Hilfe und die Kraft von Gott um das Ideal der Liebe verwirklichen zu können. Um diese Hilfe zu empfangen, bedarf es des Gebetes und damit einer lebendigen Verbindung mit Gott: „Die Liebe erweist sich dann stärker als der Tod. Sie siegt, weil sie betet" (Johannes Paul II.).

# Anhang

## Die Dokumente der Kirche zu Liebe und Ehe seit dem 2. Vatikanischen Konzil

Für den mündigen Christen ist es notwendig, die Quellen der kirchlichen Lehre zu kennen. Folgende Texte sind zu beachten:

### 1. Das 2. Vatikanische Konzil

Während „Lumen gentium" 1962 über die Ehe als Sakrament redet, beschreibt „Gaudium et spes" 1965, was die Ehe ist, welcher Platz der Liebe zukommt und wie sich Liebe und Fruchtbarkeit zueinander verhalten. Die Konzilsväter sind dabei auf die alte Darstellungsweise und den damit verbundenen Streit über den ersten und zweiten „Zweck" der Ehe nicht mehr eingegangen. Aber auch sie haben natürlich aus den biblischen Quellen und der Tradition geschöpft. Man kann auch sagen: Sie haben die Spreu irriger Einflüsse vom Weizen der authentisch christlichen Tradition getrennt. Damit haben sie auch die dem Konzil vorausgehende Entwicklung, wie sie von D. v. Hildebrand ausgelöst wurde, zum Abschluss gebracht. Bis ans Ende der Geschichte ist jetzt klar, was kirchliche Lehre über Liebe und Ehe ist und was nicht.

### 2. *„Humanae vitae"* – die Enzyklika über die Empfängnisregelung (1968)

Soweit die Frage überhaupt ein Thema war, hat die Kirche in früheren Verlautbarungen Empfängnisverhütung als unmoralisch abgelehnt. Als aber durch die Arbeiten von Knaus und Ogino der Zyklus der Frau mit seinen fruchtbaren und unfruchtbaren Tagen bekannt wurde, stellte sich die Frage, ob man diese Erkenntnisse nicht nützen dürfe, um die Kinderzahl selbst zu bestimmen. Gegen einige Stimmen, die meinten, das einzig wirklich gültige Motiv für die sexuelle Vereinigung sei der Wille ein Kind zu zeugen, lehrte Pius XI. in seiner Enzyklika „*Casti connubii*“ (1930): Es ist den Eheleuten erlaubt, aus triftigen Gründen ihren ehelichen Verkehr auf die unfruchtbaren Zeiten zu beschränken.[129] In den 60er Jahren wurde die sogenannte „Anti-Baby-Pille“ entwickelt. Viele Christen fragten sich, ob angesichts dieser neuen Gegebenheiten nicht doch eine neue Antwort auf das Problem am Platz wäre. Paul VI. setzte eine Kommission ein, die die Frage prüfen sollte. Aber diese lieferte dem Papst zwei einander entgegengesetzte Gutachten. So wurde deutlich: Der Papst musste entscheiden und letztlich war er dabei allein. Seine Antwort war die Enzyklika „Humanae vitae“: Jedwede manipulative Trennung des Liebesaktes von der Zeugung ist unmoralisch, ganz gleich, auf welche Weise sie herbeigeführt wird.Die Enzyklika war, wie Hildebrand es voraussagte, wirklich ein „Zeichen, dem widersprochen“ wird. Man kann sagen: bis zum heutigen Tag. Dennoch wächst heute das Verständnis dafür.

### 3. „*Persona humana*“ (1975)

Angesichts bestimmter Unklarheiten gab die Glaubenskongregation ein Schreiben über einige Fragen der Sexualethik heraus. Es ging dabei um vorehelichen Verkehr, um Selbstbefriedigung und Homosexualität. Es wurde klar festgestellt: So unterschiedlich die drei genannten Verhaltensweisen sind, sie sind, jede auf ihre Art, nach kirchlicher Lehre unzulässig.

### 4. „*Familiaris consortio*“ (1981)

Von größter Bedeutung für die Moraltheologie und die Pastoral der Kirche ist das Apostolische Schreiben „*Familiaris consortio*“. Der Papst fasst darin die Lehre der Kirche über Liebe, Ehe, Familie in einer großen Synthese zusammen und behandelt dabei auch leidvolle Einzelfragen der Seelsorge.

### 5. „*Mulieris dignitatem*"

Bei diesem Dokument handelt es sich um eine theologische Betrachtung der Frau im Licht der Hl. Schrift und der Lehre der Kirche. Man kann es mit gutem Gewissen mindestens als den Teil einer katholischen Antwort auf die Anfragen der Feministen verstehen. Es scheint allerdings, als wäre seine Tragweite noch längst nicht bei den Menschen „angekommen"!

### 6. „*Die Erlösung des Leibes*" und „*Die menschliche Liebe*" (1985)

Mit seiner besonderen Begabung für bibeltheologische Betrachtungen erläutert Johannes Paul II. in diesen seinen sogenannten „Mittwochansprachen" im Lauf von vier Jahren die kirchliche Lehre zur Ehe. Der Leser wird dabei überrascht sein, was der Papst in den Texten der Bibel aufspürt und wie die kirchliche Lehre damit übereinstimmt.

### 7. „*Donum vitae*" – Instruktion über die Achtung vor dem beginnenden menschlichen Leben und die Würde der Fortpflanzung (1987)

1978 wurde das erste sogenannte Retortenbaby geboren. Wiederum stellte sich die Frage, ob dieses Vorgehen, das für kinderlose Eltern so wohltätig zu sein schien, von der Kirche gutgeheißen werden kann. Nach eingehenden Studien kam ihre Antwort: Nein, diese Methode ist mit der kirchlichen Sicht der Sexualität nicht zu vereinen.

### 8. Der Katechismus der katholischen Kirche

Der Katechismus ist eine Zusammenfassung der Lehre zum Thema Liebe und Sexualität. Er tut dies dadurch, dass er entscheidende

Sätze aus anderen Dokumenten zitiert. In seiner Sprache ist er, in diesem Abschnitt, mehr der Tradition verpflichtet als der Art des Lehrens eines Johannes Paul II.

### 9. *„Veritatis splendor“*

Die Enzyklika berührt die Frage der Ehemoral nur indirekt. Sie weist nämlich die ethische Theorie der sogenannten Güterabwägung zurück, auf Grund derer man hätte sagen müssen: Es gibt keine immer gültigen Gebote Gottes, das konkrete Handeln kann nur von Fall zu Fall bestimmt werden. Wäre diese Auffassung richtig, würde sie auch für den Bereich der Sexualität gelten. Johannes Paul II. verwirft diese Auffassung.

### 10. Brief Johannes Pauls II. an die christlichen Familien

Ein Schwerpunkt der Verkündigung Johannes Pauls II. liegt auf der Familie, von der er sich einen entscheidenden Beitrag zur Neuevangelisierung der Welt erwartet. Darum schrieb der Papst 1994, dem Internationalen Jahr der Familie, einen Brief an alle Familien, in dem er die kirchliche Lehre im Sinn einer Kultur der Liebe darlegt.

### 11. Brief Papst Johannes Pauls II. an die Frauen

In diesem Brief geht Johannes Paul II. im Vorfeld der damals bevorstehenden Weltfrauen-Konferenz in Peking (1996) auf die Anliegen der Frauen ein. Besonders beschäftigen ihn dabei die vielfältigen Formen der Unterdrückung der Frauen.

### 12. *„Evangelium vitae“* (1995)

In Hinblick auf Entwicklungen, durch die das Fünfte Gebot in dramatischer Weise in Frage gestellt wird, erläutert die Enzyklika die diesbezügliche Lehre der Kirche und stellt den schweren Bedrohungen des menschlichen Lebens das „Evangelium des Lebens“ gegenüber.

### 13. Menschliche Sexualität: Wahrheit und Bedeutung. Die Vorbereitung auf das Sakrament der Ehe. Von A. Kardinal López Trujillo Vorsitzender des Päpstlichen Rates für die Familie (1996)

Das Dokument stellt wesentliche Elemente einer guten Ehevorbereitung zusammen, ermuntert darüber hinaus zu einer Begleitung der jungen Ehen in den ersten Jahren. Es richtet sich an die Bischofskonferenzen, die es an ihre Situation anpassen sollen.

# Anmerkungen

1 Hahn S.u.K., Unser Weg nach Rom. Stein am Rhein 1999,47.

2 Quelle: lifetimes 2/Okt 99, redigiert von Jugend für das Leben, Österreich.

3 „Szeretném, ha szeretnének, s lennék valakié."

4 Vgl. Katechismus der Katholischen Kirche 370.

5 Vgl. Katechismus der Katholischen Kirche 1704.

6 Vgl. *Gaudium et spes* 24; Katechismus der Katholischen Kirche 1703.

7 Johannes Paul II., *Familiaris consortio* 11.

8 Johannes Paul II., *Familiaris consortio* 18.

9 Vgl. Johannes Paul II., *Familiaris consortio* 11.

10 Johannes Paul II., *Familiaris consortio* 37; wiederholt in *Evangelium vitae* 97.

11 Vgl. Gaudium et spes 24 ; Johannes Paul II., *Familiaris consortio* 37; Johannes Paul II., *Evangelium vitae* 97 und viele andere Stellen im kirchlichen Lehren.

12 Vgl. Hildebrand, Reinheit 31ff.

13 Hildebrand, Reinheit 62.

14 Johannes Paul II., *Evangelium vitae* 43: Unmittelbar bezieht sich dieser erstaunliche Ausdruck auf die Zeugung, aber auch auf das „ein Fleisch werden"!

15 Hildebrand, Reinheit 38.

16 Vgl. Bachmann, Gedichte 160.

17 So auch Johannes Paul II., Erlösung 333.

18 Vgl. Johannes Paul II., Liebe 384ff.

19 Vgl. Johannes Paul II., Liebe 103ff.

20 Vgl. Johannes Paul II., Liebe 207.

21 Hildebrand, Reinheit 84. Ebenso Johannes Paul II., Liebe 396.

22 Johannes Paul II., Liebe 396.

23 Kondor, Schwester 115.

24 Dasselbe gilt übrigens auch für Aussagen Jacintas, von denen aus man die Zahl derer, die in der Hölle sind, gleichsam „hochrechnen" könnte. Jacinta, so berichtet Lucia habe in Hinblick auf den Krieg gesagt. „Es werden so viele Menschen sterben, und fast alle kommen in die Hölle." Wenn im Zweiten Weltkrieg rund 60 Millionen umkamen, könnte man folgern: Also sind etwa 50 Millionen in der Hölle – aber wer könnte es wagen, dies ernsthaft zu behaupten! Vgl. Kondor, Schwester 118.

25 Vgl. Adam, Primat 169f.

26 Adam, Primat 116.

27 Hildebrand, Reinheit 42.
28 Franz von Sales, Philothea 215.
29 Schenker, Katharina 82ff; Vgl. Franz von Sales, Philothea 217.
30 Roth J., Die Legende vom heiligen Trinker 537 (Kapitel XII).
31 Vision2000 4/1999, 15.
32 Johannes Paul II., *Familiaris consortio* 11.
33 Escrivá de Balaguer J., Der Weg 120.
34 Johannes Paul II., Erlösung 341.
35 Johannes Paul II., Liebe 282.
36 Franz von Sales, Philothea 3,38.
37 Johannes Paul II., Erlösung 344; Joh 6, 63.
38 Tobit 8,4.
39 Vgl. Dolna B., An die Gegenwart Gottes preisgegeben 61. Damit sind die Rabbiner „katholischer“ als jene, die meinten, Eheleute sollten an Festtagen grundsätzlich nicht zusammenkommen.
40 Johannes Paul II., *Evangelium vitae* 43.
41 Vgl. Katechismus der Katholischen Kirche 293.
42 So das Zweite Vatikanishe Konzil in *Gaudium et spes* 48.
43 Thiele, Wiedersehen 122.
44 Vgl. Johannes Paul II., *Mulieris dignitatem* 18.
45 Vgl. Thomas von Aquin, *Summa theologiae* I, 98 2 ad 2.
46 Schnitzler, Der einsame Weg 4, 8.
47 Johannes Paul II., *Mulieris dignitatem* 24.
48 Johannes Paul II., *Familiaris consortio* 25.
49 Franz von Sales, Theotimus I, 71.
50 Johannes Paul II., Liebe 1985, 128.
51 Vgl. Ringel (Religionsverlust 140 und 142) und Johannes Paul II. (Liebe 282): Der Mann kann mit seiner Ehefrau Ehebruch „begehen, wenn er sie nur als Gegenstand seiner Triebbefriedigung behandelt“.
52 Vgl. Shakespeare, Was ihr wollt I, 5.
53 Khalil Gibran, Geheimnisse 52.
54 *Gaudium et spes* 50. Auch die folgenden Texte sind diesem Dokument (Nr. 50ff) entnommen.
55 Vgl. Johannes Paul II., *Evangelium vitae* 43.
56 Vgl. Johannes Paul II., *Evangelium vitae* 13.
57 Paul VI., *Humanae vitae* 14.
58 Martin, Aus gutem Grund 25.
59 *Gaudium et spes* 51. – Das Konzil redet von „Geburtenkontrolle“, weil die romanischen Sprachen die Unterscheidung von „Empfängnisregelung“ und „Geburtenregelung“ nicht kennen. In diesem Fall ist die deutsche Sprache viel genauer und daher sollte man unbedingt bei der Rede von „Empfängnisregelung“ bleiben.

60 Rötzer J., Der persönliche Zyklus der Frau (1999).
61 Ehmann, Probleme 28.
62 Paul VI., *Humanae vitae* 12.
63 Paul VI., *Humanae vitae* 12
64 Pius XI., *Casti connubii* 104.
65 Als Quellen wurden angegeben: Chicago Catholic: W. and N. Luellen; 1980; NFP Update... Office of NFP Diocese of Charleston Vol. 4, 2, June 1991; Humane vitae: A Generation later. Dr. Janet Smith p.127, 1991; The New Counter Culture. Ph. Lauter, The Wall Street Journal, Aug 13, 1993. Herausgeber des Blattes: Family of the Americas. P.O. Box 1170, Dunkirk, MD 20754. – E-Mail: family@upbeat.com; Website: www.familyplanning.net
66 Jüdische Allgemeine 19. Juni 03, 6.
67 Vgl. Graf R., Ethik, 49f.
68 Auch das Grauen solcher Situationen wurde schon unzählige Male dargestellt. Ich denke dabei an die „Kreuzersonate" von L. Tolstoi oder auch an den Film „Szenen einer Ehe" von I. Bergmann.
69 W.H. Auden. Ich verdanke das Gedicht Johannes Torello.
70 Kondor, Schwester 84.
71 Johannes Paul II., Apostolisches Schreiben als „*Motu proprio*" erlassen zur Ausrufung der hl. Birgitta von Schweden, der hl. Katharina von Siena und der hl. Theresia Benedicta a cruce zu Mitpatroninnen Europas. 1. Oktober 1999.
72 Vgl. *Optatam totius* 10.
73 Vgl. *Optatam totius* 10.
74 Zitiert nach Hildebrand, Reinheit 149f.
75 Vgl. *Lumen gentium* 41.
76 *Lumen gentium* 41.
77 Franz von Sales, Philothea 37.
78 Thomas von Aquin, S. Th. Suppl. 42 1.
79 Vgl. Thomas von Aquin, S. Th. Suppl. 41 4 ad 1.
80 Johannes Paul II., *Familiaris consortio* 68.
81 Vgl. Thomas von Aquin, S. Th. I, 98 2 ad 3.
82 Franz von Sales, Briefe II 79.
83 Franz von Sales, Briefe II 42ff.
84 Vgl. Katechismus der Katholischen Kirche 1619.
85 Vgl. Vision 2000 4/1999,12.
86 Vgl. Corpus Juris Canonici (CJC) 1142.
87 Johannes Paul II., *Familiaris consortio* 84.
88 PUR magazin 10/98, 38.
89 Vgl. Hahn, Weg 138, 187.
90 Heller, Auf und davon 50.

91 Johannes Paul II., *Familiaris consortio* 37.

92 Katechismus der Katholischen Kirche 2357: Etliche Menschen sind „homosexuell veranlagt". Im Französischen ist von „tendances homosexuelles foncières" die Rede.

93 In einem Tagungsbericht, den ich in Kürze herausgeben werde, werden ein Beitrag von P. Harvey und weitere Hinweise auf seine Arbeit enthalten sein.

94 Vgl. Fröhling, Vater unser.

95 R. Cohens Buch erscheint demnächst in deutscher Übersetzung.

96 Johannes Paul II., *Familiaris consortio* 18.

97 In der „Ärztlichen Praxis" Nr. 83 vom 17.10.1995, 17 wird z. B. von dem Verdacht berichtet, Kondome könnten einen Eileiterverschluß und damit Unfruchtbarkeit auslösen.

98 Vgl. Laun, Überbevölkerung 159-210.

99 Die Frage der Abtreibung habe ich in großer Ausführlichkeit in meinem Buch „Fragen der Moraltheologie heute" Wien 1992 behandelt.

100 Vgl. Johannes Paul II., *Evangelium vitae* 13.

101 Zum Beispiel: Im Rahmen einer parlamentarischen Initiative, um die Fristenlösung durchzusetzen, argumentieren 63 Abgeordnete des Schweizer Parlamentes folgendermaßen: „Neue medizinische Entwicklungen hätten dazu geführt, dass die Grenze zwischen Schwangerschaftsverhütung und frühzeitigem Abbruch immer mehr verwischt werde. Gebärmutterspirale, ‚Pille für den Morgen danach' und bestimmte Verhütungspillen wirkten im Grunde genommen frühabtreibend nach der Befruchtung." In: Der Bund, 144, Jg., Nr. 100, Bern 1. 5. 1993.

102 Vgl. PUR-Magazin Nr. 15/95.

103 Vgl. Roth J., Gesammelte Werke Bd. 3. Köln 1991, 618.

104 Vgl. Johannes Paul II., *Evangelium vitae* 22.

105 Vgl. Johannes Paul II., *Evangelium vitae* 28.

106 Vgl. Johannes Paul II., *Evangelium vitae* 57.

107 Vgl. Wagner, Medien-Tabus.

108 Vgl. Johannes Paul II., *Evangelium vitae* 58.

109 Johannes Paul II., *Brief an die Frauen* Nr 5.

110 Johannes Paul II., *Evangelium vitae* 62.

111 Johannes Paul II., *Evangelium vitae* 99.

112 Riches, Drahtzieher 11.

113 Vgl. Calderon, Abortion 157.

114 Ich verdanke das Zitat einer Broschüre von P. McCrystal, einem irischen Lebensschützer und Pharmazeuten.

115 Johannes Paul II., *Evangelium vitae* 13.

116 Augustinus, Bekenntnisse 9,9. Vgl. Holböck, Eheleute 50ff.

117 Vgl. Johannes Paul II., Brief 3.

[118] Vgl. Johannes Paul II., *Mulieris dignitatem* 10.
[119] Johannes Paul II., Brief 6.
[120] Beauvoir, Geschlecht 141f.; 675.
[121] Vgl. Hauke, Gott 42f.
[122] Eine besonders gute Übersicht über die feministischen Ideen bietet M. Hauke in seinem Buch „Gott oder Göttin?".
[123] Zitiert nach: Johannes Paul II., *Mulieris dignitatem* 1.
[124] Vgl. Johannes Paul II., *Evangelium vitae* 99.
[125] Vgl. Pius XI. *Casti Connubii* 68.
[126] Vgl. Franz von Sales, Philothea 196ff; Holböck, Nordlicht 30.
[127] Augustinus, Bekenntnisse II, 3.
[128] So N. Gogol in „Tarras Bulba" über den Kuss eines Kosaken, der sich in eine „Feindin" seines Stammes verliebt hat, für sie alles aufgibt und für seine Liebe sogar gegen die eigenen Leute kämpft.
[129] Vgl. Pius XI., *Casti Connubii* 104.

# Literatur


ADAM A., Der Primat der Liebe. Kevelaer 1940.

AUGUSTINUS Aurelius, Bekenntnisse (Confessiones). 4.Aufl. München 1980.

BACHMANN I., Gedichte, Erzählungen, Hörspiel, Essays. München 1964.

CALDERON M., Abortion in the United States. New York 1956.

CODEX JURIS CANONICI = Codex des Kanonischen Rechts. Rom 1983.

DOLNA B., An die Gegenwart Gottes preisgegeben. Mainz 2001.

EHMANN R., Probleme der Geburtenregelung. Internationaler Kongress der World Federation of Doctors who respect human life. Meran 1989.

ESCRIVA DE BALANGUER, J., Der Weg. Köln 1982.

FRANZ VON SALES, Briefe II, Deutsche Ausgabe der Werke des hl. Franz von Sales, Band 6, Eichstätt-Wien 166.

FRANZ VON SALES, Philothea, Deutsche Ausgabe der Werke des hl. Franz von Sales, Band 1, Eichstätt-Wien 1959.

FRANZ VON SALES, Theotimus I, Deutsche Ausgabe der Werke des hl. Franz von Sales, Band 3, Eichstätt-Wien 1957.

FRÖHLING U., Vater unser in der Hölle. Leipzig 1996.

GRAF R., Ethik in der medizinischen Forschung rund um den Beginn des menschlichen Lebens. Darmstadt 1999.

HAHN S. u. K., Unser Weg nach Rom. Stein am Rhein 1999.

HAUKE M., Gott oder Göttin? Feministische Theologie auf dem Prüfstand. Aachen 1993.

HELLER A., Auf und davon. Erzähltes. Hamburg 1979.

HILDEBRAND D. v., Reinheit und Jungfräulichkeit. 4.Aufl. St. Ottilien 1991.

HOLBÖCK F., Gottes Nordlicht. Die hl. Birgitta von Schweden und ihre Offenbarungen. 3.Aufl. Stein am Rhein 1998.

HOLBÖCK F., Heilige Eheleute. Stein am Rhein 1994.

JOHANNES PAUL II., Die Erlösung des Leibes. Vallendar 1985

JOHANNES PAUL II., Die menschliche Liebe. Vallendar 1985.

JOHANNES PAUL II., Familiaris consortio. Rom 1981.

JOHANNES PAUL II., Mulieris dignitatem. Rom 1988

JOHANNES PAUL II., Evangelium vitae. Rom 1995.

KATECHISMUS der Katholischen Kirche. München-Wien 1993.

KHALIL GIBRAN, Geheimnisse des Herzens. Olten 1979.

KONDOR P. L., Schwester Lucia spricht über Fatima. Fatima 1987

LAUN A., Überbevölkerung – eine Anfrage an die Kirche. In: N. Zwicky-Aeberhard Hg., Bevölkerung und Entwicklung. Zürich 1997.

LAUN A., Fragen der Moraltheologie heute. Wien 1992.

MARTI N. u. R., Aus gutem Grund: Natürliche Empfängnisregelung. Vallendar-Schönstatt 1997.

PAUL VI., Humanae vitae. Rom 1968.

PIEPER J., Über die Liebe. München 1972.

PIUS XI., Casti Connubii. Rom 1930.

RICHES V., Die Drahtzieher hinter der Sexualerziehung. Absteinach 1996.

RINGEL E. u. A. Kirchmayr, Religionsverlust durch religiöse Erziehung. 2.Aufl. Wien 1986.

RÖTZER J., Der persönliche Zyklus der Frau 1999.

ROTH J., Die Legende vom heiligen Trinker. In: Josef Roth Werke 6. Köln 1991,515–543.

ROTH J., Josef Roth Werke 3. Köln 1991.

SCHENKER A., Die heilige Katharina. Düsseldorf 1965.

THIELE J., Wiedersehen mit der Liebe. Stutgart 1991.

THOMAS VON AQUIN, Summa theologiae.

WAGNER H., Medien-Tabus und Kommunikationsverbote. München 1991.

# Personen- und Sachregister